U0545030

THE 50
GREATEST
THE PEOPLE WHOSE INNOVATIONS HAVE SHAPED OUR WORLD
ENGINEERS
改變世界的50位偉大工程師

他們的創新豐富了
我們的生活

PAUL VIRR　　WILLIAM POTTER
保羅. 維爾　威廉. 波特 ___著

彭臨桂 _____ 譯

改變世界的50位偉大工程師——他們的創新豐富了我們的生活

作　　　者	──保羅・維爾（Paul Virr）&	發　行　人	──蘇拾平
	威廉・波特（William Potter）	總　編　輯	──蘇拾平
譯　　　者	──彭臨桂	編　輯　部	──王曉瑩、曾志傑
特約編輯	──洪禎璐	行　銷　部	──黃羿潔
		業　務　部	──王綬晨、邱紹溢、劉文雅

出　　　版──本事出版
發　　　行──大雁出版基地
　　　　　　地址：新北市新店區北新路三段207-3號5樓
　　　　　　電話：(02) 8913-1005　傳真：(02) 8913-1056
　　　　　　E-mail：andbooks@andbooks.com.tw
劃撥帳號──19983379　戶名：大雁文化事業股份有限公司
封面設計──COPY
內頁排版──陳瑜安工作室
印　　　刷──上晴彩色印刷製版有限公司
2022年04月初版
2025年05月二版
定價　840元

The 50 Greatest Engineers：The people whose innovations have shaped our world
Copyright © Arcturus Holdings Limited
www.arcturuspublishing.com
This edition arranged with Arcturus Publishing Limited
through Peony Literary Agency.
Traditional Chinese edition copyright © 2022 Motifpress Publishing, a division of And Publishing Ltd.
All rights reserved.

版權所有，翻印必究
ISBN 978-626-7465-60-8
缺頁或破損請寄回更換
歡迎光臨大雁出版基地官網 www.andbooks.com.tw　訂閱電子報並填寫回函卡

國家圖書館出版品預行編目資料

改變世界的50位偉大工程師──他們的創新豐富了我們的生活
保羅・維爾（Paul Virr）& 威廉・波特（William Potter）／著　彭臨桂／譯
──.二版.── 新北市；本事出版：大雁文化發行，　2025年05月
面　；　公分.－
譯自：The 50 Greatest Engineers：The people whose innovations have shaped our world
ISBN　978-626-7465-60-8（平裝）
1. CST: 工程師　2. CST: 世界傳記
781　　　　　　　　　　　　　　　　　　　　　　　　　　114002060

目錄

〔前言〕
人類居住的世界，一切都跟工程有關 ... 6

薩卡拉之左塞爾金字塔的建造者
──印何闐 Imhotep ... 8

不只發現阿基米德原理的工程師
──阿基米德 Archimedes ... 12

汲水壓力泵、水壓風琴的發明家
──克特西比烏斯 Ctesibius ... 16

史上最著名《建築十書》的作者
──維特魯威 Vitruvius ... 18

窺管、里程計的發明家
──亞歷山卓的希羅 Heron of Alexandria ... 20

指南車、候風地動儀的發明家
──張衡 Zhang Heng ... 22

羅馬帝國圖拉真橋、圖拉真廣場的建造者
──大馬士革的阿波羅多洛斯 Apollodorus of Damascus ... 26

《奇巧機械裝置的知識之書》的作者
──伊斯麥爾‧加札利 Ismail Al-Jazari ... 30

聖母百花大教堂巨大穹頂的設計者
──菲利波‧布魯內萊斯基 Filippo Brunelleschi ... 34

《論工具》、《論機器》的作者
──馬里亞諾‧迪‧雅各波：塔科拉 Mariano di Jacopo: Il Taccola ... 40

熟知土木和機械工程的多才藝術家
──李奧納多‧達文西 Leonardo da Vinci ... 44

發明永動鐘、建造划槳潛艇的工程師
──科內利斯‧德雷貝爾 Cornelis Drebbel ... 50

以自製望遠鏡觀察土星環的天文學家
──克里斯蒂安‧惠更斯 Christiaan Huygens ... 52

改良顯微鏡並寫出《微物圖誌》的自然哲學家
──羅伯特‧虎克 Robert Hooke ... 54

第一部實際運作蒸汽機的發明家
──湯瑪斯‧紐科門 Thomas Newcomen ... 58

H系列航海鐘與航海錶的發明家
——約翰‧哈里森 John Harrison 62

改良蒸汽機燃料效率的發明家
——詹姆斯‧瓦特 James Watt 66

道路巨人、十九世紀初最長吊橋的建造者
——湯瑪斯‧泰爾福德 Thomas Telford 72

第一部蒸汽動力機車的設計者
——理查‧特里維西克 Richard Trevithick 76

建造第一架載人滑翔機且成功飛行的工程師
——喬治‧凱利 George Cayley 80

促進英國各地鐵路大幅擴張的工程師父子檔
——喬治‧史蒂文森與羅伯特‧史蒂文森 George & Robert Stephenson 84

以實驗啟發電動馬達設計的科學家
——麥可‧法拉第 Michael Faraday 90

建造巨大輪船的英國鐵路工程師
——伊桑巴德‧金德姆‧布魯內爾 Isambard Kingdom Brunel 92

紐約布魯克林大橋的設計師與建造者
——約翰‧羅布林、華盛頓‧羅布林、艾蜜莉‧羅布林
John, Washington & Emily Roebling 98

重建倫敦下水道系統的工程師
——約瑟夫‧巴澤爾傑特 Joseph Bazalgette 102

設立第一座引擎工廠的工程師
——尼古拉斯‧奧托 Nikolaus Otto 108

真正的摩天大樓之父
——威廉‧勒巴隆‧詹尼 William Le Baron Jenney 110

第一輛四輪汽車的設計師暨建造者
——戈特利布‧戴姆勒 Gottlieb Daimler 114

為錄音、電燈、電影放映帶來重大突破的發明家
——湯瑪斯‧愛迪生 Thomas Edison 118

取得第一部可用電話專利的發明家
——亞歷山大‧葛拉漢‧貝爾 Alexander Graham Bell 124

以輕量金屬結構超前時代的建築師
——弗拉基米爾‧舒霍夫 Vladimir Shukhov 130

發明拍擊扇反制生化戰的女科學家
——赫莎‧艾爾頓 Hertha Ayrton 134

構想出電力系統與無線電技術的發明家
——尼古拉‧特斯拉 Nikola Tesla 136

以同步多工鐵路電報改善鐵路網安全的發明家
──格蘭維爾・伍茲 Granville Woods 142

研發出高效率柴油引擎的發明家暨工程師
──魯道夫・狄塞爾 Rudolf Diesel 146

發明電影攝影機及放映機的兄弟檔
──奧古斯特・盧米埃與路易・盧米埃 August & Louis Lumière 150

實現重於空氣的航空器首航的兄弟檔
──韋爾伯・萊特與奧維爾・萊特 Wilbur & Orville Wright 154

讓無線電通訊成為國際通用技術的發明家
──古列爾莫・馬可尼 Guglielmo Marconi 160

工業管理領域的先驅
──莉蓮・莫勒・吉爾布雷斯 Lillian Moller Gilbreth 164

實現以液體燃料發射火箭的科學家
──羅伯特・戈達德 Robert H. Goddard 166

對紐約市供水系統有重大貢獻的工程師
──諾拉・斯坦頓・布拉奇・巴尼 Nora Stanton Blatch Barney 172

協助改善乘客旅程體驗的鐵路工程師
──奧莉薇・丹妮絲 Olive Dennis 174

打造東京鐵塔、大阪通天閣的塔博士
──內藤多仲 TACHŪ-NAITŌ 176

英國女性工程學會的創始成員
──薇瑞娜・霍姆斯 Verena Holmes 180

為現代直升機奠定基礎的航空工程師
──伊戈爾・西科爾斯基 Igor Sikorsky 184

打造出網格穹頂的博學家
──巴克敏斯特・富勒 R. Buckminster Fuller 190

史丹佛大學首位女性工程教授
──伊姆加德・弗呂格－洛茲 Irmgard Flügge-Lotz 194

最早提出飛機渦輪噴射引擎構想的航空工程師
──法蘭克・惠特爾 Frank Whittle 196

協助人類登陸月球的火箭工程師
──華納・馮・布朗 Werner von Braun 200

發展出摩天大樓管狀結構的工程師
──法茲勒・拉曼・康恩 Fazlur Rahman Khan 204

圖片出處 208

〔前言〕
人類居住的世界，一切都跟工程有關

聽到「工程」一詞，或許你最先想到的畫面會是一些建造的事物，例如具有代表性的橋梁、建築或運輸工具。不過，在這些顯而易見的成就背後，都藏著一個普遍的事實：人類的世界中，工程無所不在。從高聳的摩天大樓和大型強子對撞機（Large Hadron Collider，一種巨大的科學儀器，也是全世界最龐大的機器），到矽晶片上小至看不見的電路，以及只能透過顯微鏡發現的奈米碳管（carbon nanotube），在人類居住的世界，一切都跟工程有關。本書挑選了一部分對建構世界有所貢獻的工程師並講述其事蹟。

在我們認識這些工程師之前，可以先了解他們做的事，甚至提出最基本的問題：工程是什麼？「工程」的前面通常會加上其他修飾詞，例如土木、結構或機械等。眾多的專業分項，代表了工程的領域極為廣泛。然而，每位工程師都有一個共通點，那就是他們會針對現實世界的問題提供實際的解決之道。他們的解決之道通常是實體的結構和機器，但也可能是比較難以感知的形態，例如將原料轉換成有用產品的過程，或是把資料轉化為有意義的資訊。

為了進一步解釋工程的概念，我們可以這麼說：工程師會提供方法來滿足人類的各種需求。雖然所有生物都會為了適應生存條件而進化，但是人類擁有一些獨特的能力，更能夠控制自然環境。我們運用智慧製作工具，再藉由這些工具將

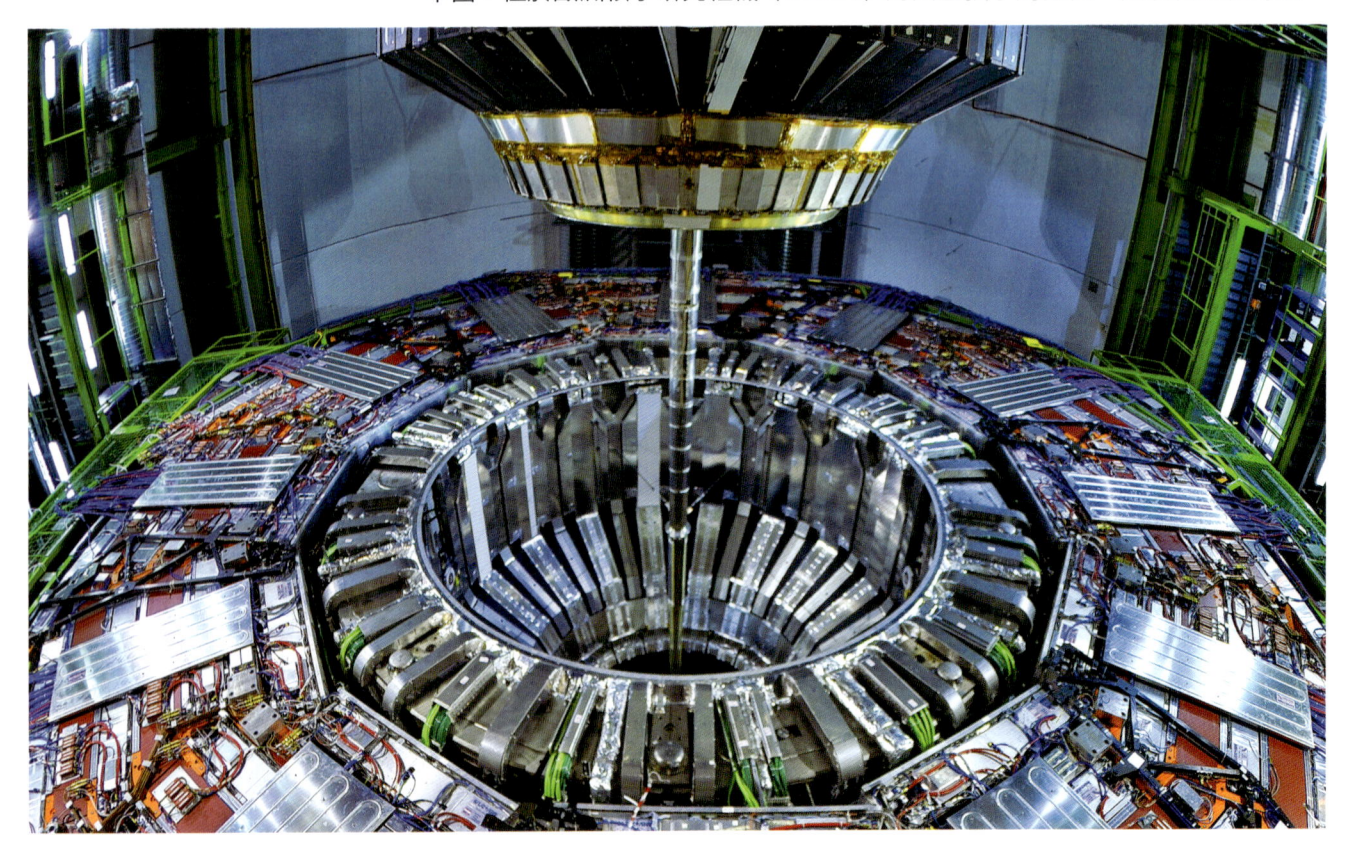

下圖：位於歐洲核子研究組織（CERN）的大型強子對撞機，是現代工程奇蹟。

上圖：菲利波・布魯內萊斯基（Filippo Brunelleschi）為聖母百花大教堂（Santa Maria del Fiore）建造的圓頂，是文藝復興時期最偉大的工程成就。

世界塑造成適合我們的樣貌。或許我們能夠以史前人類為例，他們使用燧石製作成石斧，是最早的工程師。從最早出現的基本工具到簡單的機器（例如槓桿、滑輪和輪子），我們可以追溯工程的基礎，而正是這些基礎引領著我們建立了現代世界，讓人類成為地球上的優勢物種。現今圍繞著我們的日常基礎建設，是工程史長久以來累積的成果。如果你仔細思考自己每天所使用的一切，一定會發現有趣的工程背景故事。

所有的工程師並非都是先驅，也不一定都是科學家與發明家，不過歷史上確實有許多工程師身兼這些角色的例子。工程師經常以他人的成就為基礎，會結合或改善現有的發明來打造成品。只要有科學發現，工程師就會將其應用至日常生活的實際層面。正因如此，在科學進展劇烈發生的時期（例如文藝復興和工業革命），跟工程相關的故事才會特別豐富多元。

我們挑出五十位工程師，由他們代表從古至今一些重大的工程成就。由於工程的範圍極為廣泛，所以我們不得不採取篩選的方式。一直到比較近代的時期，檔案中才記載了較多女性工程師的成就。希望她們和其他工程師在本書中的故事能夠鼓舞人心。

為了面對未來的挑戰，尤其是氣候變遷，現在或許是人類最需要工程師的時刻。他們可能會運用新的技術（例如機器人與人工智慧），但也會尋找問題的解答，將構想化為現實，就像你即將在書中見到的這些工程師。

印何闐
IMHOTEP

四十個世紀的時光在那些高聳金字塔上俯瞰著我們。

——拿破崙・波拿巴（Napoleon Bonaparte），1798年

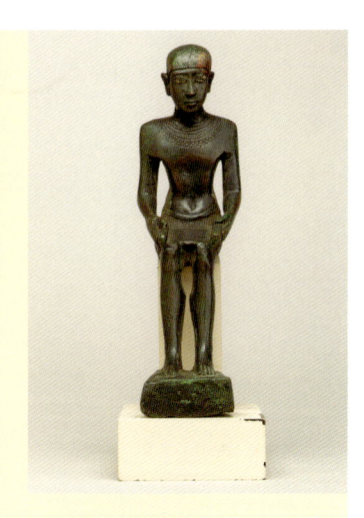

偉大成就

薩卡拉之左塞爾金字塔
史上第一座階梯金字塔，大約於西元前2650年完工，是最早的巨大建築物之一。

上圖：西元前七世紀的印何闐小型雕像。

在古代世界七大奇蹟之中，僅剩古夫金字塔（Great Pyramid of Khufu，又稱吉薩大金字塔）迄今依然聳立。在用作古埃及法老陵墓的一百多座金字塔中，古夫金字塔最為巨大。龐大的墓地究竟如何建成，在古埃及學家、工程師和實驗考古學家之間仍然眾說紛紜。不過毫無異議的是，這些古老的建築物證明了早期工程師的能力。

古埃及的金字塔與神廟，除了使下令建造的統治者名垂不朽，也讓一些金字塔建造者的名聲不被世人遺忘。少數留存下來的雕像和碑文，讓我們得以一瞥早期這些土木工程師的事蹟，而他們是史上最初被記載的工程師。在最早的金字塔建造者中，最重要的即為印何闐。他是第三王朝最早期國王左塞爾（Djoser）的大臣。印何闐身為法老底下最高級的官員，除了要負責日常管理王國的事務，也要處理所有王室建築的工作。四千六百多年前，印何闐就是以這個角色在薩卡拉（Saqqara）建造了第一座金字塔。

後來在吉薩（Giza）出現的金字塔，皆是從正方形底部以平坦的側面向上延伸至頂點，但這座最早的金字塔是以逐級縮小的平台層層堆疊而成的階梯式結構。此金字塔座落於左塞爾下令建造的巨大祭葬群（funerary complex）中央，而這只是他在全國各地推動的偉大建設

印何闐 IMHOTEP

下圖：儘管歷經數十個世紀的風霜，位於薩卡拉之左塞爾金字塔的階梯式結構，至今仍清晰可見。

上圖：由印何闐建造的多柱廳（Hypostyle Hall），是左塞爾金字塔周圍之薩卡拉大墓地的一部分。

計畫的其中一部分。左塞爾的陵墓不但曾經做為他加冕儀式的場所，在他為了展現並鞏固權力而打造的一系列建築物中，更是登峰造極的頂點。

印何闐設計建造的薩卡拉階梯金字塔（step pyramid）是一種完全創新的結構──世界上第一座大型石造建築。在此之前，古埃及所有建築的原料都是泥磚、茅草、木材。這座金字塔也劇烈改變了古埃及統治者的墓地建造方式。早先法老的陵墓都是稱為「馬斯塔巴」（mastaba）的平頂式長方形建築。這種構造的高度約為9公尺（30呎），屋頂平坦，牆面有坡度，材質是泥磚。印何闐打破了傳統，以石灰岩磚建造了一座王室陵墓，而且規模更為壯觀。

這座金字塔總共使用了超過30萬立方公尺（1000萬立方呎）的石灰岩，是當時埃及最龐大也最複雜的土木工程計畫。由於以前從未出現過類似階梯金字塔的建築，它便成為後來金字塔建造者發展的原型。除了技術上的挑戰，印何闐必須處理取得及運送材料的後勤問題，還得管理大量的人力。建造埃及金字塔的勞動人口並非奴隸，這一點跟傳統上的認知正好相反。印何闐可能是以一批半固定的技術工人做為主力，再隨著時間以另一批人力輪替。

左塞爾金字塔是以六層石灰岩材質的馬斯塔巴堆疊而成，每一層都比下層更小。金字塔的建造分為幾個階段，最初先有一層傳統的馬斯塔巴，再以石灰岩包圍起來。隨後的平台則是以此為基礎並使用石灰岩塊建造。完工的金字塔，從長方形底部到頂點的高度為62.5公尺（205呎），聳立的外觀在薩卡拉高原上一眼就能看見。

印何闐 IMHOTEP

金字塔附近，還有許多神殿與用於儀式的建築物。這個龐大的建築群周圍還環繞了一道超過10公尺（33呎）高的石灰岩牆。地底下的工程也同樣令人驚歎。迷宮般的廊道圍繞著國王的花崗岩墓室，另外還有數以百計的房間，其中一些有裝飾華麗、外形如紙莎草捆的圓柱，或是鑲嵌著藍色瓷磚。

印何闐花了十八年的時間完成階梯金字塔。這項巨大的工程並未使用輪子或滑輪，而是運用了槓桿，以及其他一些簡單的工具，例如銅鑿、鋸子與鑽子、圓形石錘、鉛垂線、量尺。印何闐的地標性建築啟發了後來的金字塔建造者，也依然鼓舞著今日的工程師。

左圖：法老左塞爾之雕像。

位在吉薩的古夫金字塔約於西元前2560年建造完成，是法老古夫的巨大陵墓。這座金字塔使用了兩百三十萬塊石磚，高度超過140公尺（460呎），在完工之後的三千八百多年裡，一直是世界上最高的人造建築物。古夫的大臣赫米烏努（Hemiunu）是負責建造大金字塔的總工程師與總建築師。

上圖：位於開羅附近的古夫金字塔（又稱為吉薩大金字塔）。

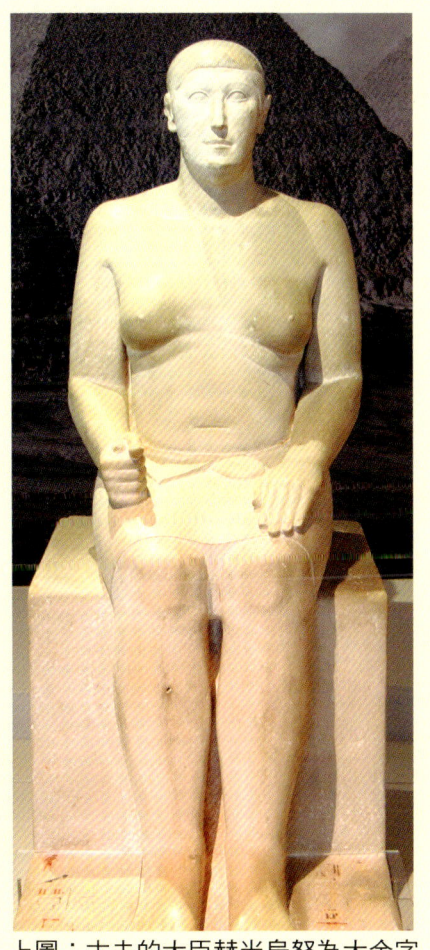

上圖：古夫的大臣赫米烏努為大金字塔的總工程師與總建築師。

阿基米德
ARCHIMEDES

> 給我一個支點，我就能舉起整個地球。
>
> ——阿基米德

偉大成就

阿基米德原理
西元前三世紀中葉

複合滑輪
約西元前250年

阿基米德式螺旋抽水機
約西元前250年

阿基米德之爪
西元前214年，由阿基米德在敘拉古圍城戰期間，為防止羅馬人入侵所設計。

上圖：阿基米德

雖然我們對古希臘數學家阿基米德的生平與事蹟所知不多，但根據傳統的記載（有些甚至在他死後好幾個世紀才寫下），他不只是一位具有開創性的數學家，也是史上最早出現的工程師之一。

西元前三世紀，阿基米德出生於敘拉古（Syracuse），這是一座位於沿海地區的希臘城邦，即今日的西西里島（Sicily）。雖然此時雅典的影響力正在衰退，不過希臘的智識文化已經擴展到整個地中海沿岸並蓬勃發展。年輕而充滿好奇心的阿基米德相當渴求知識，或許曾經前往埃及接受教育。

當時埃及的亞歷山卓城（Alexandria）是地中海的知識樞紐，有一座著名的學習與研究中心——繆斯庵（Mouseion），這裡最重要的地方是亞歷山卓圖書館（Great Library of Alexandria），收藏了數萬卷的紙莎草卷軸。這個知識寶庫吸引了來自四面八方的學者。我們知道阿基米德曾與圖書館館長通信，對方是希臘天文學家埃拉托斯特尼（Eratosthenes），至於他還接觸過哪些重要的知識分子，就只能透過猜測了。阿基米德一定見過跟他同樣熱愛數學與幾何學的學者，以及為統治者開發全新軍事技術的工程師。

阿基米德返回家鄉後，除了研究數學，也擔任敘拉古統治者希倫二世（Hiero II）的工程師。阿基米德的數學成就保留在其著作中，大部分均為理論。許多故事都說他是重

阿基米德 ARCHIMEDES

下圖：正在汲水的阿基米德螺旋式抽水機。

13

視實用的發明家與工程師,而且具有機械方面的天分。

　　其中最著名的一個故事是國王希倫二世要求阿基米德確認他的一頂王冠是否以純金製成,或是金匠偷工減料,摻進了同樣重量但密度較低的銀。這表示王冠的重量不變,但體積不同。阿基米德發現將不規則物體放入裝水的容器中,排出的水量就等於該物體的體積。

阿基米德 ARCHIMEDES

左圖：阿基米德之爪在敘拉古圍城戰期間對抗羅馬侵略者。

其他故事則認為，阿基米德設計建造了許多裝置來解決現實世界的各種難題。有人說阿基米德發明了複合滑輪，而他在公開展示時，獨自將一艘船拖上岸邊。阿基米德也可能在史上第一部起重機裡運用了滑輪。他的著名事蹟還包括打造出阿基米德螺旋式抽水機（Archimedes screw），這是一種在圓柱裡安裝了螺旋狀物體的水泵。這兩項在古代世界都是革命性的發明，而這兩種簡單的機器時至今日仍然是許多機械裝置的基礎。

阿基米德跟槓桿也有密切的關係，或許他在埃及的建築工程中看見別人使用過。雖然槓桿並非由阿基米德發明，但他確實曾以數學描述槓桿是如何運作的。眾所周知，他聲稱只要有一根長度足夠的槓桿與一個支點，就能夠移動世界。

阿基米德跟歷史上許多工程師一樣，都曾奉命在戰爭中一展長才。為了保護家鄉敘拉古，阿基米德改善了投石器的威力與準度。據說他也建造了某種長桿，能夠延伸到城牆外以巨石砸毀敵軍的船艦。他可能也建造了一種叫「阿基米德之爪」（Claw of Archimedes）的裝置，可以將水面上的船艦抓起來甩成碎片。據說他還發明了更奇特的武器：利用鏡子把太陽的能量聚集成一道熱射線，使敵軍的船艦燃燒。

遺憾的是，阿基米德的軍事發明無法拯救敘拉古免於羅馬人入侵。這座城市在兩年的圍攻之後淪陷，一名羅馬士兵殺死了阿基米德，替他驚人的創造力劃下了句點。關於阿基米德的種種成就，也許混雜了神話與歷史，但可以確定的是有一位思想家透過工程解決了現實世界的問題。

據說他是在泡進浴缸看見水位上升時，想到了這種方式。但很可惜，關於他赤身裸體跑到街上大喊著"Eureka！"「我發現了！」的著名事蹟，大概只是渲染的想像。

克特西比烏斯
CTESIBIUS

> 我必須講述克特西比烏斯之機器,它能夠將水抬升。
>
> ——維特魯威(Vitruvius),《建築十書》(De Architectura)

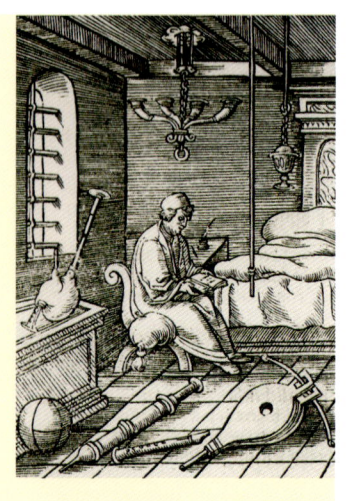

偉大成就

克特西比烏斯之機器
西元前三世紀
克特西比烏斯設計了一種用於汲水的壓力泵。

水壓風琴
西元前三世紀

漏壺
克特西比烏斯大約在西元前250年設計了第一座能夠自動調節的水鐘

上圖:克特西比烏斯

兩千三百多年前,埃及的亞歷山卓城是全世界的學習中心。在希臘化的托勒密王朝(Ptolemies,由亞歷山大大帝的將領所建立)治理下,學術、技術與工程的發展相當蓬勃。他們建立了一座大圖書館收藏人類的所有知識,同時也做為研究與教學的中心,命名為「繆斯庵」。那裡的第一任管理者叫克特西比烏斯,是一位希臘發明家與數學家,也是古代工程的開創人物。

克特西比烏斯在西元前三世紀期間居住於亞歷山卓城。他很可能跟城裡其他學者一樣,獲得了富有的托勒密二世資助:這個時代留存下來的手稿,有許多都是獻給這位統治者的。遺憾的是,克特西比烏斯的著作在古代就佚失了,不過我們可以透過後來其他學者的作品認識他,例如亞歷山卓的希羅(Heron of Alexandria)和阿基米德,都曾經提及克特西比烏斯。證據顯示,克特西比烏斯針對氣體力學寫了一篇很有影響力的專著,內容描述了空氣的彈性,以及如何將壓縮空氣運用在實際的裝置上,例如幫浦。他也書寫過關於流體靜力學的內容,講述流體的力學,並指出實際的應用方式。有些古典作家認為虹吸管是由克特西比烏斯發明的。

右圖:克特西比烏斯的漏壺,是一種製作精巧並以水力驅動的時鐘。

克特西比烏斯　CTESIBIUS

右圖：克特西比烏斯的壓力泵可以從井裡汲水，也可以製造出水柱，用於灌溉、噴泉，甚至撲滅火焰。

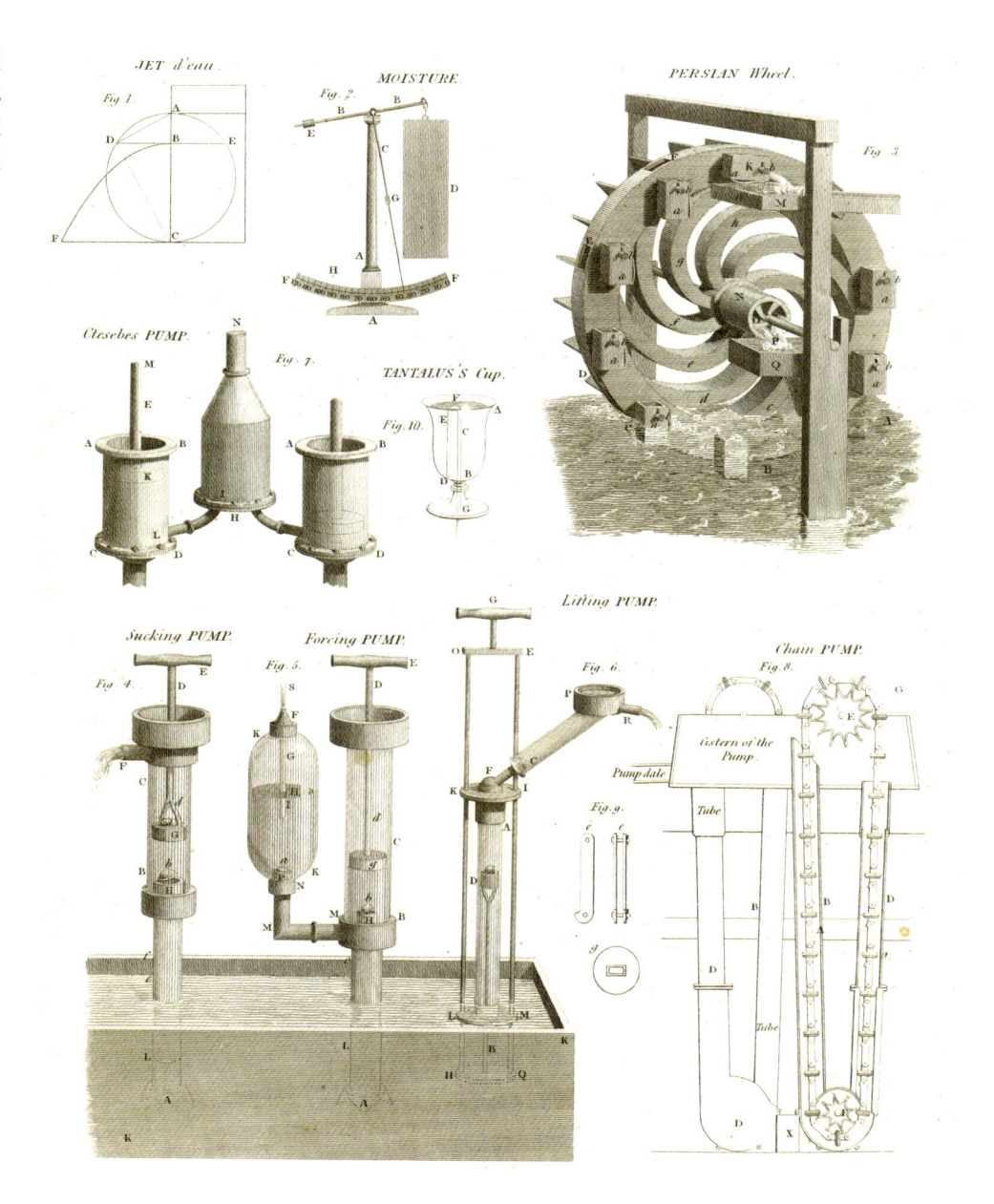

　　據說克特西比烏斯是一位理髮師之子。在一個故事中，他為父親的店發明了一種可以調整高度的鏡子，材料使用了滑輪，以及一顆置於封閉圓管內的砝碼。結果，砝碼的運動壓縮了管子內的空氣，製造出一種好聽的音色，讓年輕的克特西比烏斯獲得了靈感，運用在後來的工程創新上。他最實用的發明是一種壓力泵，藉由活塞、汽缸和閥門來汲水。羅馬建築師維特魯威在《建築十書》中將其稱為「克特西比烏斯之機器」，而我們也有考古學證據顯示，羅馬人根據克特西比烏斯的設計，製造了壓力泵。在古代只有這些幫浦能夠藉由壓力噴出水流，因此，這種裝置可以用於噴泉，不過也可能用來滅火。

　　克特西比烏斯設計了現代管風琴的前身．水壓風琴（hydraulis）。它使用水壓推動被壓縮的空氣通過長度不一的管子，製造出相應的各種音高。克特西比烏斯還製作出另一種依賴水力來運作的漏壺，其作用的方式是以水滴逐漸填滿下方容器，再藉由一種會漂浮的裝置指示出時間。他改善漏壺，讓水流變得穩定，也使其成為世界上最精準的計時裝置，一直到十七世紀的擺鐘發明出來之後才被取代。克特西比烏斯在理論與實踐上的創新，不但超前時代，更引領了後世工程師發展的方向。

維特魯威
VITRUVIUS

建築有三個領域：建設的技術、計時器的製作以及機械的建造。

——維特魯威，《建築十書》第一冊

偉大成就

《建築十書》
約西元前 30 年至 15 年
維特魯威針對羅馬人工程所寫的手稿，內容廣泛，啟發了後世的建築師。

法諾大教堂
約西元前 19 年
凱撒大帝與奧古斯都皇帝的總工程師兼總建築師。

上圖：維特魯威將《建築十書》呈給奧古斯都。

上圖：羅馬人在阿萊西亞圍城戰（Siege of Alesia）所使用的弩砲重建模型。

西元前一世紀，在奧古斯都（Augustus）皇帝的統治下，一位名叫維特魯威的羅馬士兵兼建築師退役了。據說，在皇帝的姊姊屋大薇（Octavian）慷慨資助下，維特魯威獲得了一大筆退休金，此後他原本可能默默無聞終老一生，或是變成羅馬史上的一個小角色，但他卻做了一件事：決定寫一本書。

維特魯威一方面是為了後世，一方面又想將長期擔任建築師、軍事與土木工程師所獲得的知識保存下來，於是在退役後專心致志撰寫一本關於建築的專著。此著作的名稱叫《建築十書》，主題雖為建築，但由於這個領域在古代涵蓋的範圍比今日更廣泛，所以包含了更多工程題材與工藝實務。因此，《建築十書》以無可比擬的方式讓我們深刻認識了羅馬人的工程，而維特魯威討論的內容，從建造神廟、劇場、溝渠，到製作時鐘、攻城武器和水管都有。

維特魯威的著作最後寫了十冊，是留存至今唯一以充實內容探討古典建築的專書。這部作品在當時有許多抄本，可是某些版本並不完整，或

上圖：凱撒大帝正在圍攻由高盧人加強防備的阿萊西亞（位於現今的法國與比利時境內）。

者品質較差。維特魯威的文字最初有插圖，不過可惜的是，這些重要的附圖隨著時間佚失了。後來，有些讀者發現維特魯威在技術方面的說明不夠清楚，不過對後世的工程師和建築師而言，《建築十書》仍然是相當有用的技術資源。

後來，《建築十書》也成為古代流傳下來在建築方面最有影響力的書籍。主要的推手是義大利學者波焦‧布拉喬利尼（Poggio Bracciolini），他在西元1414年於瑞士一間修道院發現了《建築十書》的完整版本。布拉喬利尼把維特魯威的一些文字納入了自己的作品中。後來也出現了原版的翻譯。

這些版本讓維特魯威激勵了文藝復興時期的建築師與工程師，包括李奧納多‧達文西（Leonardo da Vinci）。維特魯威認為，建築應該展現出穩固、實用、美觀三項特質，此觀念在文藝復興期間發揮了很大的影響。這就是所謂的維特魯威三要素，至今仍然影響著現代的建築實務。

我們對維特魯威的生平與經歷所知有限。關於他的一切，大部分都是從他書中的文字搜集而成。維特魯威起初似乎是在高盧戰爭（Gallic Wars）期間，於凱撒大帝旗下擔任軍事工程師。他可能製造了投石器、能夠發射物體的投射機，以及各種攻城戰使用的機器，例如破城槌和用於登上要塞攻擊的攻城塔。凱撒在回憶錄中引述了維欽托利（Vercingetorix）的話，這位戰敗的高盧人領袖認為，羅馬人的勝利是因為其攻城能力，而這也突顯出軍事工程師的重要性。

關於維特魯威後來擔任建築師與土木工程師的經歷，我們只知道他在法諾（Fano）建造過一座大教堂，但它已經不存在了。雖然無法藉由實際的遺跡欣賞到他的工程才能，可是我們還有他的書，而他的作品經過兩千多年至今仍然發揮著影響力。

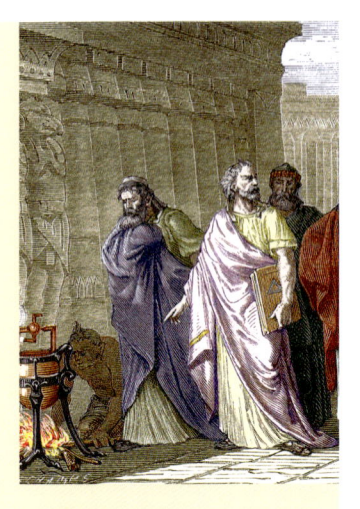

亞歷山卓的希羅
HERON OF ALEXANDRIA

> 將一個大鍋放在火上，在樞軸上的球就會旋轉。
>
> ——針對第一部蒸汽機的描述，
> 擷取自亞歷山卓的希羅之作《氣體力學》(*Pneumatics*)

偉大成就

窺管 西元一世紀
現代經緯儀的先驅

里程計 西元一世紀
一種記錄路程距離的測量裝置

《力學》 西元一世紀
此書包含許多關於機械的資訊，例如槓桿、滑輪、齒輪、起重機。

《氣體力學》
西元一世紀
書中敘述了自動機械和其他機械裝置。

汽轉球 西元一世紀
世界上第一部能夠運轉的蒸汽機。

上圖：亞歷山卓的希羅展示汽轉球。

西元前三世紀，源自希臘的統治者托勒密家族，將埃及亞歷山卓城打造為一座學習中心。為了收集人類所有的知識，他們建立了亞歷山卓城最著名的圖書館以及其他專用於學習的設施，總稱為「繆斯庵」。古代最偉大的其中一位工程師——亞歷山卓的希羅，就在這裡工作，而當時是西元一世紀，整座城則由羅馬人統治。

我們對於亞歷山卓的希羅（Heron 或 Hero）所知甚少。他出生於西元一世紀早期，若非希臘人就是埃及人，從小接受的是希臘教育。一般認為，希羅曾經在繆斯庵擔任教職，因為他現存的著作都是以講稿的方式寫成。繆斯庵的學者會運用從古埃及、巴比倫尼亞（Babylonia）、羅馬和希臘傳入亞歷山卓的知識。希羅的成就奠基於前人，包括阿基米德和克特西比烏斯。雖然希羅留存下來的著作不多，但可以看出他是早期工程的重要人物。他的成就

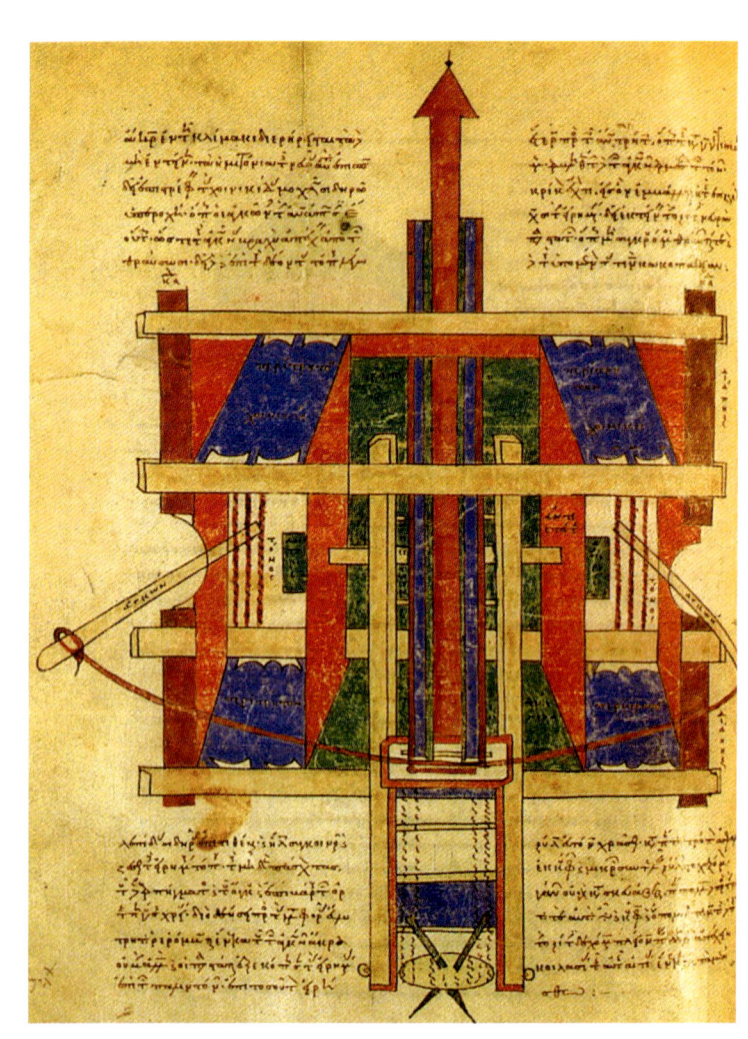

上圖：希羅所設計的大炮手稿之說明插圖。

涵蓋了應用數學、機械和土木工程等領域。

在身為數學家方面，希羅的貢獻包括幾何學，以及數學在測量法、土地測量和土木工程方面的實際應用。在其著作《測量儀器》(*On the*

Dioptra）中，希羅為土木工程師與測量員介紹了一些重要的工具，包括一種光學測量儀器——窺管（dioptra）的改造版本。古希臘人就是利用這種儀器進行天文觀測，不過，希羅改良後的版本有更實際的應用方式，例如土地測量。希羅的窺管是現代經緯儀的先驅，能夠從一定的距離外測量角度、長度和高度，可用於得知溝渠的深度、河流的寬度，或者規畫如何從山的兩側挖隧道，並在中點會合。他也描述了一種機械測量裝置，也就是里程計。這種經特殊改造的車架，能夠迅速測量出水平距離。此裝置使用標準尺寸的羅馬雙輪馬車車輪，並以齒輪連結輪軸，藉此轉動一系列刻度上方的指針。這些配備可以迅速準確地記錄走過的距離。

在另一部著作《力學》（*Mechanica*）中，希羅敘述了舉起重物的方法，其中利用一批簡單的機械，包括槓桿、滑輪、楔子與齒輪，也有更複雜的機械裝置，像是起重機。《力學》幾乎是土木工程師的技術手冊，也補充了希羅在《測量儀器》中針對土地測量工具所寫的內容。他的著作對於在帝國各地建造溝渠、隧道和建物的羅馬土木工程師極為重要。

此外，希羅的《氣體力學》也展現了他身為機械工程師的才能。這份概要的主題是以空氣、蒸汽或水壓驅動的機械裝置。他的許多機器都是自動機械，其中有一些是為了使神廟更壯觀而設計，例如會自動開啟的門。有些裝置則是為了娛樂而製造，包括一座完全自動化的劇場。這些看似獨立運作的裝置，都會使觀眾歎為觀止。這也預示了後來機器人學的發展。事實上，希羅的其中一項發明就是早期的機器人——一部用於劇場娛樂表演的自動化推車。推車的動力來源，是用繩子繫住一塊砝碼，再纏繞於兩道輪軸上。當砝碼往下掉，繩子就會捲開並轉動車輪。輪軸可以釘上一些釘子，用來改變車輪轉動的方向。因此，希羅推車是有史以來第一部可以程式化的裝置。希羅的自動機械裝置可以透過設定來啟動、停止與轉向，所以他也是電腦工程師的先驅！

在希羅眾多的工程成就中，最著名的是汽轉球。他在《氣體力學》中說明了這部裝置，而這是全世界第一次有人詳細解釋如何建造一部可以運作的蒸汽機。汽轉球是一顆空心的金屬球，以類似將紡錘水平擺放的方式架設，可以自由旋轉。藉由下方的汽鍋注入蒸汽到球體中，壓力會使蒸汽從連接球體的兩根朝著相反方向的彎曲管嘴噴出，進而提供了使球體旋轉的動力。一千多年後，在工業革命時期出現的蒸汽機，仍然有著跟希羅的汽轉球一模一樣的工作原理。

右圖：希羅的里程計重建模型，是一種運用機械計算距離的車架。

張衡
ZHANG HENG

數術窮天地，製作侔造化。瑰辭麗說，
奇技偉藝，磊落炳煥，與神合契。

——張衡友人崔子玉為其所寫之碑文

偉大成就

水鐘
西元二世紀早期

指南車
西元二世紀早期

記里鼓車
約西元125年

渾天儀
約西元125年

估算圓周率
約西元130年

候風地動儀
約西元132年

上圖：張衡

中國朝廷官員、天文學家兼數學家張衡，跟許多古代學者一樣擁有眾多才能，其中也包括了工程。在工程成為獨特職業或獨立學科之前的古代世界中，學者都會為統治者與資助者提供這方面的技術和知識。

張衡的成就涵蓋了哲學與實務層面。他是一位著名的詩人，也是擁有眾多讀者的作家。張衡的數學成就包括估算出了圓周率值（π）。身為機械工程師與發明家的張衡，運用水力學和齒輪建造了創新的科學儀器，藉此計算時間和預測天體運行。他也發明了世界第一部地震儀。他的裝置不但能夠顯示遠方發生了地震，還可以指出地質擾動來自什麼方向。

西元78年，張衡出生於南陽，這是中國河南省西南部的一座城市。他的家族相當富裕且具影響力，在官府與朝廷中都有人脈。西元一世紀，年輕的張衡在東漢時期成長並接受教育。這段和平繁榮的期間可謂黃金時代，在漢和帝劉肇的治理下，政治相當穩定，文化與思想都能蓬勃發展。

年輕的張衡被送到長安（現今的西安）學習，後來又到了東漢的首都洛陽。對官員的家庭而言，這裡是公認的教育中心。洛陽位於絲路的東端，而絲路是一條國際貿易路線，讓洛陽成為文化與商業的中心。商人帶來了新的觀念與商品，因此張衡正好能接觸最新的思想和技術。

張衡 ZHANG HENG

下圖：張衡與候風地動儀。

張衡在學習告一段落之後，於二十三歲返鄉，在當地政府擔任行政職位。他仍然繼續寫詩，也進一步研究數學與天文學。張衡的才能輾轉傳到了東漢第六位皇帝漢安帝的耳中。此時，年紀三十出頭的張衡受到召喚，最後成為皇帝的太史令（負責掌管天文曆法）。張衡對時政的不滿阻礙了仕途，但是失寵的他又東山再起，由東漢第七任皇帝漢順帝重新任命為太史令。

古代中國人會運用天文學調整曆法，並且預測吉利和不吉利的日子，因此天文學在安排時間與決策時，扮演了十分重要的角色。張衡為兩項記錄時間的發明做出了重大改進：一種是稱為漏壺的水鐘，以及用於預測行星及夜空星星運行的渾天儀。

漏壺的原理是讓上方容器的水緩慢滴入下方容器，使指示物浮起並指出目前的時間。然而，上方容器的水快耗盡時，水壓就會減少，使得水流變慢，因此水鐘也會走得比較慢。為了解決這個問題，張衡在上方容器的底部加了一個補償用的容器，巧妙地使水流保持穩定。

張衡對渾天儀也有重大的貢獻。首先，他額外加上了兩個環以改善校準。接著，他運用自己在水利工程方面的知識，讓渾天儀自動運轉，藉此模仿夜空中的星體運行。張衡利用了一種水輪來為自動化渾天儀的齒輪傳動裝置提供動力，這個靈感可能來自家鄉南陽的鑄鐵廠。這些地方會使用水輪驅動的巨大風箱，將空氣吹入熔爐。張衡在設計上的創新，有助於後世工程師開發並建造鐘樓式的大型渾天儀，例如十一世紀北宋時期的蘇頌。

張衡的另一項發明則是以複雜的齒輪傳動系統為基礎：指南車。這是一種架設在雙輪車上的機械羅盤，由車輪驅動差速齒輪，使車上的模型人物旋轉，讓伸出的一隻手永遠指向南方。這種導航裝置算是古代版的衛星導航，雖然功能有限，在指揮行軍和土地測量上卻有莫大的助益。

上圖：一座裝飾華麗的渾天儀，位於北京古觀象台庭院。

張衡 ZHANG HENG

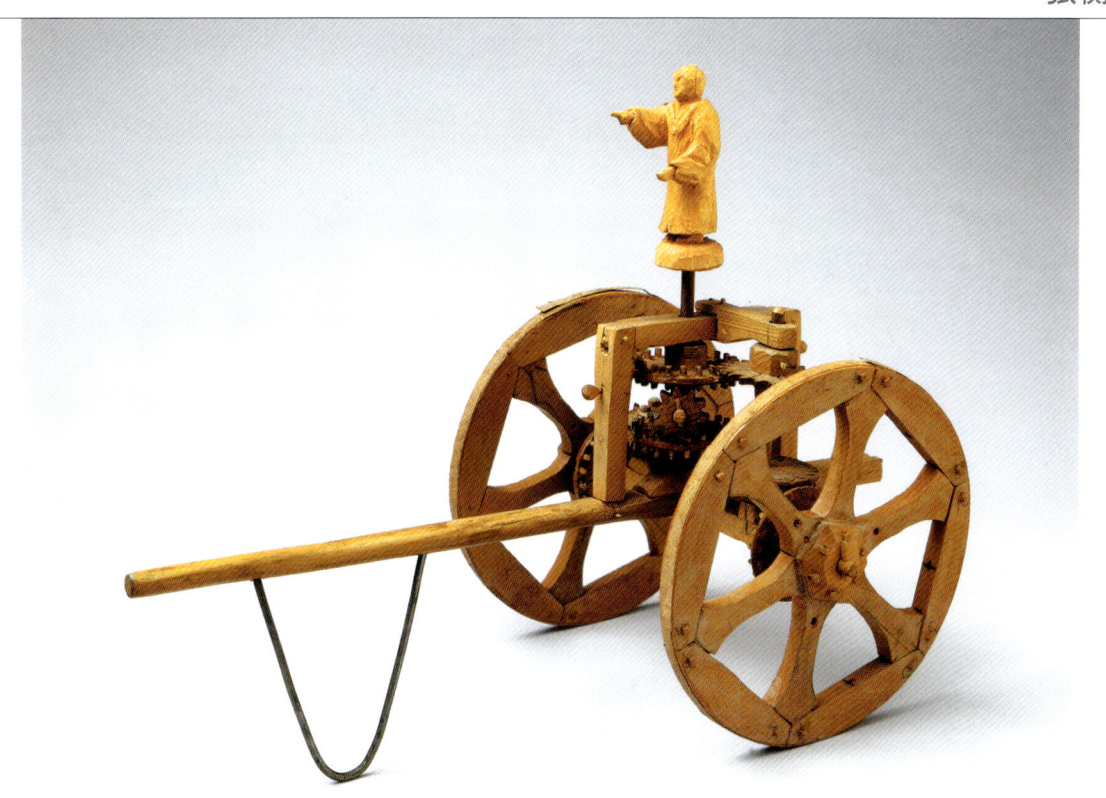

左圖：古代的衛星導航——張衡的指南車模型。

據說張衡也發明了記里鼓車，這是一種用於測量距離並以雙輪車為基礎的裝置。由車輪帶動的齒輪會驅動自動化的模型人物，每半公里（0.3哩）擊鼓一次，每5公里（3哩）敲鑼一次。

張衡最偉大的工程成就，或許是發明了全世界第一部地震儀。地震在古代中國非常重要，代表了神對人類所作所為的不滿。這會影響皇帝的名聲，因此即使是在最遠處發生的地震也必須通報。張衡的地震儀使用一種沉重的銅製容器，並將八隻龍設置於外側，八隻龍的下方各有 隻蟾蜍，而每隻龍口中都含著一顆銅球。地震的震動會觸發中央容器內部的機械結構，使其中一隻龍嘴裡的銅球落入下方蟾蜍的口中。此裝置能夠顯示發生了地震，並且指出震源的方向。

張衡在職業生涯末期展示了這個裝置，而龍心大悅的皇帝替他加薪了超過三倍。七年後，張衡在六十一歲時過世，他備受尊崇，在機械方面的創新也啟發了後世的工程師。張衡死後，詩人傅玄向他致敬，並且嘆惜世人未能更廣泛運用他的工程才能。

上圖：古代的地震探測器——張衡的地震儀，此為顯示出內部結構的剖面模型。

大馬士革的阿波羅多洛斯
APOLLODORUS OF DAMASCUS

羅馬皇帝圖拉真（Trajan）……似乎充滿憤恨，因為其國土並非無限，僅止於多瑙河沿岸。他渴望有一座橋梁，讓他能夠跨河，毫無阻礙地與對岸的野蠻人戰鬥。我就不費盡心力講述我們是如何建造這座橋了，應該要讓總建築師——大馬士革的阿波羅多洛斯——來說明這項工作才對。

——拜占庭希臘歷史學家普羅科匹厄斯（Procopius），西元六世紀

偉大成就

圖拉真橋 西元105年

圖拉真廣場 西元112年

圖拉真柱 西元113年

上圖：大馬士革的阿波羅多洛斯

下圖：由阿波羅多洛斯設計的裝甲攻城武器之插圖。

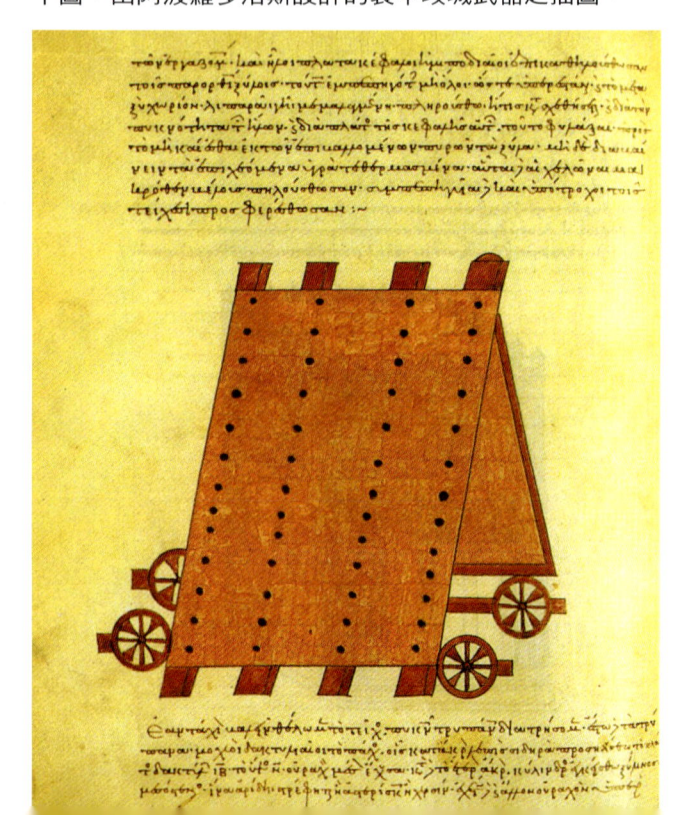

我們對於在古代世界建造偉大城市和名勝古蹟的工程師所知不多。其中有些人設計的建築物留存至今，依然聳立著。雖然我們可以欣賞這些工程奇觀，卻只知道少數幾位建造者的身分。幸運的是，關於大馬士革的阿波羅多洛斯，在歷史記載中保存了一些資訊。

阿波羅多洛斯在為皇帝圖拉真擔任大規模公共建設的工程師時嶄露頭角，包括於羅馬的心臟地帶建造了圖拉真廣場。他在早期也曾經當過軍事工程師。據說，阿波羅多洛斯也是專著《攻城戰》（Poliorketika）的作者，這是一本敘述如何建造與使用攻城武器的工程手冊。

阿波羅多洛斯是西元二世紀羅馬帝國最重要的工程師，當時羅馬正處於全盛期。生於此時的工程師非常幸運，因為這是一段相對和平與繁榮的長久時期，稱為「羅馬治世」（Pax Romana），而羅馬皇帝則會下令執行規模宏大的建設計畫，藉此顯示帝國的權力。公共建築和紀念碑向全世界展現了羅馬的力量與先進，同時也提升了皇帝在羅馬人民及整個帝國中的公共形象。正因如此，他們需要像阿波羅多洛斯這種有能力的工程師將偉大的構想化為現實。

大馬士革的阿波羅多洛斯 APOLLODORUS OF DAMASCUS

上圖：圖拉真柱上的浮雕，描繪了阿波羅多洛斯為圖拉真建造的橋樑。

　　阿波羅多洛斯出生於大馬士革，該城市位於當時的羅馬行省敘利亞，而阿波羅多洛斯可能就在那裡接受教育。若是如此，他就會接觸到來自東方、古阿拉伯，以及羅馬和希臘文化的思想並受到影響。不過，關於阿波羅多洛斯早期的生活，我們只能推測。歷史上關於他的最早記載，是他擔任圖拉真皇帝的軍事工程師。工程在羅馬人的軍事行動中，扮演著不可或缺的角色，除了劍和矛，鏟子也是每位士兵隨身的基本配備。軍團行軍時，鏟子可以用於挖掘壕溝及建造臨時軍營。而阿波羅多洛斯這種工程師也可以運用軍團士兵，藉此執行規模更大的工程，例如建造橋樑、攻城武器、道路或永久工事。這些工程偶爾會在軍事勝利中扮演決定性角色。

　　阿波羅多洛斯在圖拉真第二次出征達契亞人（Dacians）時，證明了自己的價值；當時達契亞人統治著多瑙河北岸的束歐區域。為了實現入侵策略，圖拉真任命阿波羅多洛斯建造一座跨越多瑙河的橋，好讓大軍能夠迅速部署至敵方領地。阿波羅多洛斯接下了這項挑戰。首先，他使河流改道，才能將木材原料運送到河床。這些原料就是二十道長方形空心橋墩的基礎，接著，他們填入了石頭與混凝土，外圍再覆以長而平直的羅馬磚和水泥。實心橋墩一完成，阿波羅多洛斯就將木製拱座置於其上，用以支撐一片寬達15公尺

（49呎）的橡木橋面。完工時的橋梁長度為1135公尺（3723呎），此後的一千多年裡，這座橋一直是人類所建造過最長的橋。

阿波羅多洛斯管理一批從數個軍團召集而來的人力，在西元105年將橋梁建造完成。這是一項莫大的成就，對於圖拉真在隔年擊敗達契亞人，也有重大的貢獻。據說，由於阿波羅多洛斯製作的攻城武器，突破了達契亞人首都的防禦，使得圖拉真得以攻下這座城市，獲得最終的勝利。圖拉真凱旋而歸，帶回了許多達契亞的寶藏，以及他最信賴的工程師阿波羅多洛斯。

為了慶祝出征成功，圖拉真舉辦了長期的角鬥士比賽，接著就在羅馬開始執行一項建設計畫，藉此鞏固權力，同時以更長久的方式紀念他偉大的勝利。這些預算龐大的計畫，是由圖拉真的總工程師阿波羅多洛斯負責，資金則來自從達契亞之戰掠奪的財寶。阿波羅多洛斯的第一項任務就是建造圖拉真廣場，這裡是羅馬的政治、商業和宗教生活中心。由於現場要移除一大片山坡地帶，所以準備建築工地是一項艱鉅的工程挑戰。在開始建造之前，勞工還必須先搬移數十萬立方公尺的岩石與土壤。阿波羅多洛斯也在圖拉真廣場旁建造了圖拉真市場，這是未來購物中心的原型，而後來他還建造了大型公共浴場。

廣場於西元112年左右完工，在西元113年加上了圖拉真柱。圖拉真柱是阿波羅多洛斯的另一項工程壯舉，高度達30公尺（98呎），在巨大的基座上堆疊了二十塊龐大的圓柱狀大理石。柱體中心中空的部分有一道螺旋樓梯，而外部表面則有一道長達190公尺（623呎）的螺旋形雕

下圖：一段在多瑙河上的圖拉真橋重建模型。

大馬士革的阿波羅多洛斯　APOLLODORUS OF DAMASCUS

左圖：一幅十九世紀的畫，描繪圖拉真柱聳立於羅馬境內的圖拉真廣場遺跡上。

飾，描繪了圖拉真與達契亞人的作戰場景。柱冠上還安置了一座皇帝的雕像，可見工程的後勤方面面臨極大的挑戰，除了必須將超過30公噸重的圓柱狀大理石抬升到適當的位置，還只能依靠人力或動物來驅動滑輪或起重機。

阿波羅多洛斯建造的柱子，原本是要紀念圖拉真在軍事上的勝利，後來成為安葬圖拉真的紀念塔。這位皇帝的骨灰罈置於底座之中。圖拉真過世後，阿波羅多洛斯在哈德良（Hadrian）底下繼續擔任職務，不過，據說他跟新皇帝發生了爭執，甚至可能因此遭到皇帝下令刺殺。

身為古羅馬總工程師與總建築師的阿波羅多洛斯，除了以具指標性的新建設重塑整座城市，也透過翻修來保存歷史，藉此向早期的羅馬建築表示敬意。他豐富多產的成果，象徵了重大的工程成就。阿波羅多洛斯對羅馬工程的貢獻，透過一系列建築物留存下來，從文藝復興至今，不斷地為後世工程師提供靈感與技術見解。

伊斯麥爾・加札利
ISMAIL AL-JAZARI

> 他是一位工藝大師，對領域內的所有分支瞭若指掌，也替自己身為技術界的一分子感到驕傲。更難得的是，這位工藝大師還能夠寫作，留給了我們一本最重要的工程文件。
>
> ——唐納・希爾（Donald Hill），特許工程師，以及《奇巧機械裝置的知識之書》（The Book of Knowledge of Ingenious Devices）譯者

偉大成就

《奇巧機械裝置的知識之書》
約西元1206年

城堡鐘
約西元1206年

大象鐘
約西元1206年

音樂自動機
約西元1206年

上圖：伊斯麥爾・加札利

有一本著作叫《奇巧機械裝置的知識之書》，內容零散遍布於世界各地的學術圖書館與私人收藏。原著的作者為加札利（Al-Jazari），是十三世紀初期的伊斯蘭學者兼機械工程師。他的書詳細敘述了五十種機械裝置的建造方式，這些都是加札利在上美索不達米亞（主要位於現今伊拉克以及敘利亞和土耳其部分範圍）服侍王室成員時設計的機器。加札利設計了各式各樣的裝置，像是汲水機器和各種時鐘的實用工具，也有精密的機械分酒器和音樂自動機。

對於加札利的生平，我們只知道他在書中引言所提供的少數資訊。他的名字取自出生地——加札利（Al-Jazari），是上美索不達米亞三個行省中最北端的一省。這片肥沃與經濟繁榮的區域，位於底格里斯河和幼發拉底河之間，在當時是由阿拔斯（Abbasid）哈里發統治，屬於龐大伊斯蘭帝國的一部分。阿拔斯王朝的統治者重視學習與學術，除了建立圖書館，也推廣翻譯希臘、波斯、印度和中國的文獻，這使得伊斯蘭學者能夠接觸到許多不同的傳統和學科。

加札利是在上美索不達米亞的迪亞巴克爾（Diyar Bakr）服侍國王期間，奉命寫下這本書。此時，他已經擔任了二十五年的宮廷工程師。這段長期的和平正是伊斯蘭黃金時代（Islamic Golden Age）的高峰。蓬勃發展的圖書館成為學習中心，吸引了各地的學者前來。人們除了重視學問，也積極透過書本保存知識。國王要求加札利將他的機械裝置編選成一本書，以免這位總工程師的知識隨其死亡而流失。事實上，加札利在1206年完成任務之後幾個月就過世了。

在開始寫作之前，加札利先研究了早期的文獻，想將有用的知識整合到著作中。可能的資料來源包括亞歷山卓的希羅（希臘工程師，也是知名的自動裝置建造者），以及當時一位參考阿基米德的構想來製作水鐘的專家。加札利一定也對巴努・穆薩（Bānū Mūsā）兄弟相當熟悉，這三位波斯學者在四個世紀前寫了一本手冊，內容敘述了上百種巧妙設計的裝置。

加札利對這些早期文獻的研究並非照單全收。他經常發現文獻中說明的內容不夠完整，或者所描述的裝置無法建造出來，在技術上不夠嚴謹。加札利是一位實踐派的工程師，也努力想解

伊斯麥爾・加札利 ISMAIL AL-JAZARI

下圖：加札利設計的水鐘。最上方的人物是一種自動裝置，能夠指出時間。

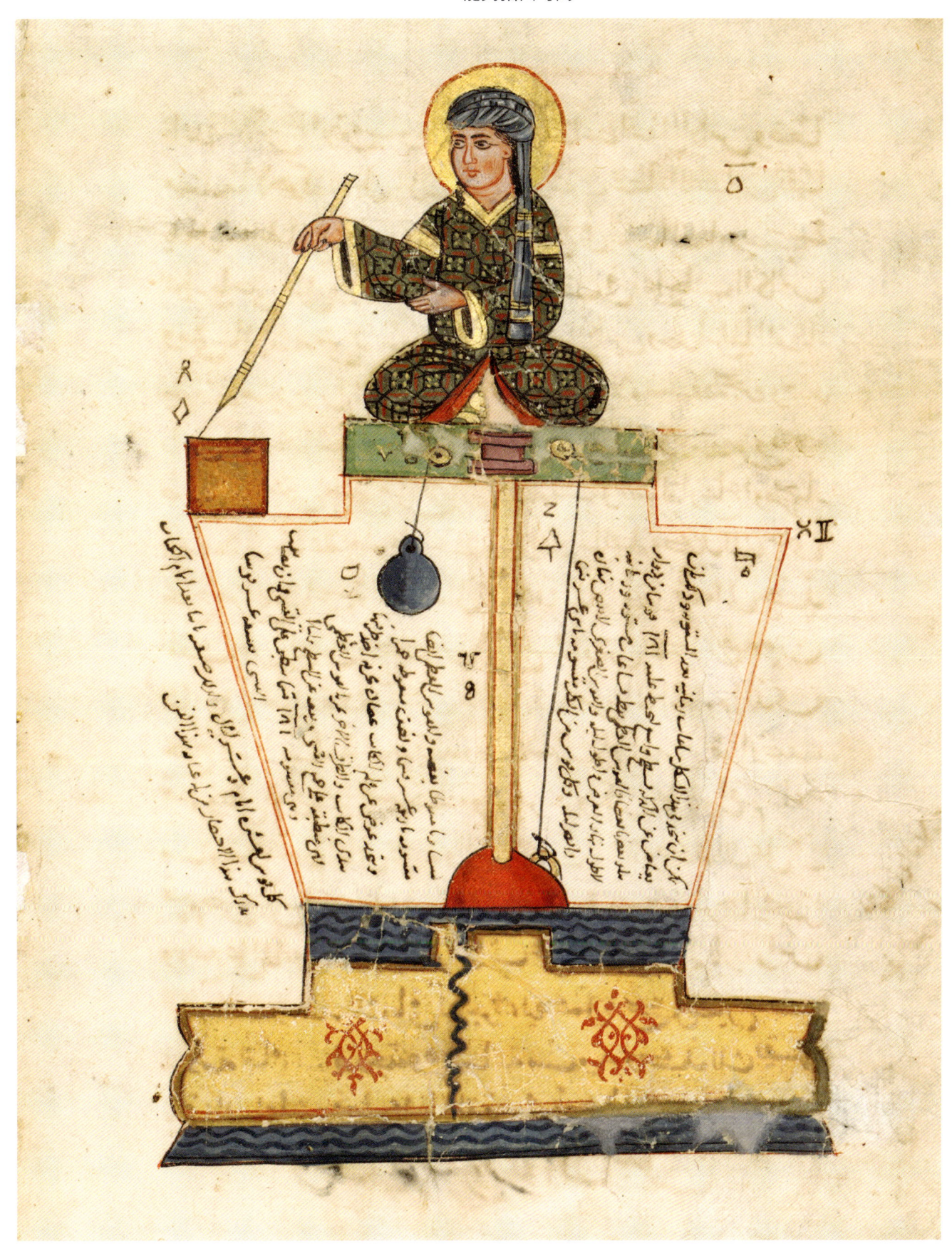

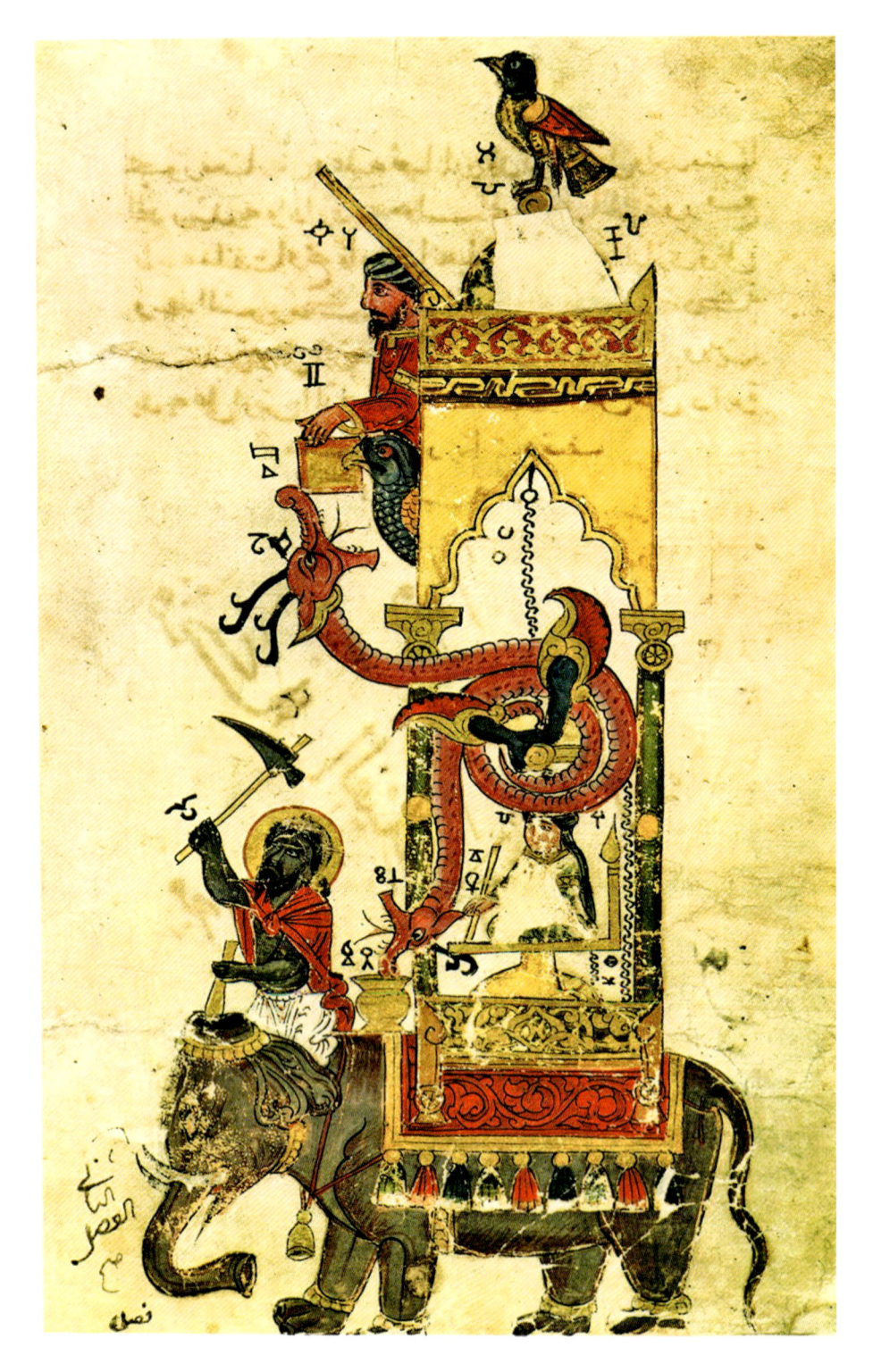

左圖：加札利的大象鐘。

右圖：加札利的城堡鐘，取自《奇巧機械裝置的知識之書》。

客而設計。不過，在音樂自動機和分酒器這些新穎事物的詳細說明背後，很明顯是一種工程方法論。加札利的書是一本實用的手冊，循序漸進地說明了每一部機器的建造方式。

其中有一些設計是超前時代的創新。加札利的城堡鐘運用了一種早期的凸輪軸，將旋轉運動轉換為上下運動。這種裝置以及他在水泵設計中描述的初期曲軸，在日後將會成為汽車引擎的一項重要特徵。

有些人認為，城堡鐘算是一種早期的機械式電腦。此外，有些裝設了機械鼓手或鳴鳥的音樂自動機，也許能夠像程式一樣控制，促進了後世在機器人學與電腦運算方面的發展。

決先前文獻中的缺失，改善技術層面，並確保他的敘述能讓未來的工程師覺得清楚易懂。加札利細心的作法，使他的書在當時大受歡迎，對此後研究工程的歷史學家也具有永久的價值。

加札利在書中描述的某些裝置，乍看之下就像無足輕重的新玩意，只是為了娛樂國王及其賓

加札利特地為工程師撰寫了《奇巧機械裝置的知識之書》，內容包含材料和製造技巧。他竭盡所能地提供最完整的細節，甚至還畫了各種裝置的縮圖。正因為有這些生動圖像以及文字，我們才能夠如此深入了解中世紀阿拉伯世界的工程成就。

الجامات بالضو وهذه صورة ما وصفته واضحة

菲利波・布魯內萊斯基
FILIPPO BRUNELLESCHI

這座著名教堂的穹頂,以及由建築師菲利波發明的許多其他裝置,展現了他傑出的才能。

——佛羅倫斯聖母百花大教堂內部之菲利波・布魯內萊斯基墓誌銘。

偉大成就

巴達洛納號
用於運送大理石的船,1427年

聖母百花大教堂穹頂
佛羅倫斯,1436年

育嬰堂
佛羅倫斯,1419~1445年

聖羅倫佐教堂
佛羅倫斯,1442年完工

聖神大殿
佛羅倫斯,1434~1446年。教堂正面在布魯內萊斯基過世許久後的1482年才完工。

上圖:菲利波・布魯內萊斯基

中世紀時期,自伊斯蘭黃金時代期間所保存與研究的古希臘與羅馬作家的著作,開始逐漸傳入歐洲。這種古典知識從義大利開始復甦,激發了文藝復興,即西元十五和十六世紀的社會變遷、藝術創新、技術進步的那一段時期。在古代,藝術與科學這兩個領域之間並無區分。文藝復興期間,多才多藝的博學人士將藝術、科學、建築、工程融會貫通到新的境界,其中包括了佛羅倫斯的建築師兼工程師菲利波・布魯內萊斯基。他最大的成就是佛羅倫斯的聖母百花大教堂穹頂,體現了工程、建築與藝術的完美結合。

我們對布魯內萊斯基的早期生活所知不多。他在1377年出生於義大利的城市佛羅倫斯,家境富裕,也接受了良好的教育,不過,年輕的布魯內萊斯基並未承襲父親的法律職業,而是在佛羅倫斯的絲綢公會擔任學徒。絲綢公會是城裡七大公會之一,針對藝術與手工藝提供了各式各樣的訓練,包括金屬加工、青銅雕刻和珠寶製作。

布魯內萊斯基在二十二歲時已經是一位成熟的金匠師傅了。但是根據一位早期傳記作者的說法,布魯內萊斯基在職涯初期同樣也忙於建築、青銅雕刻及製作時鐘。1401年,布魯內萊斯基參加了一項競賽,爭取機會替佛羅

上圖:由布魯內萊斯基為聖母百花大教堂設計的巨大穹頂。

菲利波・布魯內萊斯基 FILIPPO BRUNELLESCHI

斯的聖喬凡尼洗禮堂（Baptistry of San Giovanni）設計青銅大門。他輸給了同樣也是金匠與藝術家的羅倫佐・吉貝爾蒂（Lorenzo Ghiberti）。據說，以些微之差輸掉競賽的布魯內萊斯基相當不滿，便跟著藝術家多納太羅（Donatello）一起前往羅馬旅遊，紓解受傷的自尊，並全心投入學習古典建築。雖然布魯內萊斯基只獲得亞軍，但這場競賽還是為他帶來了知名度，也引起了富有的資助者關注。

1415年，布魯內萊斯基對視覺藝術做出一項重大貢獻，即重新發現了線性透視（linear perspective）：這種繪畫方式能夠讓藝術家在平

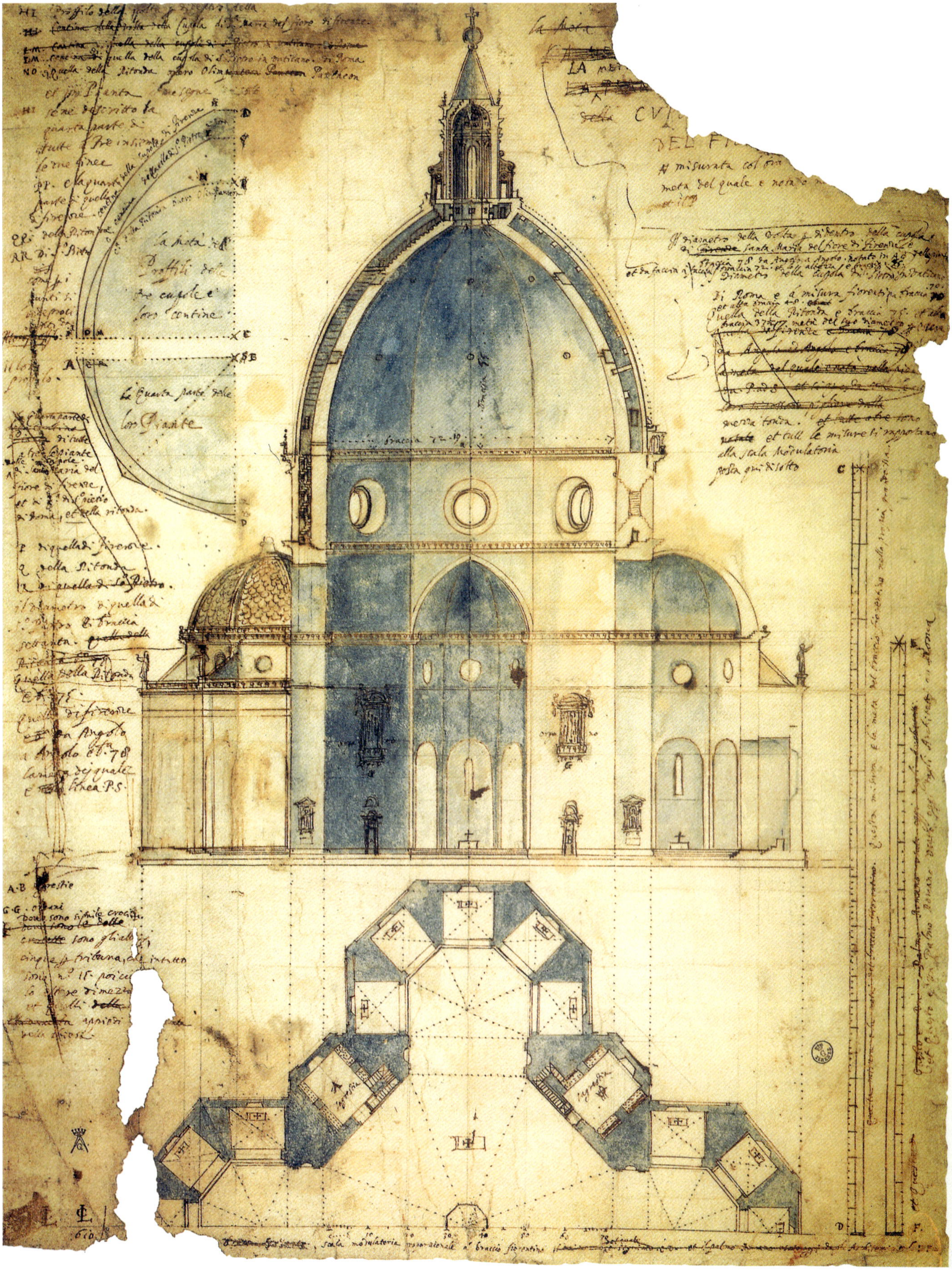

菲利波・布魯內萊斯基 FILIPPO BRUNELLESCHI

左圖：布魯內萊斯基的穹頂設計剖面圖。

右圖：布魯內萊斯基的旋轉式起重機。

面圖像上栩栩如生地畫出立體實物。雖然這影響了許多文藝復興時期的藝術家，不過布魯內萊斯基在跟委託人與工人溝通工程及建築計畫時，一定也運用了這種技巧。可惜的是，布魯內萊斯基的手繪圖並未留存下來，原因可能是他必須保護自己的設計和技術，以免被競爭的藝術家兼工程師和工作坊竊取。

1418年，布魯內萊斯基又參加了一場公開競賽，而這次是一項規模與聲望更加浩大的委託：建造聖母百花大教堂的穹頂——這座教堂蓋了超過一個世紀，可是先前的建築師一直無法在東側的八邊形高塔加上圓頂。這一次，布魯內萊斯基又對上了吉貝爾蒂，而他在1420年終於以一座雙層磚造穹頂的計畫，贏得了這份工作。布魯內萊斯基的規畫相當巧妙與簡約，在建造期間不需要以巨大的木架來支撐穹頂。他發明了一種方法，可以在石梁間以之字形排放大約四百萬塊磚頭，不必額外支撐。他也設計並打造出一系列靠牛拉動且易於操控的固定式起重機和旋轉式起重機，在建築工地發揮了極大用途。專家估計，這些裝置每天要吊升至穹頂的磚塊與大理石約達13,000公噸。

布魯內萊斯基能夠成功建造穹頂，原因在於將創新的工程方法結合了嚴謹規畫與專案管理。他只花了十五年的時間，就從距離地面54公尺（177呎）的基座，蓋出了到頂部圓形開口約33公尺（108呎）高的穹頂。布魯內萊斯基完全掌控各項複雜的工作安排，也克服了建造穹頂的技術挑戰，因此許多人認為他是全世界第一位現代工程師。在建造穹頂期間，布魯內萊斯基也處理了許多建築與工程計畫。他在1419年接下第一項建築任務，是設計佛羅倫斯的育嬰堂。接下來的聖羅倫佐教堂與聖神大殿，也證明了他卓越的工程能力及藝術性，鞏固了他與日俱增的聲望。

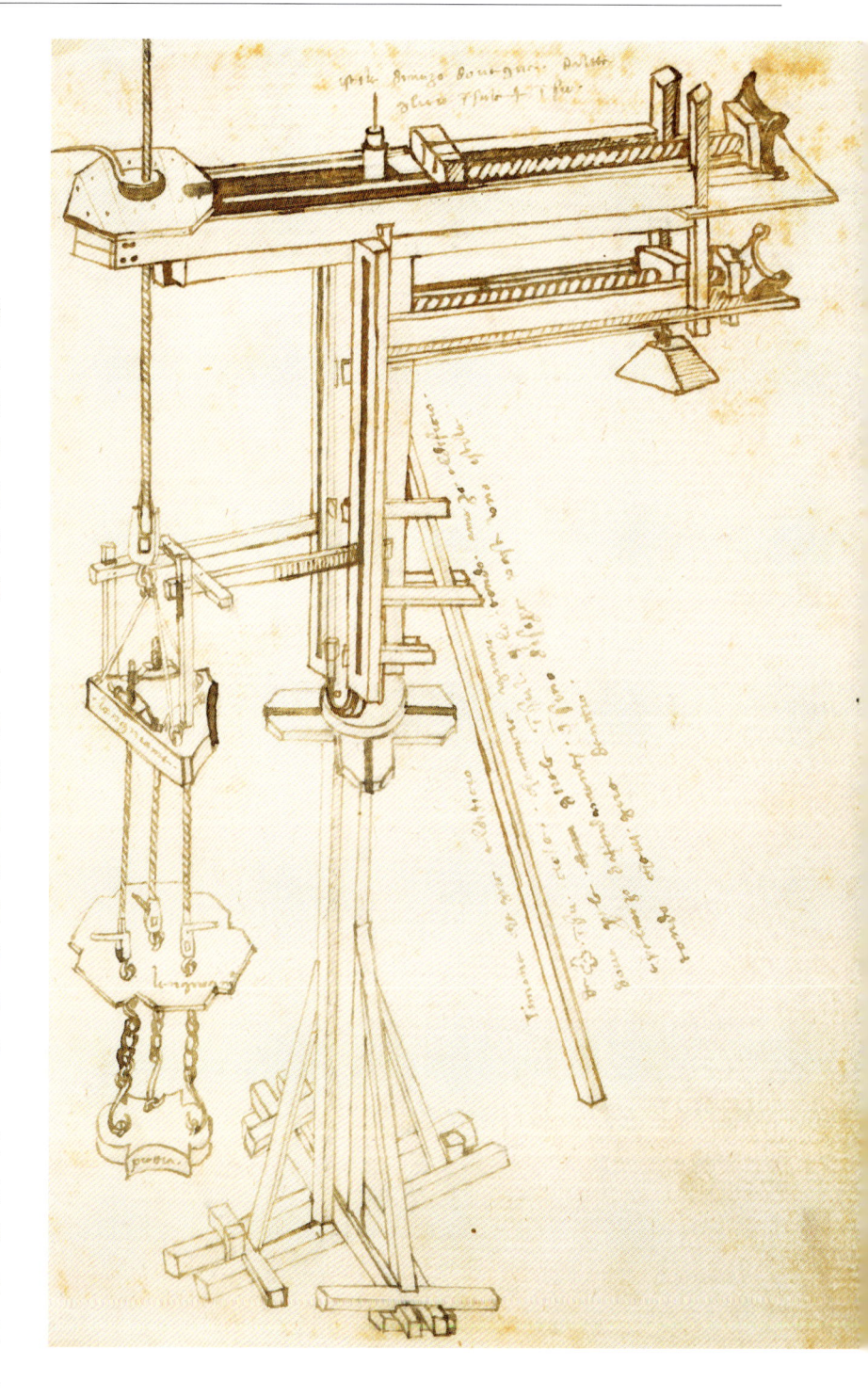

在建築計畫之外，布魯內萊斯基還發揮了身為機械工程師的長才。他設計出一艘船，可以從

38

菲利波‧布魯內萊斯基
FILIPPO BRUNELLESCHI

卡拉拉（Carrara）的採石場，將沉重的大理石板搬運至佛羅倫斯，而於1425年獲頒了據信是史上第一項的工程專利。他所設計的這個用於吊升的機械裝置，運用了在鐘錶製作所學到的齒輪傳動知識。可惜，布魯內萊斯基這艘名為「巴達洛納號」（Badalone）的船，首航時就在阿爾諾（Arno）河沉沒了，據說船上還載著100公噸的大理石。

布魯內萊斯基在工程方面雖然有開創性的表現，但這也表示他經歷了不少失敗。另一個例子是在1428年，當時布魯內萊斯基擔任軍事工程師，要幫助佛羅倫斯跟附近的盧卡（Lucca）戰鬥。他們的目標是要使塞爾基奧河（Serchio）轉向，藉此包圍住盧卡城，但是計畫產生反效果，淹沒了佛羅倫斯的營地。

聖母百花大教堂的穹頂於1436年完工。這座穹頂距離教堂地面約90公尺（295呎），總共使用了大約37,000公噸的磚塊與石材，不但實現布魯內萊斯基的雙層穹頂設計，也證明他的承重計算相當準確。要建造穹頂最上方的燈籠狀塔樓時，布魯內萊斯基還得再跟吉貝爾蒂競爭一次，其設計才獲得採用。可惜的是，布魯內萊斯基於1446年過世，當時才剛開始建造塔樓。

1471年，藝術家兼工程師安德烈‧德爾‧委羅基奧（Andrea del Verrocchio），在布魯內萊斯基的燈籠狀塔樓頂部安裝上一顆鍍金的銅球。他帶了一位年輕的學徒同行，而學徒對布魯內萊斯基的起重機相當著迷，還以素描畫下了運轉的方式。這位學徒就是李奧納多‧達文西。另外還有許多藝術家兼工程師跟達文西一樣，因為菲利波‧布魯內萊斯基開創性的成就而得到啟發。

左圖：布魯內萊斯基所設計的大船「巴達洛納號」之模型。布魯內萊斯基的貨船設計取得了專利，這是史上第一次發出的工程專利。

偉大成就

《論工具》 1433年
塔科拉第一本將其藝術構想結合實際工程計畫的著作。

《論機器》 1449年
塔科拉進一步擴充先前的著作，因此建立起名聲，成為當代的偉大工程師。

馬里亞諾‧迪‧雅各波：塔科拉
MARIANO DI JACOPO: IL TACCOLA

> 獨創性比水牛的力量更有價值。
>
> ——馬里亞諾‧迪‧雅各波，別號塔科拉：《論機器》（*De Machinis*）

文藝復興期間，藝術與文學爆發出驚人的能量，而這股光芒似乎蓋過了同時代的技術成就，直到最近這種情況才有所改變。現在有愈來愈多人認為，當時許多創造出繪畫與雕塑傑作的天才，在建築和工程方面也有不同凡響的成就。某些評論人士把在這段期間同時出現的技術發展稱為「機器的文藝復興」（Renaissance of machines），並認為多才多藝的藝術家兼工程師為其提供了動力。

以別號「塔科拉」（烏鴉）聞名的馬里亞諾‧迪‧雅各波，便是文藝復興時期一位複合型人才，除了具有藝術家身分，也是一位創新的工程師。塔科拉跟同時代年紀稍長的菲利波‧布魯內萊斯基一樣，推動了中世紀世界進入文藝復興的過程。雖然塔科拉從事的是現實世界的工程計畫，但他對後人最大的影響或許是兩套附有豐富插圖的作品：《論工具》（*De Ingeneis*）與《論機器》。這四冊著作混合了實際的工程計畫以及天馬行空的構想。由於塔科拉的繪畫技巧嫻熟，所以有任何想法都能立刻以筆墨清楚描繪。這些內容代表他徹底融合了藝術與工程兩個領域。塔科拉、他的家鄉西恩納（Siena），以及資助者，都因此獲得了聲望。

塔科拉在西元1382年出生於義大利的城市西恩納。我們對他的性格形成時期和教育情況所知不多，不過，年輕的塔科拉曾經在雕刻家雅各布‧德拉‧奎爾查（Jacopo della Quercia）的工作坊受過訓練，他一定是在這裡學習了如何繪畫，以及雕刻與處理石材的技巧。1408年，塔科

下圖：塔科拉針對各種船隻與機器，繪製出複雜精細的工程圖手稿。

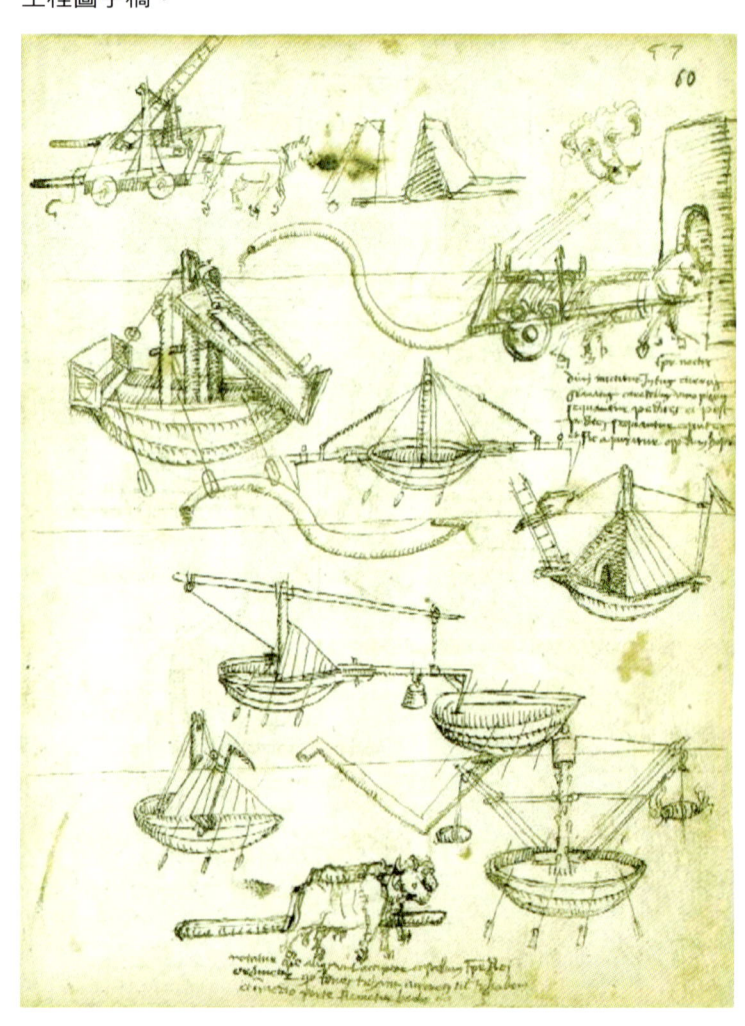

馬里亞諾·迪·雅各波：塔科拉　MARIANO DI JACOPO: IL TACCOLA

下圖：塔科拉所設計的以肌力與兩個巨大風箱驅動的液壓泵。

拉在西恩納的教堂唱詩班擔任雕刻師，同時也在當地第一流的學術機構「智慧之家」（Casa della Sapienza）接下一份行政工作，因而開啟了一段身兼多職的日子。塔科拉還擔任過公證人，也一直在吸收傳入西恩納的知識與新觀念。

後來，塔科拉對機械裝置變得愈來愈著迷，原因可能是他看到了由訪問學者帶到西恩納的機器，而這些機器曾經出現在古希臘羅馬的科學文獻，或來自伊斯蘭國家的著作中。塔科拉在西恩納的建設計畫中擔任工程師時，也將自己與日俱增的機械知識付諸實踐。這座城市是西恩納共和國（Sienese Republic）的心臟，當時正在迅速

上圖：在西恩納街道下方有一片稱為"Bottini"的古老網狀輸水道，至今仍然為整座城市供水。

擴張發展。富裕的西恩納能夠資助各種公共建設，因此也需要專業的工程師，像是塔科拉，以及後來的法蘭切斯科・迪・喬治（Francesco di Giorgio）。他們不只協助維護並擴展西恩納的基礎建設，還藉由建設防禦工事與製造新式戰爭機器和武器，防止敵人入侵。

西恩納擁有充足的礦物與資源能夠發展工業，卻有一個大問題：無法維持穩定供水。為了解決這個問題，先前的工程師已經建造了一個複雜的網狀地下水道，總長度達25公里（15.5哩）。然而，這個系統必須要有特殊技術的工程師維護，才能夠讓全市及展示用的噴水池得到穩定水源。由於水對西恩納非常重要，所以塔科拉自然會想選擇水力學做為工程專業。他對這項領域的興趣，從其著作就可以看得出來，其中包含了各種水資源管理裝置，例如虹吸管、螺旋泵，以及能夠替磨坊控制水流速度的水閘。未來的匈牙利皇帝西吉斯蒙德（Sigismund）於1432年造訪時，塔科拉便以水力工程師與畫家的身分自我推薦，而西吉斯蒙德也因此成為塔科拉的資助者。塔科拉似乎毫不吝於表現自己的才能，在《論機器》這本書的開頭就將自己形容為「西恩納的阿基米德」！

日常的工程工作（例如監督造路）占據了塔科拉生活的一部分，而他只有透過書面，才能無拘無束地以獨特的方式融合藝術創造力與技術知識。他在後半生將漫長職業生涯所累積的想法，集結成兩本書：《論工具》和《論機器》。這些想法有的經過實證，有的則為推測。書裡有嚴謹的數學方法，能夠用於勘測地點或是從山的兩端挖鑿隧道會合。此外，他還設計了一種可以實際做為武器的投石機。不過，書中也有天馬行空的構

馬里亞諾‧迪‧雅各波：塔科拉　MARIANO DI JACOPO: IL TACCOLA

想，例如一種用來捕魚但過度複雜的滑輪裝置，或是使用充氣皮袋讓騎在馬上的騎兵漂浮過河這種幾乎行不通的方法。

在塔科拉《論工具》的最後幾頁，有年輕的西恩納工程師法蘭切斯科‧迪‧喬治所寫的說明與繪圖。塔科拉於1453年過世之後，法蘭切斯科繼續以類似塔科拉的手法，結合文字與插圖傳達他的工程概念。法蘭切斯科的建築專著後來也影響了最偉大的藝術家兼工程師：李奧納多‧達文西。

下圖：塔科拉設計的起重機，可明顯看出使用了一系列的槓桿與滑輪。

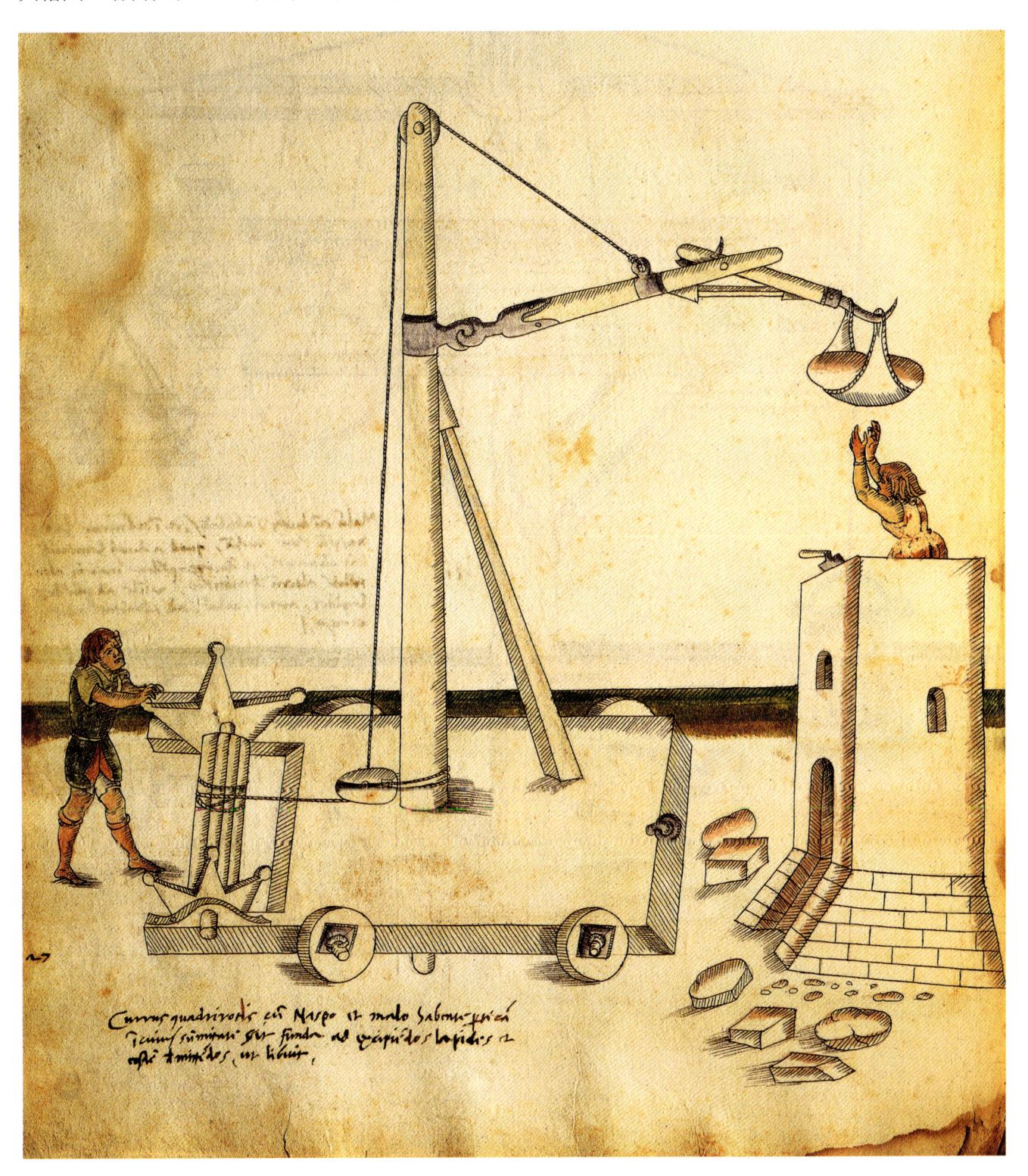

李奧納多・達文西
LEONARDO DA VINCI

心靈手巧的人類能夠創造各種發明，卻永遠無法設計出比大自然更美妙、更純粹、更直接的東西……

——李奧納多・達文西，
《溫莎手稿》（*Codex Windsor*）

李奧納多・達文西或許是文藝復興時期最著名的藝術家：這個名字家喻戶曉，其代表性的畫作有〈蒙娜麗莎〉（La Gioconda）與〈最後的晚餐〉（The Last Supper）。不過，達文西在藝術之外，還擁有眾多才能，涵蓋了科學、解剖學、數學、建築及工程。這些知識和技能的領域，對他來說並無分別，而且全都包含在一種受到人文主義影響的學科內，透過觀察與實驗研究自然。

科學和數學會在達文西的藝術中派上用場，幫助他處理技術方面的挑戰，例如製作巨大的銅馬雕像，或是在義大利米蘭恩寵聖母院食堂牆面上畫出〈最後的晚餐〉。同樣地，達文西的繪畫技巧也能讓他以視覺化的方式記錄科學觀察與想法，以及畫出詳細的工程和建築設計。

達文西就像塔科拉和法蘭切斯科・迪・喬治，是擁有技術知識和創造技巧的藝術家兼工程師，能夠在紙上推測、設計與發明。達文西的附圖筆記內容，全都是相反的「鏡像書寫」，留存下來的大約有七千頁。

這些原版活頁紙上，充滿了他在工作時寫下的筆記與繪圖。他可能拿了其中一些頁面向

偉大成就

巨馬
李奧納多・達文西於1482年開始處理這座斯福爾札的紀念碑，但在1494年，米蘭與法國開戰後，被迫放棄計畫。

設計飛行機器
約1488~1489年

維特魯威人
（The Vitruvian Man）
約1490年
這項解剖學的經典研究，只是達文西的眾多喜好之一。

〈最後的晚餐〉
約1490年代

〈蒙娜麗莎〉
約1516年

上圖：李奧納多・達文西肖像

上圖：李奧納多・達文西所繪〈最後的晚餐〉，位於米蘭恩寵聖母院的食堂。

富有的資助者展示構想，其他頁面則記錄了他的觀察或科學研究。後來，有人收集了達文西的手稿並裝訂成冊。這些筆記現在是構想與發明的寶庫，而我們也能清楚看出工程在達文西的職涯中有多麼重要。

達文西在1452年出生於文西（Vinci），那是位於義大利中部托斯卡尼山區的一個市鎮。他是一名非婚生子，父親皮耶羅・達文西（Piero da Vinci）是在佛羅倫斯工作的公證員，生母卡特琳娜・莉比（Caterina Lippi）則是來自貧窮的務農家庭。他的嬰幼兒時期是由生母在鄉間一座農場養育成長。後來在五歲左右，達文西到了家族位於文西的住宅，跟叔叔和祖父母一起生活。然而，由於達文西不是合法繼承人，並未接受當時強調的將古典文本死記硬背的學究式教育。諷刺的是，這可能促使了達文西的自由思考與自立自強，後來把身為他所謂「未受教育之人」這點，轉換成一種優勢，也讓之後的伽利略（Galileo）

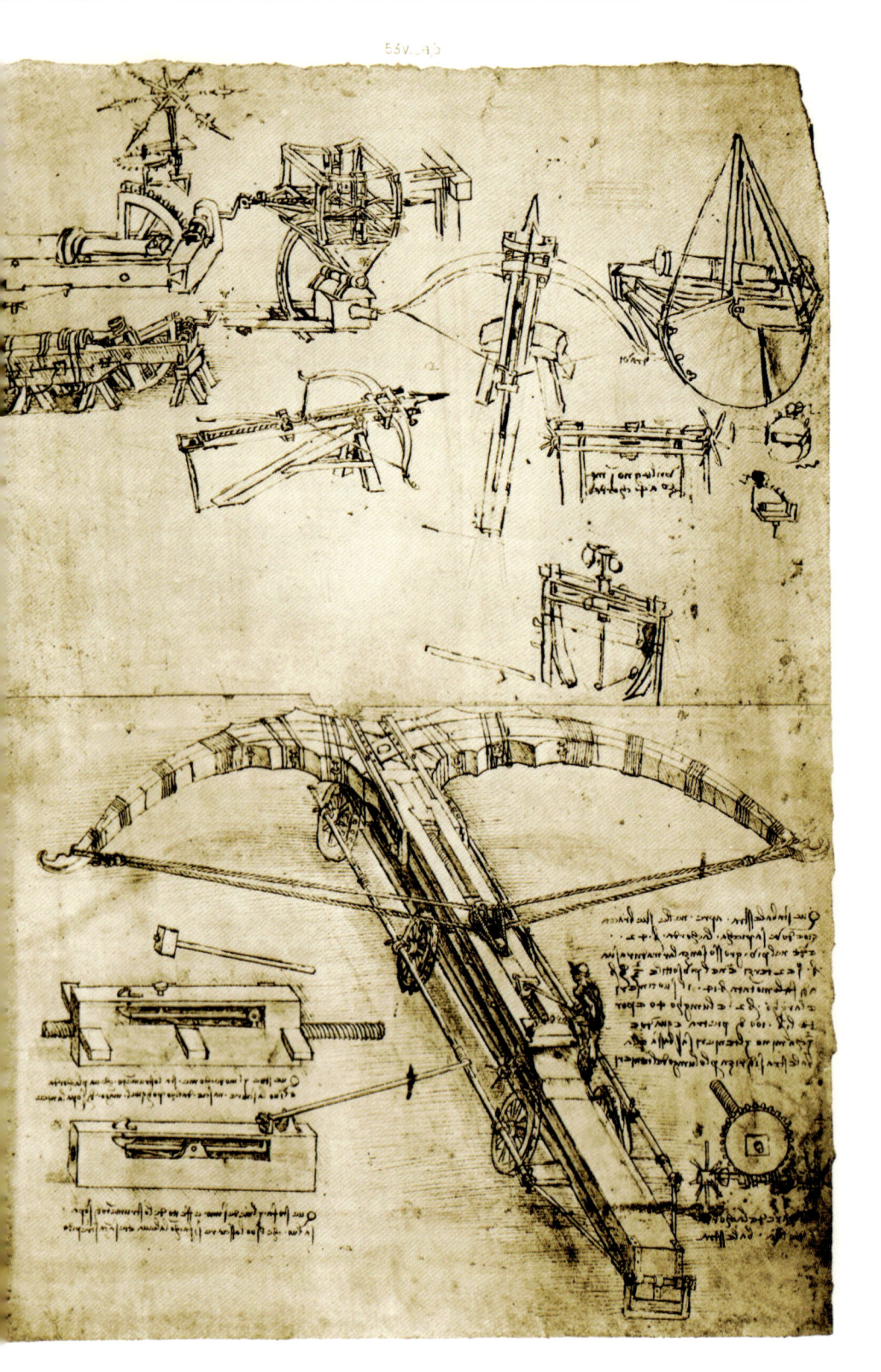

左圖：達文西設計的巨弩想必能讓重視軍事的資助者歎為觀止。

的職業是雕刻家，但也具有畫家與金匠的身分。他的工作坊相當繁忙，要處理各種委託案件，而達文西也因此學習了眾多領域的技能與知識，包括素描、雕刻、繪畫，以及金屬加工與鑄造、機械工程、化學、木工等。

身為學徒的達文西，在委羅基奧指導下鍛鍊自己的藝術天分。在一段著名的記述中，達文西被要求在委羅基奧的一幅畫裡加上一位天使。他展現的技藝高超到令人訝異，甚至讓他的導師後來放棄了繪畫。達文西也有過實際的工程經驗。在菲利波·布魯內萊斯基為佛羅倫斯聖母百花大教堂建造的穹頂上，達文西協助委羅基奧安裝了一顆金球。達文西在大教堂的工地裡，會熱中地研究建造穹頂所使用的機械裝置。布魯內萊斯基的旋轉式起重機，以及一種用於將建材吊升至穹頂的升降式起重機，都被達文西畫進筆記裡保存下來。達文西出師並開始自己接案後，仍然繼續與委羅基奧合作。然而，他也開始得到工作半途而廢的名聲，原因可能是他的興趣太過廣泛而分心了。

1482年，「豪華者羅倫佐」（Lorenzo the Magnificent）派遣達文西從佛羅倫斯前往米蘭。

重視觀察與推理，更甚於從書本獲得的智識。

繼母過世之後，達文西前往佛羅倫斯跟父親一起生活。父親為當時十四歲的他找到了一份工作，也就是在知名的佛羅倫斯藝術家安德烈·德爾·委羅基奧的工作室擔任學徒。委羅基奧主要

李奧納多・達文西　LEONARDO DA VINCI

達文西的外交任務之一，是要將他製作的一把銀色里拉琴送給米蘭公爵，藉此撫平兩個城邦之間的衝突。達文西抓住這次機會，向即將接替父親成為米蘭公爵的盧多維科・斯福爾札（Ludovico Sforza）爭取軍事工程師一職。他寫了一封信給斯福爾札，內容詳述了他能夠為軍事戰役貢獻的工程技能，例如建造橋梁和挖掘隧道，接著列出自己能夠製造的各種武器，包括裝甲車、大炮和其他攻城武器。在信件結尾，達文西舉出了自己在民用建築與水力工程方面的技能，這些都可以在和平時代派上用場。直到最後，他才稍微提及自己的藝術能力！

信件內容讓盧多維科大為佩服，達文西也因此獲得了工作。在這段期間的義大利，藝術家兼工程師的地位達到前所未有的高度，包括敵對的富裕家族以及遠方的統治者，都會爭相延攬能人智士。雖然達文西的軍事發明大多未曾真正建造出來，還是為宮廷娛樂提供了特殊的效果。

上圖：盧多維科・斯福爾札。
下圖：達文西所設計的機械化戰爭機器包括一輛有旋轉刀片的雙輪馬車，以及一輛裝甲車的原型，而這也是現代戰車的前身。

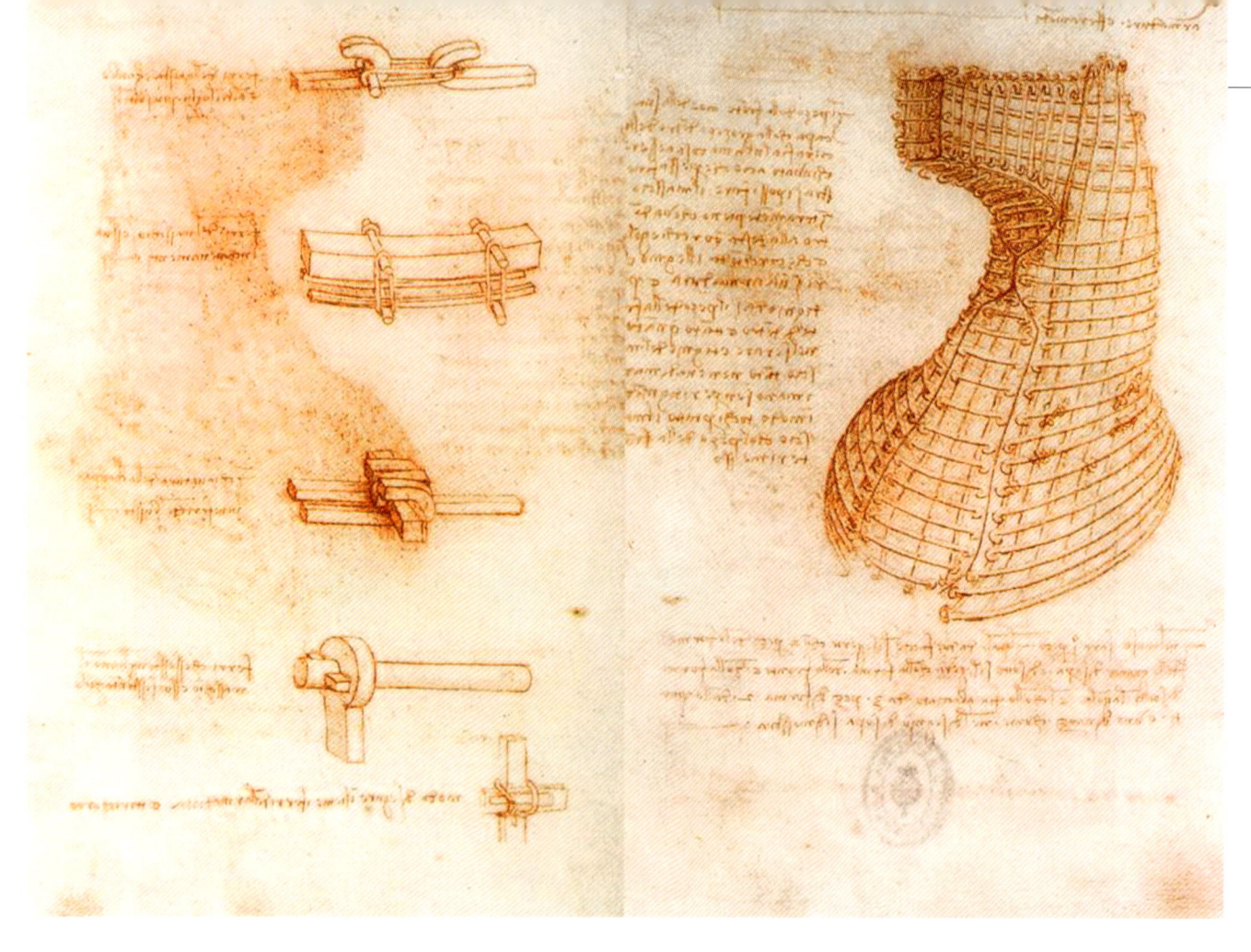

上圖：達文西所繪的鑄模草圖，用於鑄造紀念盧多維科·斯福爾札之父的巨馬雕像。

右圖：達文西設計的撲翼飛行器。

達文西也曾受命製作一尊巨大的銅像，描繪盧多維科·斯福爾札的父親在馬背上的英姿。他花了好幾年時間才克服鑄造這座巨大塑像的技術難題，而這次的拖延讓他受到競爭對手米開朗基羅（Michelangelo）的嘲弄。其實，他已經製作了一尊龐大的黏土模型，命名為「巨馬」（Gran Cavallo），當時也買進了大約70公噸的青銅，準備開始鑄造。可惜發生了一些事件而中斷了計畫。米蘭和法國之間的衝突，使得那些青銅材料被送去建造大炮，用來驅逐查理八世（Charles VIII）的軍力。接著，法國人攻陷米蘭，迫使達文西逃往威尼斯。他拋下了「巨馬」，而這座高大的黏土模型，後來就被占領的法國軍隊用於打靶練習。

達文西離開米蘭之後便四處遊走，除了從事研究，也替威尼斯、曼托瓦（Mantua）、佛羅倫斯、羅馬等地有權勢的統治者，擔任軍事及土木工程師。他甚至受到法國總督邀請，在1506年短暫回到米蘭。達文西逐漸將重心移向自己的研究和興趣，寫下了一頁又一頁內容包羅萬象的筆記，例如詳細的人體解剖素描、螺旋機械裝置，或是超前時代的驚人發明。

1513年，六十一歲的達文西應教宗利奧十世（Pope Leo X）之邀，到羅馬的梵蒂岡居住。達文西在這裡認識了法國國王法蘭索瓦一世（Francois I），這位國王非常重視藝術，也很欣賞達文西的作品，還替這位上了年紀的藝術家兼工程師安排了一個職位。達文西搬到位於法國克洛呂塞（Clos Lucé）的皇家莊園，也獲得養老金，可以做自己想做的事。達文西於1519年過世，據說是死在國王的懷中。他留下了不論到何處都隨身帶著但尚未完成的〈蒙娜麗莎〉，以及數千頁的筆記。從理想城到飛行機器，達文西的許多設計雖然從未真正實現，但他無邊無際的創造力仍然啟發著今日的工程師。

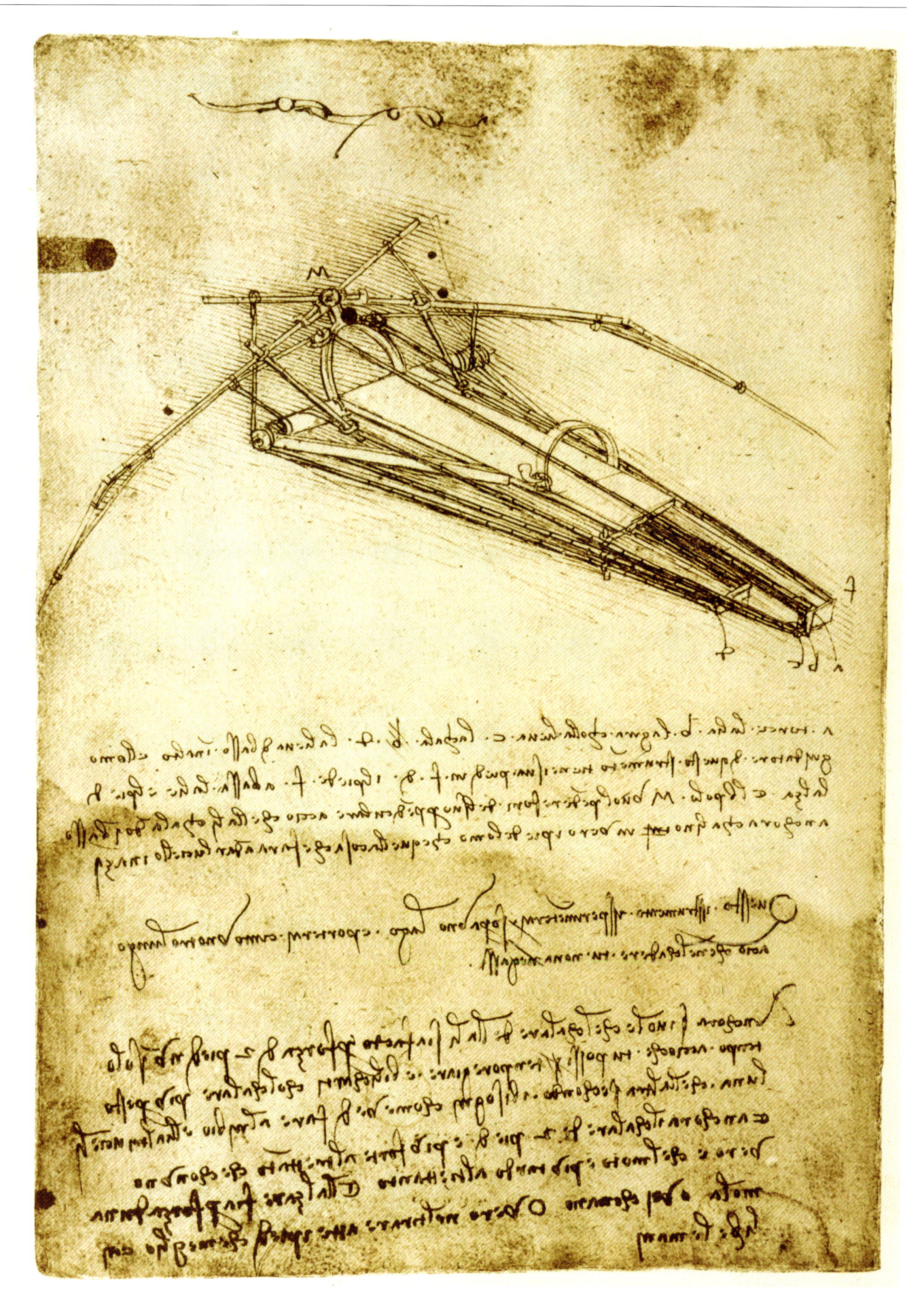

李奧納多·達文西 LEONARDO DA VINCI

科內利斯・德雷貝爾
CORNELIS DREBBEL

> 我所稱的望遠鏡，不只來自他的巧手，也來自他非凡的頭腦。即使德雷貝爾一輩子就只製造出這個不可思議的鏡筒，還是會獲得不朽之名。
>
> ——康斯坦丁・惠更斯（Constantijn Huygens）談德雷貝爾的顯微鏡

偉大成就

永動鐘 1598年

複式顯微鏡 十七世紀早期

划槳潛艇 1620年

德雷貝爾之循環爐 1620年代
這座自動調節的爐子包含了恆溫器的雛型。

上圖：科內利斯・德雷貝爾

荷蘭發明家兼工程師科內利斯・德雷貝爾，最著名的事蹟是建造了全世界第一艘可運作的潛艇。不過，這項重大的技術成就掩蓋了他對其他工程領域的貢獻，例如水力學、化學工程、回饋控制機制、光學。

他的職業生涯跨越了從文藝復興到所謂「理性時代」的過渡期，後來科學與技術創新的重心則從義大利轉移到北歐。這是一個探索的時代，帝國勢力不斷擴張，因此需要德雷貝爾這類工程師的技能。

德雷貝爾在1572年出生於荷蘭的阿爾克馬爾（Alkmaar），在接受古典教育後，成為雕刻師與製圖師學徒。他的導師是著名的雕刻師、畫家與人文主義哲學家：哈倫（Haarlem）的亨德里克・霍爾奇尼斯（Hendrik Goltzius）。霍爾奇尼斯也對鍊金術有興趣，這門學問結合了神祕哲學與實驗作業，是化學的前身。舉例來說，鍊金術士的目標是將卑金屬轉化為黃金，他們的實驗則

上圖：德雷貝爾的永動鐘巧妙運用了大氣壓力的變化來上緊發條。

科內利斯・德雷貝爾 CORNELIS DREBBEL

為化學工程中的化學作用及實際應用奠定了基礎。霍爾奇尼斯很可能把一些對於鍊金術的知識，傳授給年輕的德雷貝爾，而德雷貝爾後來也成為一位厲害的化學家，製作了煙火、染料與炸藥。

下圖：德雷貝爾的潛艇重建模型。

學成之後，德雷貝爾娶了霍爾奇尼斯的妹妹，並且回到阿爾克馬爾。他開業之後，發現僅靠雕刻難以維持家計，於是開始涉足工程。1598年，德雷貝爾獲頒了兩項專利，其中一項是在米德爾堡（Middleburg）一座公共噴泉用於汲取乾淨水源的幫浦，另一項專利是使用彈簧動力機制且永遠不必上發條的鐘。這種稱為「永動鐘」的裝置激發了大眾的想像，也宣傳了德雷貝爾的工程能力。德雷貝爾的鐘巧妙運用了大氣壓力的變化，使發條的動力永遠不會衰減。

科學研究在北歐迅速發展，為德雷貝爾提供了更多工作機會。他將身為雕刻師的巧手，運用在製作科學儀器這種更能獲利的事業上。他學會如何磨製望遠鏡及顯微鏡的鏡片，也寫了幾本科學書籍。聲望與日俱增的他，搬到英國，成為國王詹姆士一世的工程師。結果，這份工作主要都是在製作宮廷娛樂用的特效裝置或煙火，而才華洋溢的德雷貝爾不久後也開始尋找其他的宣洩出口。最後，他向神聖羅馬帝國皇帝魯道夫二世（Rudolf II）自我推薦，這位皇帝的王宮位於布拉格，對鍊金術也有興趣。德雷貝爾在1610年搬到布拉格。不幸的是，魯道夫二世隔年就被他弟弟馬蒂亞斯（Matthias）大公廢黜了王位。因此，德雷貝爾在監獄待了一年，後來才被釋放，身無分文地回到英國。

這一次，勤勉不懈的德雷貝爾繼續發揮自己的創造才能。他建造了一部鏡片研磨機，還利用兩塊鏡片開發出一種倍率更大的複式顯微鏡。德雷貝爾也運用自己的化學技能，製造出一種更鮮豔也更不容易褪色的紅色染料。他還發明了一種恆溫器來控制火爐的溫度，達到更高的效率。這種裝置使用了一種自動化的回饋控制機制，是相當重大的工程創新。後來，德雷貝爾也設計出一種孵化器，能夠以恆定的溫度孵化雞蛋。

德雷貝爾憑藉著努力回到國王詹姆士一世的宮廷，建造了一艘划槳潛艇，並在1620年於渾濁的泰晤士河展示。雖然這不是德雷貝爾的發明，但他以工程能力實現了由威廉・伯恩（William Bourne）於1578年發表的設計。之後，德雷貝爾又建造了兩艘原型，不過，儘管他的潛艇能夠正常運作，但對英國皇家海軍（British Royal Navy）來說，還是太超前時代了。然而，這些裝置已經足以證明德雷貝爾是一位造船工程師。

可惜，德雷貝爾的職涯此後開始走下坡。由於他的技術創新無法在一場對法國人的海戰中發揮作用，因此失去了工作。他到倫敦經營一家酒館，最後於1633年在默默無聞中過世。這位工程師的結局著實令人失望，因為他在許多領域展現的天賦以及重大影響，都能與後來的湯瑪斯・愛迪生相互媲美。

克里斯蒂安・惠更斯
CHRISTIAAN HUYGENS

世界是我的國家；科學是我的宗教。

——克里斯蒂安・惠更斯

偉大成就

發現土星最大的衛星「泰坦」 1655年

擺鐘 1657年

觀察土星環 1659年

懷錶 1675年

上圖：克里斯蒂安・惠更斯

荷蘭博學家克里斯蒂安・惠更斯是十七世紀最重要的科學家之一，同時也是數學家、天文學家、發明家與工程師。惠更斯以光的波動理論對科學做出了重大貢獻，此外在力學及數學的機率方面也有重要的研究。身為天文學家的他，製造了一種改良的望遠鏡，是第一個觀察到土星環的人。惠更斯也是一位熟練的機械工程師，研發了全世界第一座擺鐘，還設計出一種使用游絲（balance spring）的懷錶，這是他另一項劃時代的貢獻。

1629年，惠更斯出生於海牙（The Hague）一個富裕的家庭，而這座繁忙城市是政府與法律行政的主要中心。克里斯蒂安・惠更斯的父親康斯坦丁・惠更斯（Constantijn Huygens），因為外交工作而經常旅行，也會跟知識分子往來，例如義大利科學家伽利略，以及惠更斯小時候見過的法國思想家勒內・笛卡兒（René Descartes）。因此，惠更斯在成長時期隨時都會接觸到引發科學革命的各種觀念思想。這個男孩相當聰明，也有非常優秀的數學天賦，父親甚至以「我的阿基米德」來稱呼他。

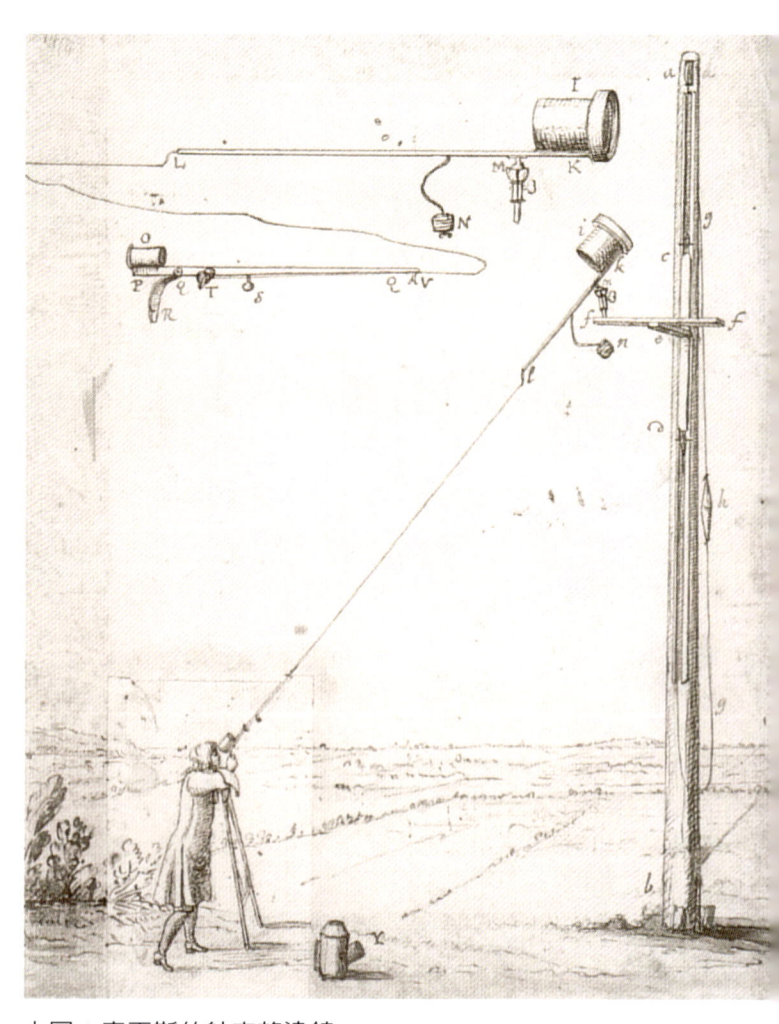

上圖：惠更斯的航空望遠鏡。

年輕的惠更斯在家中向私人家教學習，後來在1645年進入萊頓大學（University of Leiden）研究法律和數學。他在兩年後轉學到布雷達（Breda）一所新的大學，於1649年完成學業。畢

業時,他照理應該追隨父親的腳步從事外交,但他並不喜歡這種工作,而是選擇了自己熱愛的數學。家境富裕的惠更斯回到位於海牙的家,在那裡繼續獨立研究,並透過頻繁的通信與其他知識分子互相交流。

除了數學研究,惠更斯也對光學及天文學感興趣。當時荷蘭是製造眼鏡與光學儀器鏡片的重鎮。他與兄長康斯坦丁(Constantijn,註:與其父同名)一起開始學習困難的鏡片磨製與拋光技術,並因此建造了一部機器,以製造出大型且形狀精確的鏡片。接著,惠更斯利用這些大型鏡片,打造了一種更強大的望遠鏡。1655年,惠更斯使用他的新望遠鏡觀察土星,首度發現了一顆繞行的衛星,這顆衛星後來命名為泰坦(Titan)。到了1659年,他第一次能夠明顯看見並描述土星環。雖然伽利略在1610年就首次發現了土星環,但由於他的望遠鏡倍率不足,所以無法清楚辨認。惠更斯能有這些發現,原因可能是他結合了自己在工程與光學科學領域的天分。他的發現帶來了聲望,而法王路易十四也邀請他加入享有盛名的法蘭西自然科學院(Académie des Sciences)。惠更斯於1666年前往巴黎,繼續在天文學與光學方面的研究。

天文觀測需要精確地記錄時間,而全球貿易的擴張也產生了對精準計時器的需求,因為這對船隻的航行極為重要。伽利略於1602年觀察到擺錘的規律運動,以及無論懸掛的長度有多長,擺動一次的時間都會相同,而惠更斯也注意到這一點。雖然伽利略知道這項特性能夠用於製造時鐘,但這位義大利科學家從未將構想轉化為可以運作的原型。而惠更斯在1657年實現這個構想,設計出一種擺鐘。惠更斯的擺鐘由當地的鐘錶匠薩洛蒙·科斯特(Salomon Coster)製作,在計時的準確度上,比起當時以發條驅動的機械鐘來說,是一大進步。在數百年後的石英鐘發明以前,這一直都是世界上最準確的計時裝置。

惠更斯還為鐘錶工程貢獻了另一項創新:擺

上圖:時鐘的擺輪。

輪。這種擺輪有一定的重量,並以螺旋形的彈簧使其以順時針及逆時針方向輪流旋轉,基本上的作用就跟擺錘相同,可以調節整個機制的運動。雖然英國科學家羅伯特·虎克(Robert Hooke)在幾年前就獨自想出這種作法,不過由於惠更斯擁有精密工程的能力,才率先設計出能夠運作的裝置。他在1675年取得專利的懷錶,就是運用了這個概念。

當時還有一項更為緊迫的挑戰,就是為船隻製造出精準的計時器以幫助航行。惠更斯在1660年代花了許多時間打造原型並送到海上測試,不過翻騰的海水會影響鐘擺運動,使得時鐘顯示的時間不夠精確。

惠更斯的健康狀況一直很差,尤其是晚年時期。他在1681年從巴黎回到荷蘭後,繼續工作與出版。他也會到各處演講,結識其他的科學家,例如後來使其成就相形見絀的艾薩克·牛頓(Isaac Newton)。惠更斯一生在科學與工程領域屢屢創新,最後於1695年過世。

羅伯特・虎克
ROBERT HOOKE

> 皇家學會之職責與目的,是透過實驗促進各領域的知識,包括自然事物,以及一切有關的藝術、製品、機械實務、發動機與發明。
>
> ——羅伯特・虎克

偉大成就

真空幫浦 1655年

虎克定律 1660年

獲選為皇家學會成員 1663年

《微物圖誌》 1665年

受任命為倫敦市之測量員 1666年
倫敦大火發生後,虎克與克里斯多福・雷恩爵士一起協助重建城市。

上圖:羅伯特・虎克

上圖:虎克定律描述了彈簧的伸長與壓縮。

由法蘭西斯・培根(Francis Bacon)和勒內・笛卡兒等思想家引起的科學革命,在十七世紀期間加速發展。「自然哲學家」研究自然界及其運作機制,為重視實驗與觀察的現代科學奠定了基礎。科學團體及學院也在這段時期於歐洲各地興起,包括倫敦的皇家學會(Royal Society)。羅伯特・虎克就是在這裡嶄露頭角,成為一位重要的自然哲學家。虎克透過顯微鏡和望遠鏡獲得許多發現,提出科學理論,而且也對一切現象有各種猜想,從物理學到化石無所不包。1666年,倫敦發生大火之後,他運用自己的技術和組織能力,跟克里斯多福・雷恩(Christophper Wren)一起重建了倫敦市。

羅伯特・虎克是專業的工程師與科學家,不過當時工程尚未成為一門獨立的學科。事實上,正是因為虎克的機械天分,才能讓背景普通的他,在由富有的男性科學家所主導的領域中出人頭地。自然哲學家的實驗,必須使用特製的設備與儀器,而他們的工作坊和原型實驗室,會雇用工匠團隊製造他們所使用的成套工具。這促使了工程實務與科學發現

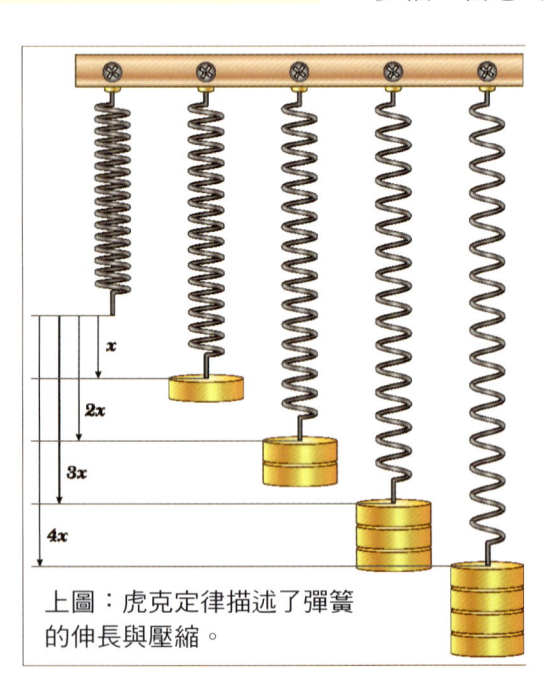

羅伯特・虎克 ROBERT HOOKE

的並行發展。在貿易繁榮與各方面迅速成長的時代，工程師也需要將新的科學發現轉化成可以商用的技術，而虎克是一位能夠將科學與工程世界連結起來的博學家，也因此嶄露頭角。

羅伯特・虎克在1635年出生於弗雷什沃特（Freshwater），那是懷特島（Isle of Wight）上的一座沿海村莊。他父親是當地教會的助理牧師，而虎克是家裡年紀最小的孩子。他體弱多病，大多數時間都在家裡接受父親的教育。

年輕的虎克很早就在繪畫與製作模型方面展現天分。據說，他小時候以木材複製了一座鐘的結構，還打造了一艘可以發射炮彈的模型戰艦。虎克的父親在他十三歲時過世，留給他一小筆遺產。他帶著這些錢前往倫敦，在知名肖像畫家彼得・萊利（Peter Lely）爵士門下擔任學徒。不過，虎克很快就放棄了追求藝術的目標。後來，他受到西敏公學（Westminster School）校長的照顧而入學就讀，同時也有充分的自由可以繼續擺弄機械裝置與製造器物。

完成學業後，虎克前往牛津大學，在那裡加入了自然哲學家的圈子，而其中的領導人物是瓦德漢學院（Wadham College）的校長約翰・威爾金斯（John Wilkins）。威爾金斯是一位博學家，延攬了許多有才能的人士，包括建築師克里斯多福・雷恩、科學家羅伯特・波以耳（Robert Boyle）。威爾金斯看出了虎克驚人的技術天賦及其在科學領域表現的智慧，因此招攬他加入他們的團體，共同追求知識。他啟發了虎克，也成為這位年輕人的導師。

在威爾金斯的牽線下，虎克得到了羅伯特・波以耳的技術助理一職。虎克的經濟情況一直很拮据，因此欣然

左圖：一項使用空氣幫浦與玻璃製真空球體的實驗。

接受了這份工作。1655年，波以耳讓虎克設計製造一種空氣幫浦，打算要用於一項真空玻璃球體的實驗中。由於虎克有無窮的精力與好奇心，除了執行這項計畫，也一邊進行自己的研究。1660年，他提出了與彈簧彈力有關的彈性定律。他的方程式就是今天大家所熟知的虎克定律。虎克也改良了以發條驅動的手錶之機制，作法是在其中加上一顆游絲，但令他不滿的是這項發明後來被歸功於克里斯蒂安‧惠更斯（參閱第52頁）。

皇家學會於1660年在倫敦成立，成員包含了威爾金斯先前延攬的一些人，而多才多藝的虎克自然也在1662年擔任了「實驗管理人」（Curator of Experiments）。雖然這個職位在初期沒有薪水可領，但虎克還是一邊演說與演示實驗，一邊投入自己的研究。後來他逐漸成為皇家學會的領導人物。1663年，他得到牛津大學碩士學位之後，獲選為皇家學會的研究員，開始在經濟穩定的情況下更專注於工作。

大約在此時期，虎克製造出一種改良的顯微鏡，加上了一面鏡子與一盞燈，藉此將光線集中於要研究的物體。這對他的研究大有助益，因為他所看到的畫面全都變得更清晰了，從微生物到冰凍尿液的結晶都是！虎克整理他的發現，於1665年出版了《微物圖誌》（Micrographia）一書，因此聲名大噪。虎克運用藝術天分畫出了各種特寫，包括跳蚤的解剖圖、蒼蠅的複眼，以及植物細胞的結構。事實上，我們所知的「細胞」（cell）一詞，就是來自虎克以顯微鏡觀察軟木樹皮後寫下的描述。《微物圖誌》激起了大眾的想像。知名日記作家山繆‧皮普斯（Samuel Pepys）就聲稱他著迷到為了讀這本書而徹夜未眠。

1666年倫敦大火發生後，虎克被任命為倫敦市的測量員，協助朋友克里斯多福‧雷恩重建這座城市。當時有超過一萬三千棟房屋、八十七座教堂，以及聖保羅大教堂都遭到燒毀。虎克非常稱職，甚至同時在皇家學會繼續研究，並於牛津大學擔任講者。

上圖：虎克的顯微鏡。

上圖：1666年倫敦大火。

下圖：《微物圖誌》中的跳蚤。

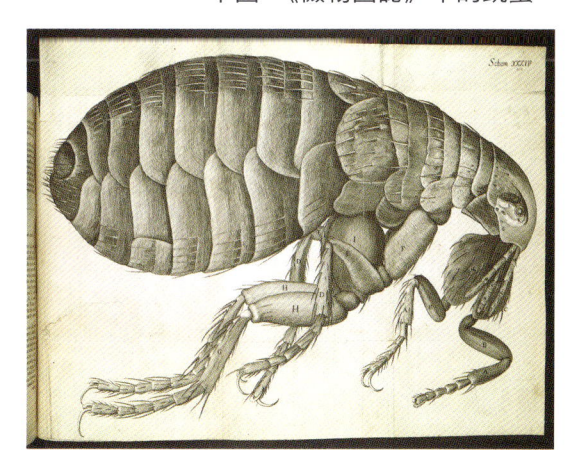

　　然而，虎克與其他人的爭執愈來愈多，尤其是英國科學家艾薩克‧牛頓。兩人都嫉妒彼此的名聲，也爭論自己才是某些事物的發現者。這件事在虎克於1703年過世後，對他的名聲傷害很大。據說，牛頓一直無法原諒虎克小看自己，因此在他當上皇家學會的會長時，便藉由查禁與暗中算計等手段，破壞虎克留下的一切。幸好現代的歷史學家讓虎克的成就重見光明，我們才知道他是專業工程的先驅。

湯瑪斯・紐科門
THOMAS NEWCOMEN

> 我們都知道，鐵與熱是機械技術的支柱和基礎。很難想像在英國有任何一處工業機構，不需要也不大量使用這些媒介。
>
> ——法國機械工程師薩迪・卡諾（Sadi Carnot），
> 《論火的動力》（*Reflections on the Motive Power of Fire*），1824年

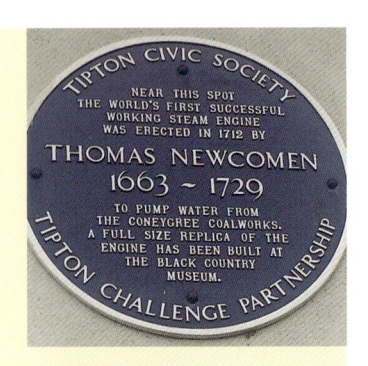

偉大成就

設計出蒸汽機
1712年
全世界第一部可實際運作的蒸汽機。紐科門設計的蒸汽機裝設了成千上萬部，因而開啟了工業革命。

上圖：湯瑪斯・紐科門之蒸汽機的紀念銘牌。

工程學在十八世紀晚期的英國有很大的進展。發明家與工程師開發出新的技術和機械裝置，推動了一段迅速轉變的時期，亦即眾所周知的工業革命。它推翻了傳統的小規模工業，將英國變成一個工業強國，擁有機械化的工廠以及容納工人的大城市。工程師也建造了新的運輸網路：運河、鐵路、隧道、橋梁，這些都能夠運輸原料和大量生產的產品。

在這段期間推動工業與創新的力量就是蒸汽。而第一位成功控制蒸汽動力並加以運用的，是一位五金商兼金屬工人，名叫湯瑪斯・紐科門。1712年，他發明並製造出全世界第一部可實際運作的蒸汽機，也稱為紐科門蒸汽機。隨著工業革命擴展，他的蒸汽機在世界各地裝設了超過兩千部。紐科門的蒸汽機推動了一段劇烈變化的時期，進而帶領我們走進現代化的工業世界。

湯瑪斯・紐科門在1664年出生於達特茅斯（Dartmouth），這是德文郡（Devon）境內達特河（River Dart）河口的一座城鎮。我們對他的早期職涯並不清楚，只知道他大約在二十一歲時開始於英國西南方從事五金業。紐科門因為工作的關係，一定經常接觸金屬工人，想必也曾親自到過北方的鑄造廠。處於技術創新時代的他，逐漸累積工程專業，後來也跟上同一家教會的當地水管工約翰・卡利（John Calley）建立起合夥關係。這兩位自學的工程師即將創造出歷史性的工程突破，從此永遠改變世界。

紐科門負責的客戶包括了德文郡和康沃爾（Cornwall）的礦場主。當時對於金屬礦（例如錫）的需求迅速增加，可是礦場主卻因為淹水問題，無法順利開採所有的礦床。煤礦也有相同的問題。當時最好的工程解決方案，是使用以馬拉動的機械泵排出礦井與坑道中的水。這種方式會將一連串裝滿水的桶子從地底拉到地面上，但這些裝置排水的速度很慢，花費也相當昂貴，而且每天能夠排出的水量非常有限。

可想而知，他們需要一種更強力也更節約的裝置。而紐科門知道有一種新的動力或許能夠實現這個需求：蒸汽。紐科門讀過湯瑪斯・塞維利（Thomas Savery）以蒸汽泵為礦坑抽水的實驗資料。塞維利的設計原則相當完整，是利用蒸汽製造真空來吸水，可惜的是，他的機器在實際使用時非常不可靠。除了機械問題一直造成故障，地底下的溫度與壓力也會使得必須保持真空的密封裝置失效。不過，塞維利這部機器最大的問題，是無法在礦坑深處產生足夠的吸力。

湯瑪斯・紐科門 THOMAS NEWCOMEN

下圖：紐科門的蒸汽機。

右圖：紐科門的蒸汽機原型複製品，位於達德利（Dudley）的黑郡生活博物館。

下圖：塞維利的蒸汽泵。

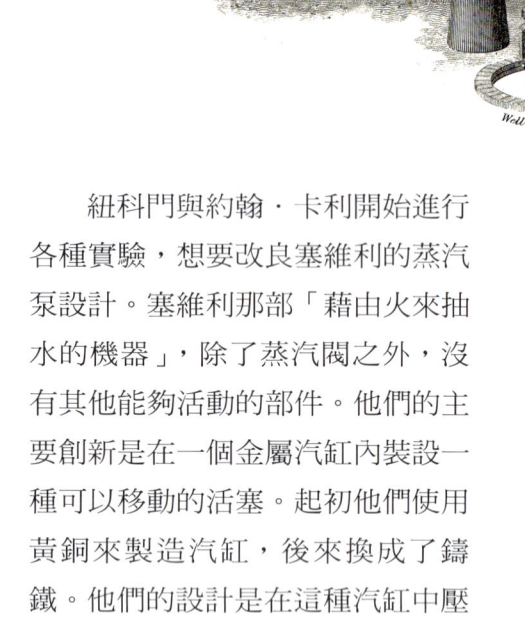

紐科門與約翰‧卡利開始進行各種實驗，想要改良塞維利的蒸汽泵設計。塞維利那部「藉由火來抽水的機器」，除了蒸汽閥之外，沒有其他能夠活動的部件。他們的主要創新是在一個金屬汽缸內裝設一種可以移動的活塞。起初他們使用黃銅來製造汽缸，後來換成了鑄鐵。他們的設計是在這種汽缸中壓縮蒸汽，製造出部分真空，而這會將活塞向下拉。活塞則是經由一道鏈條連結至一組會搖擺的平衡桿，使平衡桿像蹺蹺板一樣上下運作，再藉由另一道鏈條使泵桿上升與下降。泵桿會將水抽入另一個圓柱體，使其從礦坑內升起，接著再將水抽到地面上。

這種蒸汽機經過實證，是堅固且成功的設計。第一部使用蒸汽機的商用幫浦，最早是在1712年裝設於斯塔福德郡（Staffordshire）的一座煤礦場。它能夠從超過45公尺（147呎）的深度，每分鐘抽出約45公升（10加侖）的水量。更棒的是，他們的設計非常耐用，可以日夜不停運轉，也讓礦場能夠持續運作。蒸汽機的表現遠遠超過了以馬拉動的幫浦。不久之後，這種新式的蒸汽動力技術就從礦坑傳播開來，遍布全國，接著出口到世界各地。

紐科門的蒸汽機提高了礦場的產量，也幫助工業革命加速發展。煤、礦以及工廠產製的商品，從根本上改變了英國與全世界的社會架構和經濟。由於塞維利較早取得專利，所以紐科門與卡利無法因為自己的發明而獲得最大的利益，不過他們還是過得很成功。

湯瑪斯・紐科門 THOMAS NEWCOMEN

蒸汽動力先驅
更早之前就有人嘗試製造蒸汽動力的機器。這些裝置就像是技術示範或原型，為紐科門提前鋪路。

丹尼斯・帕潘（Denis Papin, 1647~1713）
1682年，法國科學家兼工程師丹尼斯・帕潘演示了一種利用高壓蒸汽與安全閥的壓力鍋。1690年，帕潘建造出全世界第一部以蒸汽驅動的活塞發動機。帕潘出版了他對蒸汽的研究與想法，而這可能影響了紐科門的設計。

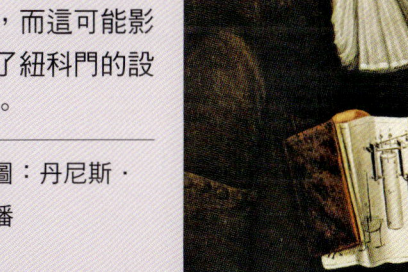

右圖：丹尼斯・帕潘

湯瑪斯・塞維利（1650~1715）
英國軍事工程師湯瑪斯・塞維利受到帕潘的啟發，建造出一種將水抽出礦坑的蒸汽泵。他在1698年取得這項發明的專利。塞維利的裝置沒有活塞，而是利用壓縮蒸汽創造出的真空來製造吸力。他的設計提供了蒸汽動力的基本原理，紐科門則據此進一步開發出蒸汽泵。

左圖：湯瑪斯・塞維利

　　這對夥伴見證了超過一百部蒸汽機裝設在英國各地，甚至是歐洲深處。蒸汽機是工程創新的里程碑，儘管相當浪費燃料（運作時只有百分之一的能源效率），但在整個十八世紀與後來的時代仍然受到廣泛使用。它替未來的蒸汽動力提供了基礎（包括鐵路），並且會由後世的工程師重新設計與改良，其中最重要的人物就是詹姆斯・瓦特（James Watt）。

約翰‧哈里森
JOHN HARRISON

> ……熟悉航海技術者皆知，對於海上航行之安全與迅速，船隻與性命之保護，最重要且必要者，莫過於經度之發現……
>
> ——摘錄自1714年《經度法案》（Longitude Act）

偉大成就

蚱蜢擒縱 1722年

H1航海鐘 1735年

H4航海錶 1759年
這支錶設立了航海計時的標準，並且讓努力將近三十年的哈里森贏得了「經度獎」。

上圖：約翰‧哈里森與他的航海鐘。

工程師會為了現實世界的問題，找尋實際的解決方法。在十八世紀，準確航行是航海國家的一大難題。海洋是全球貿易與軍事力量的關鍵，但在海上標繪航線有可能因為不夠精確而發生危險。船隻見不到陸地後，可以利用太陽或星辰來確定緯度或是與赤道的距離。不過，當時並沒有準確的方式能夠確認經度，或是船隻往東西方航行了多遠。英國工程師約翰‧哈里森解決了這個「經度問題」。他開發出一種極精準的計時裝置，禁得起在海上航行的嚴苛條件，因此徹底改革了大洋航行。

約翰‧哈里森在1693年出生於約克郡（Yorkshire）的一個小村莊福爾比（Foulby）。他跟隨木匠父親的腳步，進入了這一行，接著在二十歲出頭開始兼職當鐘錶匠。他以木材製作了幾種擺鐘，包括其內部機構或「可動裝置」。年輕的哈里森不斷改良這些機件，後來有了重大創新，使他的鐘更為準確。摩擦力是使讓鐘走得愈來愈慢的主因，雖然潤滑有幫助，但如果不持續保養，就可能失靈。哈里森解決此問題的方式，是將一些可動零件換成鐵梨木材質，這是一種含油脂且能自行潤滑的木材。他也開發出一種新的低摩擦力結構以

約翰·哈里森 JOHN HARRISON

下圖：1707年錫利群島的海難，是英國海軍史上最嚴重的海上事故。

調節時鐘運作,稱為「蚱蜢擒縱」(grasshopper escapement)。這些創新以及在精密工程中發展的技能,後來在約翰・哈里森開發航海鐘時發揮很大的作用。

1707年10月,四艘英國海軍戰艦因為導航不夠準確,在錫利群島(Scilly Isles)附近觸礁,船隻全數沉沒,多達兩千名船員喪生。這場可怕的災難讓大家開始嚴格正視「經度問題」。

約翰・哈里森 JOHN HARRISON

1714年7月，大不列顛議會通過《經度法案》。只要有人能夠解決經度問題，他們就提供兩萬英鎊的獎金，相當於今日的數百萬英鎊。約翰・哈里森明白解決之道就在於製造出一種極精確的鐘。他轉而將注意力放在贏得獎金上，而這成為了他畢生的志業。

哈里森明白，如果有一座鐘能夠在海上航行時保持近乎精準的計時，就可以跟英國當地的時間對照，而兩者之間的差異可以用來推算船隻往東或往西航行了多遠。正午的時候，太陽會位於頭頂正上方，無論世界何處都一樣。如此一來，船長就可以查看船上在啟航時所設定的鐘，每相差一個小時就等於航行了十五度的經度。

哈里森在英國皇家天文學家艾德蒙・哈雷（Edmund Halley）的幫助下，在位於亨伯巴羅（Barrow-on-Humber）的家開始著手建造第一部航海鐘，命名為H1。他知道，這座鐘必須比現有的計時器準確大約五十倍，也必須能夠應付氣溫變化以及船隻在海上不穩定的晃動。擺鐘是陸地上最準確的計時器，可是鐘擺的運動會受到船隻搖晃影響，於是哈里森在H1使用了一種以彈簧驅動的機件，以及用兩個有重量的球體和一道彈簧所構成的平衡裝置，藉此取代鐘擺。他的設計將摩擦力減至最小，因此這種鐘完全不需要潤滑。H1於1735年完成，在海上航行測試時也證明了它很準確，但還是不足以贏得獎金。

哈里森毫不氣餒，他搬到倫敦，在接下來的十九年裡又打造出H2和H3兩種航海鐘。這兩種鐘都採用了創新的工程方法，例如有一種溫度補償機制使用了金屬和更有效率的軸承，不過哈里森還是無法贏取獎金。最後，在1750年代，六十多歲的哈里森徹底改變方向，放棄設計大型航海鐘，而是根據懷錶開發體積更小的計時器。哈里森的H4航海錶是精密工程的傑作。經度委員會（Board of Longitude）仍然拒絕頒發獎金給哈里森，不過英王喬治三世（George III）介入了這件事，下令議會一定要獎賞哈里森。哈里森於1776年過世後，知名探險家詹姆斯・庫克（James Cook）船長測試了H4的後續版本，對此熱烈讚揚，還宣稱這是他「永不出錯的指引」。哈里森的小型計時器直徑只有13公分（5吋），而這項工程傑作從此永遠改革了海上的航行。

左圖：哈里森以精密工程製作的第一部航海鐘H1。

右圖：後來製造且更便於攜帶的H4航海錶。

詹姆斯・瓦特
JAMES WATT

我的腦中只有這部機器。

——詹姆斯・瓦特寫給林德（Lind）博士的信
1765 年

偉大成就

分離式冷凝器
1764 年

瓦特蒸汽機
1776 年

太陽與行星齒輪
1781 年

離心式調速器
1788 年

可攜式複印機
1795 年

上圖：詹姆斯・瓦特

在湯瑪斯・紐科門的開創後（參閱第58頁），蘇格蘭工程師詹姆斯・瓦特改良了蒸汽機的效率與動力，以一部能夠為織布機、煉鐵廠與麵粉廠提供動力的機器，協助將工業革命推升到新的高峰。

1736年1月19日，詹姆斯・瓦特出生於蘇格蘭西海岸上的格林諾克（Greenock），青少年時期體弱多病，必須在家學習。年輕的瓦特待在父親的工廠時，喜歡以木材與金屬製作船用起重機和起錨機的模型，也會幫忙修理航海儀器。1755年，瓦特的母親過世後，父親也開始受病痛侵擾，於是他搬到倫敦，在約翰・摩根（John Morgan）門下學習製作科學儀器。他在這裡獲得經驗，製作過直尺、刻度尺、象限儀與氣壓計，這些都是最講究精準的工具。

才華洋溢的瓦特一年內就回到蘇格蘭，在格拉斯哥（Glasgow）建立起自己的工程事業。他曾協助改善當地運河，以及加深克萊德河（Clyde）與福斯河（Forth）的河道，就這樣工作了一陣子。格拉斯哥大學看中他為校方修理天文儀器時所展現出的專業，因此邀請他到校園開設一間工作坊。瓦特開始為大學的同事製作展示模型，這位同事正是知名物理學家且發現了二氧化碳的化學家約瑟夫・布萊克（Joseph Black）。

1764年，瓦特收到一項工作：修理校園裡的一部湯瑪斯・紐科門蒸汽機。瓦特明白紐科門設計的機器效率很差。它浪費了太多熱，也

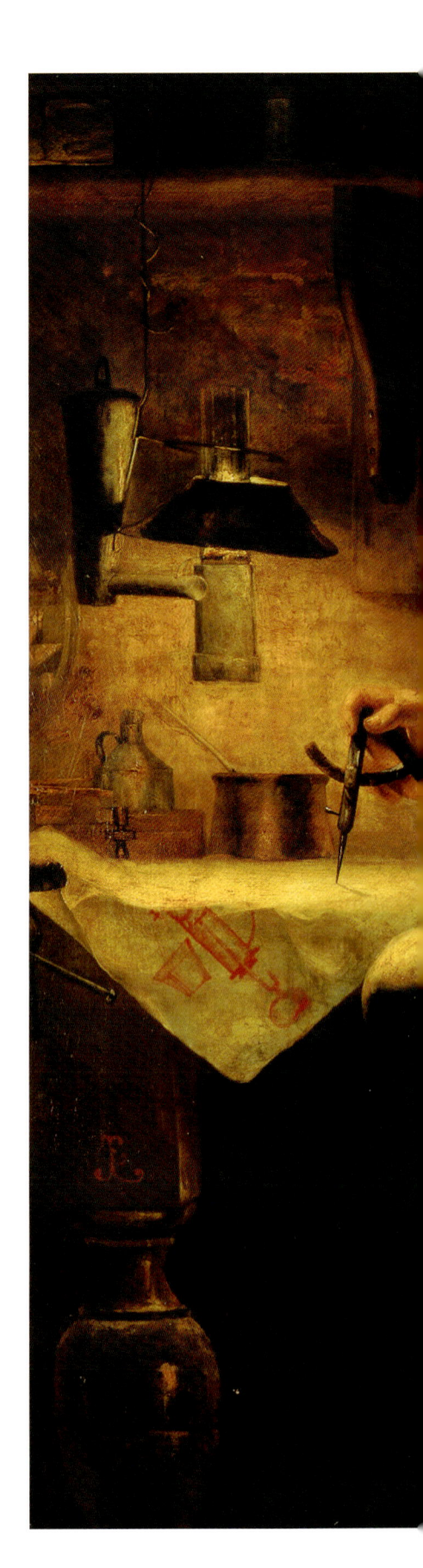

詹姆斯・瓦特 JAMES WATT

下圖：詹姆斯・瓦特收到一部需要修理的紐科門蒸汽機，結果卻花了幾個月改良其設計。

燃燒過多的煤。這部機器的汽缸必須反覆加熱至沸點以產生推動活塞的蒸汽，接著又要冷卻下來使蒸汽冷凝並形成真空將活塞拉回。瓦特設計出一個單獨的空間讓蒸汽冷凝，使機器能夠在控制的恆溫下繼續運作，同時也在改良的設計中使用潤滑，減少了工作零件的摩擦力。

為了籌措資金以徹底打造他的蒸汽機並取得專利，瓦特當了八年的測量員與土木工程師。他在1769年獲得專利，名稱是「減少蒸汽機中蒸汽與燃料消耗之創新發明」。

六年後，詹姆斯・瓦特與投資者馬修・博爾頓（Matthew Boulton）建立合作關係，開始製造他的蒸汽機。博爾頓與瓦特公司（Boulton & Watt Company）以其設計推動了工業革命，因為他們的機器在任何地方都能使用。這對夥伴因此致富，在超過二十五年的時間裡建造了四百五十一

上圖：瓦特的其中一項創新是「調速器」，這種旋轉裝置能夠調節蒸汽機的速度。球達到界限時，就會觸發閥的開口釋放蒸汽。

詹姆斯・瓦特 JAMES WATT

下圖：這部旋轉梁式蒸汽機是於1788年在博爾頓與瓦特公司的蘇豪製造廠建造。這個裝置用於驅動四十三部金屬拋光機，而且持續運作了七十年。

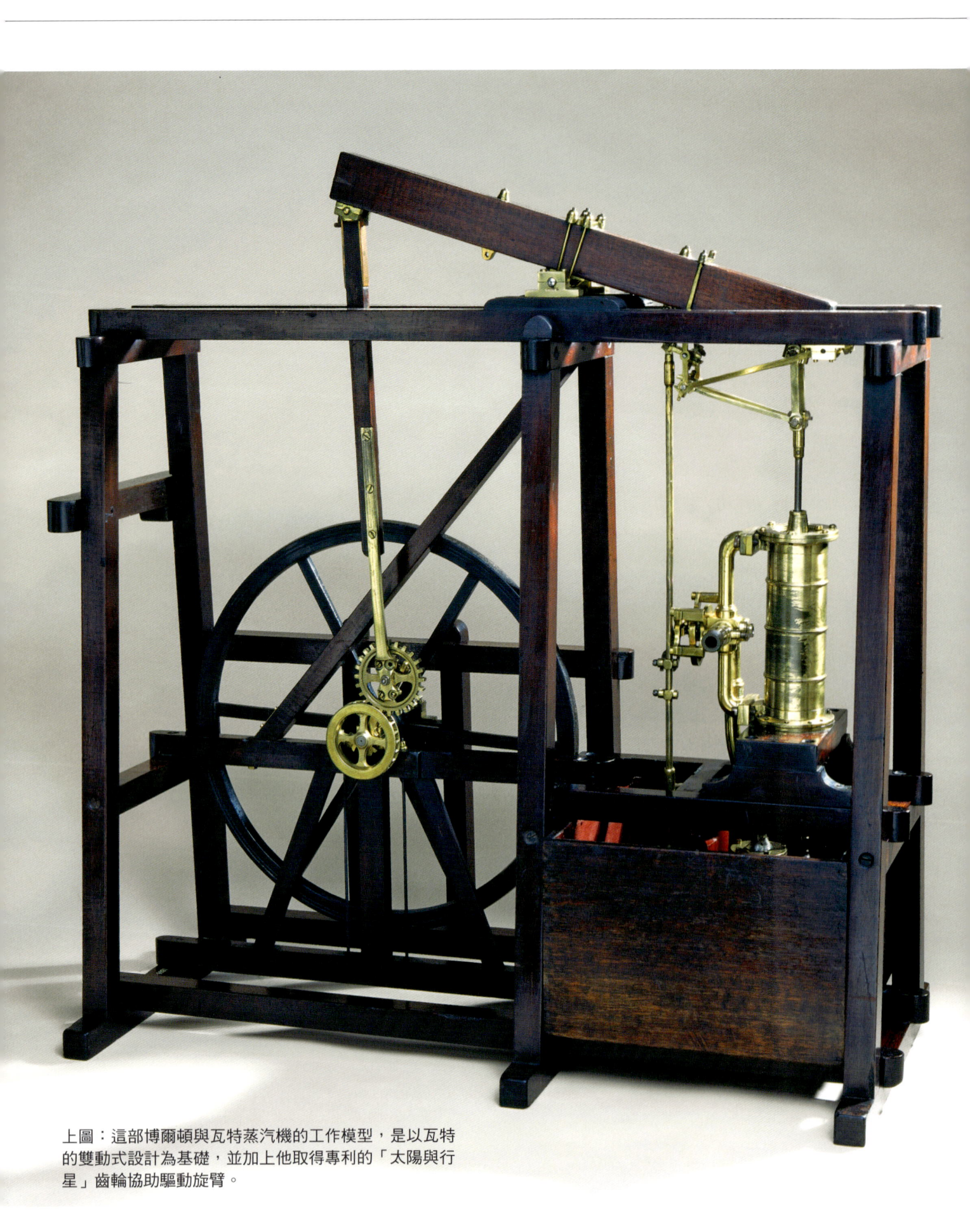

上圖：這部博爾頓與瓦特蒸汽機的工作模型，是以瓦特的雙動式設計為基礎，並加上他取得專利的「太陽與行星」齒輪協助驅動旋臂。

部蒸汽機,包括兩百六十八部具有旋臂的版本。當時在全世界的一千五百部蒸汽機中,就有三分之一來自博爾頓位於伯明罕的蘇豪製造廠(Soho Manufactory)。

最早的蒸汽機主要是用於從礦坑和運河抽水。瓦特的設計有更高的燃料效率,比起紐科門的機器只需要不到三分之一的燃煤量,而且還能抽取更深處的水。博爾頓與瓦特公司的機器在康沃爾錫礦場大受歡迎。瓦特開始使用「馬力」(horsepower)來計量機器的工作率,一部標準的瓦特蒸汽機的工作效率相當於五十六匹馬。

博爾頓與瓦特公司非常保護他們在蒸汽機設計方面的專利,其他想要設計類似機器的製造商都會被告上法院,負擔昂貴的訴訟費用。在瓦特的設計持續獲得成功的期間,這些法律行為也阻止了其他工程師開發出可能會更好的改良版本。相對地,瓦特想要發表設有旋臂的蒸汽機時,也必須避免複製發明家詹姆斯・皮卡德(James Pickard)的專利設計。瓦特的版本使用了一種所謂「太陽與行星」(sun-and-planet)的齒輪,其中「太陽」是一個大型齒輪,有一個較小的「行星」齒輪繞著它轉,再由一根搖桿連接到蒸汽機的梁。機器的運動會將搖桿上下推動,使行星齒輪環繞著太陽齒輪旋轉。

開發出旋臂之後,博爾頓與瓦特公司的機器除了上下運動之外,還能做出更多類型的運動,可以實際應用於造紙廠、煉鐵廠和麵粉廠,也能為紡織業的織布機提供動力。瓦特持續改良設計,並且發明了雙動式蒸汽機,可從汽缸的兩端注入蒸汽,使機器的效率倍增。

雖然瓦特最著名的事蹟是改良蒸汽機,但他也發明了信件複印機,這讓他在複製設計圖與草圖時更加方便。這種巧妙的裝置是現代影印機的先驅,操作方式是先在紙上使用一種特殊墨水,再將一張弄濕的薄紙壓上去。乾掉的薄紙上會有字跡相反的墨水印跡,不過可以從另一面閱讀。

瓦特於1784年成為愛丁堡皇家學會院士,一年後也獲選為倫敦皇家學會院士。十九世紀初期退休的瓦特,繼續在伯明罕附近的希斯菲爾德莊園(Heathfield Hall)的自家工作坊,一點一滴地改進蒸汽機設計,並且製作了樂器,以及一種用來複製雕像的裝置,直到最後於1819年8月25日過世。工作坊和裡面的物品,後來都重新安置到倫敦的科學博物館(Science Museum)展覽。為了紀念他在工程方面的成就,用於表示電功率與機械功率的單位,就稱為瓦特(watt)。

下圖:瓦特於1795年設計出這部可攜式複印機,可謂現代影印機的先驅。

湯瑪斯・泰爾福德
THOMAS TELFORD

這個奇觀幾乎令人難以置信……空中的神奇河流。

——L・T・C・羅爾特（L. T. C. Rolt）
談泰爾福德的龐特卡薩魯岩水道，1805 年

偉大成就

蒙福德橋
施洛普郡，1792 年

畢德瓦斯橋
施洛普郡，1796 年

龐特卡薩魯岩水道
1805 年

梅奈吊橋
威爾斯安格爾西島，
1826 年

上圖：湯瑪斯・泰爾福德

擁有「道路巨人」稱號的土木工程師湯瑪斯・泰爾福德，改變了蘇格蘭地圖。他的英國道路運河工程及宏偉橋梁，是早期工業時代的顛峰。他建造的許多建物，至今仍在使用中，這不僅強調了他的才能，更表示他的設計富有彈性且堪稱典範。

湯瑪斯・泰爾福德在 1757 年 8 月 9 日出生於格蘭登寧（Glendinning），那是蘇格蘭鄧弗里斯郡（Dumfriesshire）的一座山中農場。他的父親是牧羊人，在他出生後四個月就過世了，他是由母親含辛茹苦地撫養長大。儘管成長背景艱辛，年輕的泰爾福德卻是個開朗的孩子，在當地有了「愛笑的小湯」這個外號。十四歲時，他開始擔任石匠的學徒，並為父親在埃斯克河谷（Eskdale）韋斯特柯克（Westerkirk）的墓雕刻一座墓碑。他在學徒時期參與建造了一座橋，位於蘇格蘭邊區蘭霍姆（Langholm）的埃斯克河上，今日依然可見。

泰爾福德在愛丁堡待了一段時間後，搬至倫敦，在建築師羅伯特・亞當（Robert Adam）與威廉・錢伯斯爵士（Sir William Chambers）的指導下，參與薩默塞特府（Somerset House）的增建工程。泰爾福德的訓練大多透過實務，而接下來的任務是設計並管理樸茨茅斯（Portsmouth）海軍船廠的建設工程。

1787 年，泰爾福德成為英國施洛普郡

湯瑪斯・泰爾福德 THOMAS TELFORD

下圖：泰爾福德建造的龐特卡薩魯岢水道聳立在威爾斯的迪河上，於1805年啟用。這條水道於2009年由聯合國教科文組織指定為世界遺產。

（Shropshire）的市政工程檢驗官，並且展開一項公共建築計畫，包括翻新什魯斯伯里城堡（Shrewsbury Castle）、當地監獄、郡醫院及幾座教堂。其中一項工程是位於什魯斯伯里的聖查德教堂（St Chad's Church），泰爾福德正確鑑定出它可能會倒塌，而它在三天後真的倒塌了！

泰爾福德獲得了橋梁設計大師的名號。他的第一座橋建造在蒙福德的塞文河（River Severn）上。亞伯拉罕・達比（Abraham Darby）在鐵橋谷（Ironbridge）建造鑄鐵橋，成為工業革命的象徵，而泰爾福德受到啟發，於1796年在畢德瓦斯（Buildwas）建造一座橋，寬度比亞伯拉罕・達比的橋多出9公尺（30呎），重量只有一半。

1799年，泰爾福德主導一項工程，要將埃爾斯米爾運河（Ellesmere Canal）連接至雷克瑟姆（Wrexham）的煉鐵廠與煤礦，位置在威爾斯邊界附近，而這項工程花了六年的時間完成。為了讓運河跨過河流與山谷，泰爾福德設計了幾條令人歎為觀止的水道。他在威爾斯蘭戈倫（Llangollen）境內迪河（River Dee）上建造

湯瑪斯·泰爾福德 THOMAS TELFORD

左圖：梅奈吊橋將威爾斯大陸與安格爾西島連接起來，在1826年完工時是全世界最長的吊橋。

的龐特卡薩魯岜水道（Pontcysyllte Aqueduct），就是當代的一項奇觀。這條仍在使用的水道，總共有十九道拱形開口，每個開口間距14公尺（46呎），在距離谷底38公尺（125呎）的高度支撐著一道鑄鐵製的槽道，總長度為300尺（984呎）。

此後，他協助提供意見改善利物浦的水廠以及倫敦的港區。在二十年間，泰爾福德在蘇格蘭高地主導建設了1480公里（920哩）的道路，以及一千兩百座全新或改善結構的橋梁。他監督改善了幾座重要的港口，包括位於亞伯丁（Aberdeen）與鄧迪（Dundee）的港口、長達161公里（100哩）並穿越偏遠蘇格蘭高地的喀里多尼亞運河（Caledonian Canal），此外還建造了三十二座新的教堂。他也在蘇格蘭低地監督了296公里道路的建造工程。

瑞典國王也看中泰爾福德的專業，雇請他在首都斯德哥爾摩（Stockholm）與哥德堡（Gothenburg）之間建造一條運河。泰爾福德的貢獻讓他在1809年受封為瑞典皇家騎士。他繼續於英國建造道路，協助在威爾斯邊界的霍利希德（Holyhead）與倫敦之間重建一條主要幹道。這段期間，羅伯特·騷塞（Robert Southey）──泰爾福德的詩人朋友，後來也成為他的傳記作者──為他起了一個有趣的綽號「道路巨人」（Colossus of Roads）。

1819年，泰爾福德又展開一項令人讚歎的工程：建造當時全世界最長的吊橋，跨越北威爾斯與安格爾西島之間的梅奈海峽。他的梅奈吊橋由十六道長達522公尺（1713呎）的熟鐵鏈條支撐，在水面上延伸180公尺（590呎），橋下的淨空高度很高，可以讓較高的船隻從下方通過。

泰爾福德在晚年時期仍持續從事道路與水路改善工程，最著名的有倫敦聖凱瑟琳碼頭（St Katharine Docks）、位於斯塔福德郡長達2.6公里（1.6哩）的哈卡斯爾（Harecastle）運河隧道、伯明罕與利物浦聯結運河，以及1829年完工，在當時擁有全世界最長單一跨距的高爾頓橋（Galton Bridge）。他的成就得到讚揚，並獲選為土木工程師學會（Institution of Civil Engineers）的第一任會長，他一直擔任這個職務到1834年9月2日於倫敦過世為止。泰爾福德安葬於西敏寺（Westminster Abbey），附近則豎立了一座雕像。為了紀念泰爾福德對施洛普郡的貢獻，在1968年成立的一座新市鎮即以他的名字命名。

75

理查·特里維西克
RICHARD TREVITHICK

> 我因為嘗試世人稱為不可能的事，而被冠上愚蠢與瘋狂之名。
>
> ——《理查·特里維西克生平》（*Life of Richard Trevithick*），法蘭西斯·特里維西克（Francis Trevithick），1872年

偉大成就

噴氣魔王
第一部全尺寸蒸汽機車，建造於1801年

潘尼達倫機車
1804年

「誰追得上我」機車
1808年

上圖：理查·特里維西克

全世界第一部蒸汽機車的設計者理查·特里維西克，對蒸汽動力及鐵路運輸影響甚遠，卻無法獲得應有的報酬與名聲。

1771年4月13日，特里維西克出生於康沃爾礦區中心地帶的伊洛根（Illogan），年輕時就長得很高大，而且對運動的興趣大於學習。他父親也叫理查，是當地銅礦場的工程師，因此他對從礦井深處抽水的蒸汽機技術很熟悉。特里維西克長大後，離開學校到礦場工作，很快就獲得升遷成為顧問。

在康沃爾礦場使用的蒸汽機，大多為固定式的抽水機，並且是根據湯瑪斯·紐科門的設計而製造（參閱第58頁）。雖然詹姆斯·瓦特的設計更有效率（參閱第66頁），也很受歡迎，但只要嘗試複製這種機器，馬上就會被博爾頓與瓦特公司的律師阻攔。工程師喬納森·霍恩布洛爾（Jonathan Hornblower）想要自己改造瓦特的設計，而特里維西克公開表示支持，因此成為當地的英雄。

1797年，特里維西克在名稱很特別的叮咚礦場（Ding Dong Mine）工作時，運用他的工程技巧打造了自己的蒸汽機，而且使用了詹姆斯·瓦特不願冒險嘗試的高壓蒸汽。然而，當時博爾頓與瓦特公司的律師群要求特里維西克中止計畫，直到瓦特的專利在1800年過期後，特里維西克才能夠自由地實驗。

右圖：替特里維西克贏得賭注的潘尼達倫機車。

理查・特里維西克　RICHARD TREVITHICK

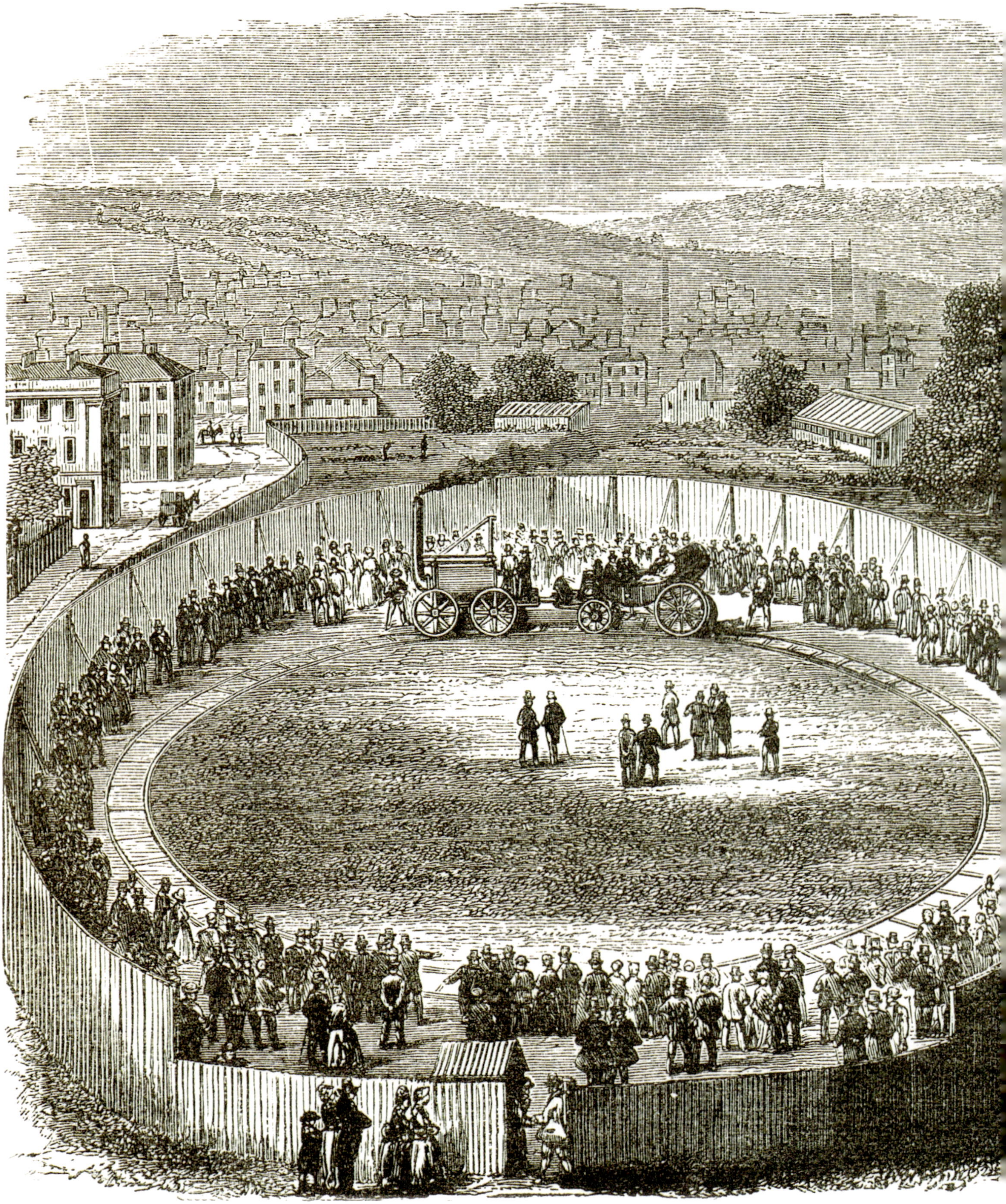

理查・特里維西克 RICHARD TREVITHICK

自從紐科門推出蒸汽機之後，數十年來鍋爐設計已經改善許多，現在像特里維西克這類有技能的工程師，有可能發明使用高壓蒸汽的機器，而且無須擔心鍋爐會爆炸。這項進步表示可以將蒸汽機設計為不再使用瓦特的分離式冷凝器。這並非全新的概念，特里維西克的鄰居——工程師威廉・默多克（William Murdoch）——就曾經使用這種所謂的「強烈蒸汽」來測試一款模型蒸汽馬車，不過，特里維西克是第一個成功的人。他建造了三十部更有效率的機器用於康沃爾的礦場，由於這些機器會排出蒸汽，因此大家稱為「噴氣絞盤」。

高壓蒸汽機比先前的機器更輕，而且能透過煙囪將多餘的蒸汽安全排出。特里維西克看出了發展移動式蒸汽機的潛力。1801年，他建造了一部全尺寸的蒸汽動力機車，能夠拉動一節搭載六名乘客的車廂，並於聖誕夜在康沃爾的坎伯恩（Camborne）公開展示，將車廂及乘客拉上坡道前往鄰近的比肯村（Beacon）。這部車輛得到了「噴氣魔王」（Puffing Devil）的稱號。遺憾的是，這部機車在三天後就故障了，無法再執行更多測試，最後，由於無人照料這部機車，使它燒乾了車上的水，因過熱而燒毀。

1803年，特里維西克又遭遇一次挫敗：一部固定式抽水機在倫敦的格林威治（Greenwich）爆炸，導致四人喪生。特里維西克堅稱意外是由於操作員失誤所造成，不過他的對手（博爾頓與瓦特公司）抓住這次機會，大肆宣傳使用高壓蒸汽的危險。之後，特里維西克很快就在設計中採用一種安全機制。

一項賭注造就了蒸汽機車史上重大的一刻。山謬・荷弗瑞（Samuel Homfay）曾經委託特里維西克為他在威爾斯梅瑟蒂德菲爾（Merthyr Tydfil）的潘尼達倫煉鐵廠製作一部蒸汽機，後來他跟另一位製鐵業者理查・克勞謝（Richard Crawshay）以五百幾尼（guinea）打賭，認為特里維西克的機器能夠將10公噸的鐵載運至將近16公里（10哩）外的碼頭。特里維西克設計出一種在馬車軌道上運行的蒸汽機車，於1804年2月21日為荷弗瑞贏得賭注，這也是歷史上第一次演示的蒸汽鐵路。

四年後，特里維西克在倫敦展示命名為「誰追得上我」（Catch Me Who Can）的新型機車。它發出軋軋聲地在一條圓形軌道上行進，地點就在後來的尤斯頓車站（Euston Station）附近。每張門票收費一先令（五便士）。令人失望的是，軌道壞了，機車也翻倒了。雖然辦了幾場展示都大受歡迎，但特里維西克很難說服投資者接受這項技術。還要再過十七年，大家才開始考慮以蒸汽動力機車取代馬匹。

面臨破產的特里維西克一度放棄蒸汽機車，將注意力移回礦場使用的機器上，不過後來他有了到南美洲工作的機會。在高海拔的安地斯山脈上，博爾頓與瓦特公司的蒸汽機幾乎毫無用處，可是特里維西克的高壓機器能夠正常運作。秘魯的銀礦場就訂了九部機器。特里維西克於1816年搭上一艘捕鯨船出國，才抵達沒多久，秘魯就爆發一場解放戰爭，中斷了他的計畫，而他將機器用於採礦的機會也徹底落空。他往北到哥斯大黎加查看金礦場，再穿越危險的叢林地帶返回。

當挫敗又貧困的特里維西克到達哥倫比亞的卡塔赫納（Cartagena）時，幸運遇見了英國工程師（未來的蒸汽機車製造者）羅伯特・史蒂文森（參閱第84頁），當時史蒂文森在銀礦場擔任工程師，提供五十英鎊給特里維西克當作回英國的旅費。特里維西克在接下來幾年繼續改進鍋爐設計，卻幾乎得不到酬金。他於1833年4月22日因肺炎過世，死前身無分文，也沒有任何親友就近照顧。雖然他埋葬於肯特郡（Kent）達特福德（Dartford）的一處無名墓，但他對蒸汽機技術與蒸汽機車的貢獻，不會被世人遺忘。

左圖：特里維西克的第四部蒸汽機車「誰追得上我」號於1808年向付費觀眾展示。

喬治·凱利
GEORGE CAYLEY

> 大約一百年前，英國人喬治·凱利爵士將飛行的科學帶到前所未有的境界，而且在過去一個世紀幾乎無人能企及。
>
> ——威爾伯·萊特（Wilbur Wright），航空先驅；全世界第一部動力飛機之駕駛，1909年

偉大成就

銀碟機器 1799年
凱利根據推力、升力、重力與空氣阻力的科學原理，提出了一種固定翼航空器設計。

凱利的第一部滑翔機 1804年

旋轉臂 1804年

《論空中航行》 1809～1810年
在尼克森的《期刊》中發表一系列報告，解釋他的發現。

可控制降落傘 1853年

上圖：喬治·凱利

1783年11月21日，孟格菲（Montgolfier）兄弟的熱氣球載著兩位乘員升上了巴黎的天空，消息迅速傳遍全世界，終於，人類掌握了飛行的祕密。一週後，由另一對法國人操控的氫氣球又從巴黎升空了。早期氣球駕駛員的英勇行為，吸引了大眾的注意。曾經，大家似乎都認為未來的天空屬於輕於空氣的航空器。

孟格菲兄弟的氣球事蹟，也傳到了一位名叫喬治·凱利的英國男孩耳中，而他有一天將會成為航空工程的關鍵人物。然而，他所引導的未來，屬於重於空氣的航空器，而非氣球。在孟格菲兄弟飛行的七十年後，當時已是老人的凱利，也跟他們一樣貢獻了航空技術上的第一次——建造第一架載人滑翔機並成功飛行。

喬治·凱利是一位準男爵之子，1773年出生於英國的斯卡布羅（Scarborough）。他在寄宿學校完成學業後，隨即接受私人家教指導，建立了扎實的數學與科學基礎，包括力學與電學。1792年，父親過世後，喬治·凱利成為準男爵，繼承了家族的財產。這讓他有足夠的經濟基礎，能夠繼續追求在科學方面的多元興趣，其中包含了研究飛行學。

雖然凱利被視為航空學之父，不過他在工程方面的才能非常廣泛。他是英國的土地排水

上圖：凱利的滑翔機「可控制降落傘」重建版本。這是重於空氣的航空器第一次成功飛行。

喬治・凱利 GEORGE CAYLEY

與開墾權威，也是一位多產的發明家，設計了自動扶正救生艇、早期版本的鋼絲輻條輪、具有履帶的牽引機、義肢、火藥啟動的引擎，以及一種熱空氣膨脹引擎，這個裝置是內燃機的前身，而他也因此發明了最早的安全帶（給滑翔機的駕駛員使用）。

凱利建立了航空工程的基本原理，確認了航空器設計師要讓重於空氣之航空器升空所必須面對的四種力量：升力、重力、推力、阻力。凱利簡明概述了航空器設計的挑戰：「對空氣阻力施加動力，以使表面支撐住特定重量。」理論與實務對凱利而言確實是一體兩面。1799年，他在一片銀碟的其中一面刻上了固定翼航空器的設計，另一面則刻上空氣阻力、升力與阻力的圖表。

凱利所做的一項關鍵決定是，不以一般認為的撲翼來製造升力。就連偉大的文藝復興時期思

右圖：孟格菲兄弟的氣球實現了早期航空工程師的夢想。

下圖：由喬治·凱利設計的人力飛行機器，這是他未成功的眾多構想之一！

想家李奧納多·達文西，也是以鳥類做為人類飛行的模型。而凱利的固定翼設計是靠向前運動來產生升力，將航空器的推進裝置與機翼結構分離，專用於製造升力。不過，他的設計要靠駕駛員的力量產生升力，因此無法實行，但其中的理論基礎非常完善。凱利的航空器只缺少一種合適的動力裝置，而後來的飛機工程師將會克服這個難題。

由於沒有可用的引擎，凱利便將心力集中於打造滑翔機，利用實驗與數學模型來探索飛行的力學。他建造出一種旋轉臂（Whirling Arm）裝置，來測試機翼的各種形狀和角度。在一位當地技工湯瑪斯·維克（Thomas Vick）的幫助下，他建造並試飛了許多模型及原型滑翔機。凱利的第一批滑翔機就像改造的風箏，不過後來的版本看起來比較像飛機，有機翼、水平尾翼，以及下方形狀如小船的駕駛艙。1809年與1810年，凱利將數十年以來從事開創性工作所累積的知識，整理成一系列文章，發表於尼克森（Nicholson）的《期刊》（Journal），這些內容為後來的航空工程師提供了寶貴資源。

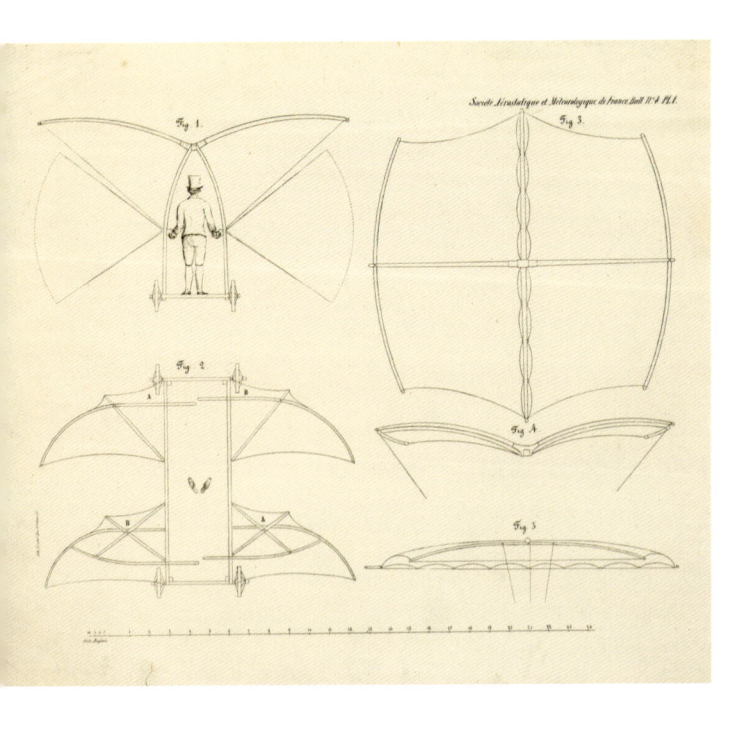

1853年，八十歲的凱利設計並建造出最

喬治・凱利 GEORGE CAYLEY

後一部滑翔機，由他命名為「可控制降落傘」（Governable Parachute），並運送到布朗普頓谷（Brompton Dale）試飛。由於凱利年紀太大，無法試飛，據說他的馬車夫很不情願地擔任了駕駛員。滑翔機在降落時肯定顛簸不已，而馬車夫也立刻辭掉了工作，不過他可是駕駛重於空氣之航空器的史上第一人。至今，仍然有當時那部滑翔機的複製品繼續飛行，這代表了凱利的「可控制降落傘」飛行性能良好，是航空工程的里程碑。

喬治・史蒂文森與羅伯特・史蒂文森
GEORGE & ROBERT STEPHENSON

> 蒸汽運輸發展的可能性，已經完全實現。
> ——湯瑪斯・索斯克里夫・艾許頓
> （Thomas Southcliffe Ashton）
> 談喬治・史蒂文森的利物浦與曼徹斯特鐵路
> 1948年

偉大成就

斯托克頓與達靈頓鐵路
1825年

動力號 1825年

火箭號 1829年

利物浦與曼徹斯特鐵路
1830年

切斯特與霍利希德鐵路
1848年

高階橋
紐卡斯爾，1849年

不列顛大橋
安格爾西，1850年

上圖：喬治・史蒂文森

上圖：斯托克頓與達靈頓鐵路的機車。

喬治與羅伯特・史蒂文森父子在十九世紀促進了英國鐵路的大幅擴張，其中，喬治對土木與鐵路工程貢獻甚大，而羅伯特的火箭號（Rocket）機車開啟了客運列車產業。

1781年6月9日，著名的「鐵路之父」喬治・史蒂文森出生於英國的諾森伯蘭郡（Northumberland）維拉姆（Wylam）的一個採礦家庭。他在年輕時當過農場工人，曾到礦坑打工，後來也到當地一處礦場操作捲揚機。他還會修鞋與修理時鐘來補充收入。喬治在1802年娶了法蘭西絲・欣德馬什（Frances Hindmarsh），對方是一位農夫之女，比他大十三歲，而一年後他們有了兒子羅伯特（1803年10月16日出生）。不幸的是，羅伯特出生三年之後，法蘭西絲就因為結核病過世了。

1811年，喬治・史蒂文森協助改良了位於基木沃思（Killingworth）高坑（High Pit）的抽水機，後來就受雇為蒸汽機工匠，負責維護礦坑所有的蒸汽機。在這段期間，喬治設計出一種給礦工使用的安全燈，可以燃燒照明，但不會在礦工遇到瓦斯洩漏時導致爆炸。接著，喬治設計了他的第一部機車「布呂歇爾號」

喬治‧史蒂文森與羅伯特‧史蒂文森　GEORGE & ROBERT STEPHENSON

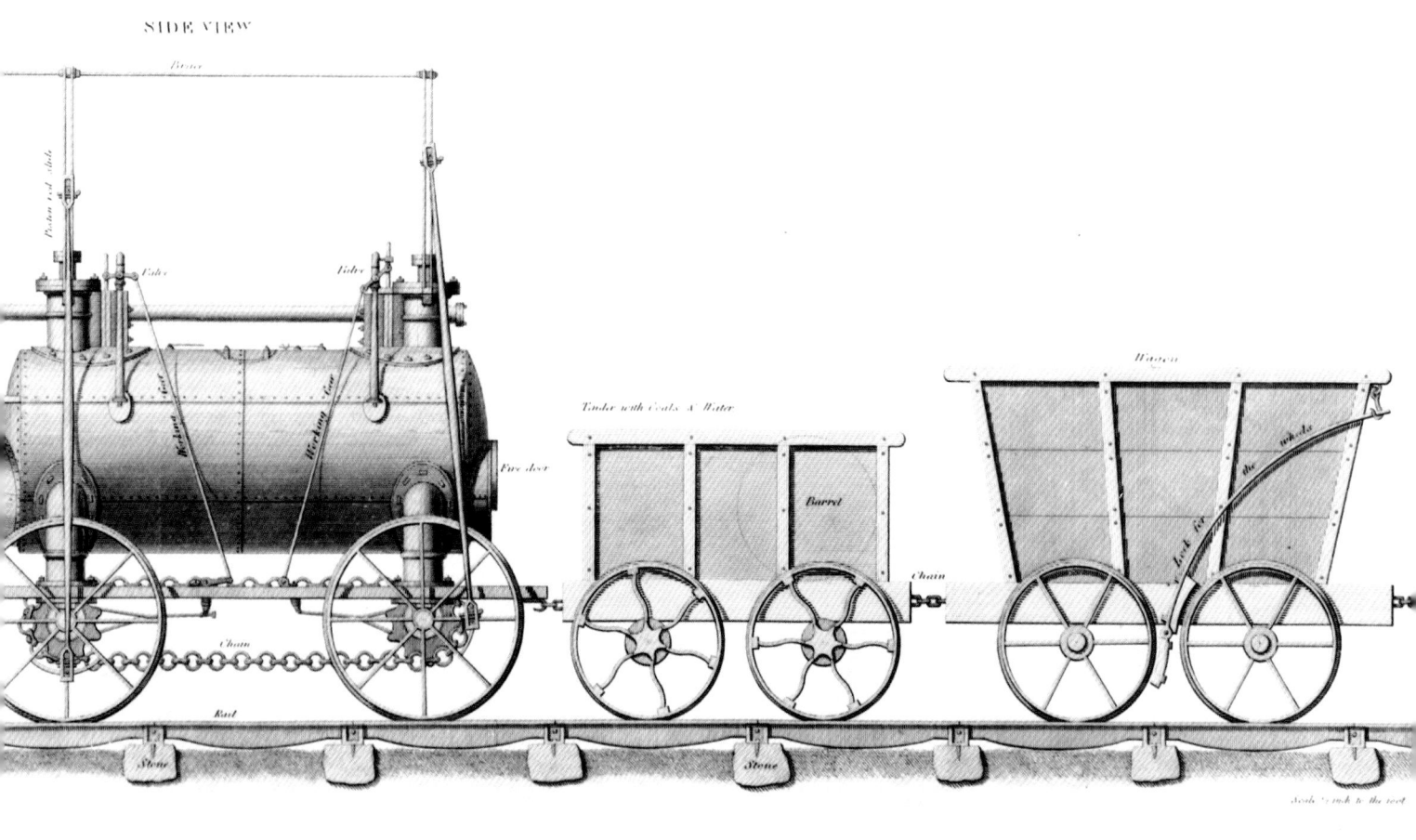

（Blücher），並利用凸緣車輪的摩擦力在軌道上移動。

當喬治聽聞斯托克頓（Stockton）與達靈頓（Darlington）煤礦之間要鋪設一條長達40公里（25哩）的全新鐵路時，便建議採用能夠在軌道上同時載運煤和乘員的蒸汽機車，而非馬匹拉動的煤車。喬治於1821年勘測了這條路線，並且創立羅伯特‧史蒂文森公司（Robert Stephenson & Co），以十八歲的兒子擔任經營合夥人，開始製造機車。斯托克頓與達靈頓鐵路在1825年9月27日啟用，由喬治‧史蒂文森親自駕駛動力號（Locomotion）機車，在新鋪設的鍛鐵軌道上拖動裝載了80公噸的煤與麵粉的貨運車廂。史蒂文森公司選擇了4呎8.5吋（1.5公尺）的軌距，這也成為世界大多數國家鐵路的標準。動力號還接上了一節特製的客車，在首次旅程中載運重要人物。大約有六百名乘客搭上這次處女航，是史上第一批在蒸汽機車軌道上旅行的人。

一年後，喬治帶頭建造利物浦與曼徹斯特鐵路，這是一項龐大的土木工程計畫，要以50公里（31哩）的鐵路將英國兩大城市連接起來。這條路線會通過危險的泥炭沼，不過史蒂文森公司以枕木和卵石支撐住軌道，克服了這個問題。

在鋪設軌道期間，史蒂文森公司還必須跟其他人競爭，設計出在軌道上行駛的機車。1829年雨山試驗（Rainhill Trials）的參賽機車，重量都必須輕於6公噸，並以每小時16公里（10哩）的平均速度，來回行進56公里（35哩）。在五輛機車中，只有一輛蒸汽機車成功，也就是由羅伯特‧史蒂文森設計並由其父親協助製造的火箭號。

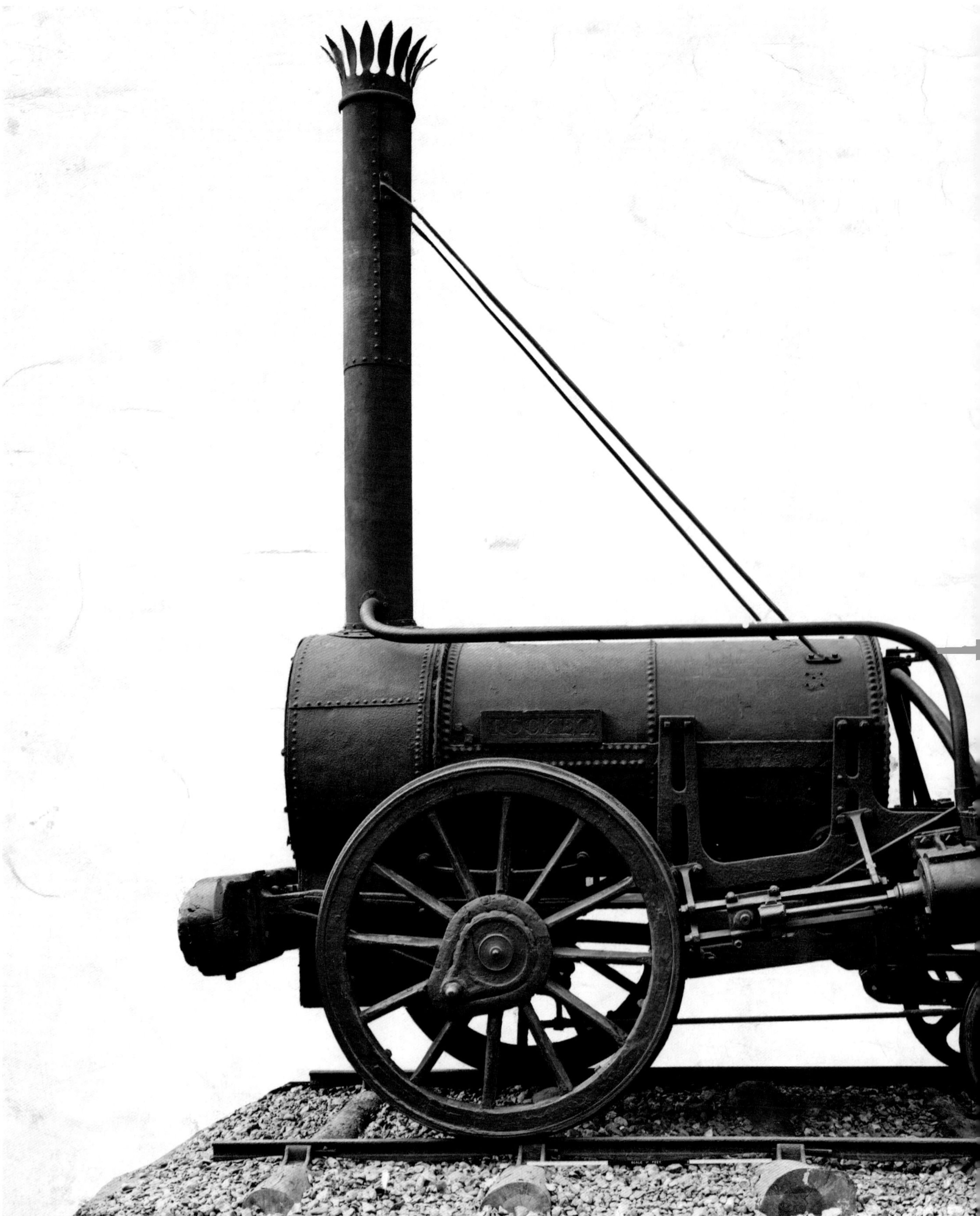

上圖：羅伯特·史蒂文森跟隨父親的腳步成為鐵路工程師。自1848年起，他也擔任了惠特比議會的成員。

左圖：1829年，全新的利物浦與曼徹斯特鐵路需要強力且可靠的機車來運行，而羅伯特的火箭號在考驗中脫穎而出。史蒂文森公司獲得五百英鎊的獎金，以及製造機車的合約。

利物浦與曼徹斯特鐵路花了四年時間完工，許多大人物都參與了開幕儀式，包括首相威靈頓（Wellington）公爵，但遺憾的是，利物浦議員威廉·赫斯基森（William Huskisson）在跨越軌道時被火箭號撞擊身亡。

喬治·史蒂文森的餘生都在持續推廣鐵路，而各地對鐵路的需求也確實很大。在他和羅伯特的引導下，許多地方都鋪設了新的鐵路，包括萊斯特郡（Leicestershire）、德比（Derby）到里茲（Leeds）、諾曼頓（Normanton）到約克、曼徹斯特到里茲、伯明罕到德比，以及雪菲爾（Sheffield）到羅瑟勒姆（Rotherham）。這是維多利亞時期鐵路擴張的高峰，而位於最前線的就是史蒂文森父子、曾經當過喬治·史蒂文森學徒的約瑟夫·洛克（Joseph Locke），以及伊桑巴德·金德姆·布魯內爾（參閱第92頁）。美國的鐵路建造者也遠渡重洋前來研究喬治·史蒂文森

右圖：高階橋是羅伯特·史蒂文森所規畫的紐卡斯爾與貝里克鐵路的其中一部分，也是跨越紐卡斯爾與蓋茨黑德（Gateshead）間之泰恩河的第一座橋。這座橋經過整修後仍然使用至今，是全世界第一座公路與鐵路橋。

的成果，隨後，史蒂文森父子的機車出口到了北美洲。

由於喬治與羅伯特·史蒂文森對英國鐵路網的貢獻甚大，因此獲得受封為爵士的機會，但他們卻婉拒了。根據喬治的說法，他「不想炫耀自己的名聲」。不過，在1847年，退休的喬治·史蒂文森接受了機械工程師學會（Institution of Mechanical Engineers）的第一任會長一職。一年後，他在德比郡的切斯特菲爾德（Chesterfield）過世，時間是1848年8月12日。

在喬治的晚年期間，羅伯特·史蒂文森也因為鐵路建設而變得與父親齊名，其中包括了幾座開創性的橋梁建築。其中一條路線是從紐卡斯爾（Newcastle）到貝里克（Berwick），總共要建造一百一十座橋，包括位於紐卡斯爾，令人歎為觀止的高階橋（High Level Bridge）。

在切斯特與霍利希德（Chester & Holyhead）線，羅伯特必須於北威爾斯和安格爾西之間的梅奈海峽上設計出一座鐵路橋，而此處也能目視到湯瑪斯·泰爾福德那座破紀錄的吊橋。這項任務令他惴惴不安，因為不久之前他在切斯特附近建造的其中一座鐵路橋才剛倒塌，導致五個人喪生。經過幾個月的材料測試，並在另一位工程師威廉·費爾貝恩（William Fairbairn）的協助下，不列顛大橋（Britannia bridge）開始動工，以鍛鐵建造出長方形的管狀通道讓列車行進。這座橋完工後相當成功，持續使用了一百二十年。羅伯特在工程上的創舉，讓遠達加拿大與埃及的人都來向他尋求諮詢。

羅伯特·史蒂文森於1829年結婚，但膝下無子。他的妻子在1842年過世，年僅三十九歲，而他後來從未再婚。羅伯特的身體一直不太好，在1859年還被強制休養。他決定搭遊艇旅遊，但由於健康狀況惡化而不得不提前結束。他於1859年10月12日死於倫敦的家中。在他的靈柩移送到西敏寺途中，有大批群眾前來瞻仰。

羅伯特和其父親喬治的蒸汽機車設計，帶領了後來進一步的工程發展，為後世留下莫大的貢獻。他們建造的許多橋梁與軌道路線上，至今仍有列車運行。

喬治・史蒂文森與羅伯特・史蒂文森　GEORGE & ROBERT STEPHENSON

麥可・法拉第
MICHAEL FARADAY

> 只要符合自然定律，一切美妙事物都是真實的，而要測試這些事物是否符合，最好的方式就是透過實驗。
>
> ——麥可・法拉第日記，1849年

偉大成就

電磁轉動 1821年

皇家科學研究所年度聖誕演講
始於1825年

發現電磁感應 1831年

法拉第圓盤
第一部發電機，1831年

燈塔煙道 1843年
法拉第唯一取得專利的發明。

南岬燈塔之碳弧燈
1858年

上圖：麥可・法拉第

麥可・法拉第對於電的實驗，啟發了電動馬達設計及現代電機工程，而他的年度演講也激勵了新一代的科學家與工程師。

麥可・法拉第出生於1791年9月22日，當時電還是新奇的事物，大家對於電的實際用途也不抱什麼期待。法拉第生長於倫敦的紐因頓小鎮（Newington Butts），在四個孩子中排行第三，父親勉強做著鐵匠的工作度日。十四歲時，他被送到倫敦的布魯姆斯伯里（Bloomsbury），成為裝訂商喬治・里波（George Riebau）的學徒。除了書本外皮的織布，他也對書裡的內容著迷，尤其是科學。在里波的允許下，年輕的法拉第得以將書店後方的房間當成實驗室。

法拉第受到一位顧客威廉・丹斯（William Dance）邀請，開始參與漢弗里・戴維（Humphry Davy）在英國皇家科學研究所（Royal Institution）的演講，戴維是一位化學家，著名事蹟是發現了一氧化二碳（笑氣）的特性。法拉第將演講內容寫成筆記並裝訂好，希望自己的才能可以得到賞識，成為他的助理。一

右圖：身為皇家科學研究所的所長，法拉第建立了聖誕講座的傳統，將科學啟蒙帶給各世代的孩子。

下圖：法拉第在最有成效的一場實驗中，將兩根電線纏繞於鐵環上。將一邊的電線通以電流時，會在環內感應出磁場，而這又會在另一邊的電線感應出電流。

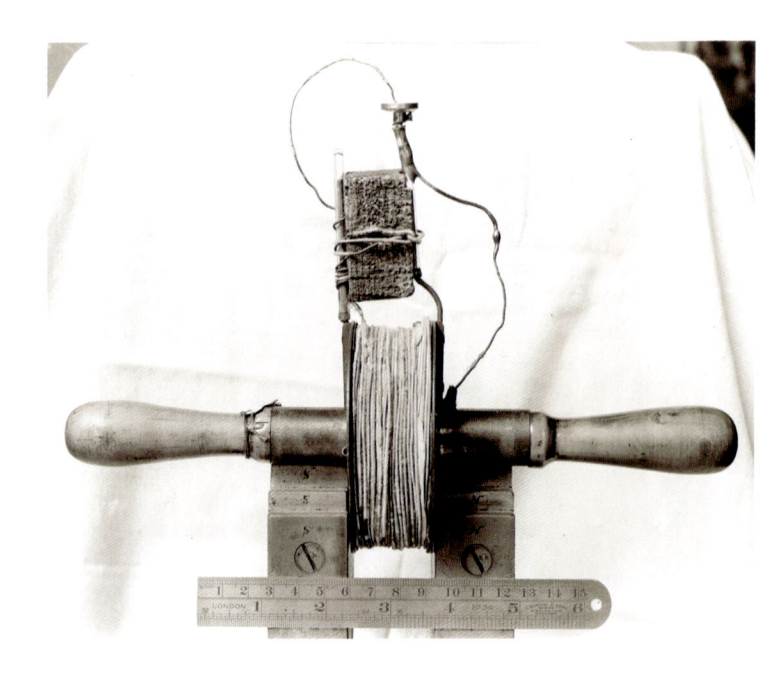

年後（1813年），戴維的助理職位有了空缺，而且他還記得法拉第，便邀請法拉第參與自己的歐洲巡迴。兩人造訪了許多實驗室以及當代知名的科學家，例如安德烈‧馬里‧安培（André-Marie Ampère）和亞歷山德羅‧伏特（Alessandro Volta），對於法拉第這位正在萌芽的科學學生來說是非常寶貴的學習。

1820年，丹麥科學家漢斯‧克里斯蒂安‧奧斯特（Hans Christian Ørsted）發現了磁針在靠近電流時會移動，在科學界聲名大噪。這種新的現象稱為「電磁」（electro-magnetism）。在戴維的交代下，法拉第開始研究這些發現，並於1821年9月4日觀察到一根導電且浸入水銀的電線會繞著磁鐵旋轉。因此，運用電力與磁性就有可能產生持續運動，而這是電動馬達的基本概念。

由於法拉第不承認戴維對這次發現的貢獻，因此戴維便指派這位助手針對科學儀器的光學玻璃做了六年幾乎毫無意義的研究。接下來還要再過十年，法拉第才會有下一次重大突破——發現電磁感應——而美國科學家約瑟夫‧亨利（Joseph Henry）也獨立發現了這種現象。法拉第證明了「透過移動磁場，有可能產生電流」，而他將其形容為「力線」（lines of force）。法拉第的實驗，讓他後來成功發明了變壓器與發電機。

燈塔技術也是法拉第在另一個領域的重大貢獻。他建議要固定旋轉燈的速度，這樣就能讓水手估計自己的位置。他也在兩座燈塔測試並採用了電燈。雖然這種方式並未成為常態，但法拉第證明了他其中一項發明的用處：發電機。

法拉第也跟他的導師戴維一樣，開始於皇家科學研究所定期演講。他升職為所長後，在1825年建立了為孩童舉辦年度聖誕講座的傳統，並親自演講了十九場，其中最著名的是「蠟燭的化學史」（The Chemical History of a Candle），他從一根簡單的蠟燭出發，解說了許多科學概念。這場演講的紀錄從那時起就一再出版，而皇家科學研究所針對科普舉辦有趣講座的傳統，也一直持續至今。

六十幾歲時，法拉第被迫減少工作量。他開始經常出現頭痛、暈眩、記憶喪失等症狀，這使得他難以寫出清晰明瞭的文字。法拉第在維多利亞女王於漢普頓宮（Hampton Court Palace）提供的住處度過晚年。他在1867年8月25日過世，生前為發電這個領域帶來了變革。有了法拉第的發現，電力將推動全新的技術時代，這個世界也會隨之轉變。

伊桑巴德・金德姆・布魯內爾
ISAMBARD KINGDOM BRUNEL

他所做的工程之特徵是規模浩大，而他無法擺脫的缺陷則是尋求新事物……

——訃聞，土木工程師學會會議紀錄，1860年

偉大成就

梅登黑德橋
1839年完工

鮑克斯隧道
威爾特郡鮑克斯希爾（Box Hill），1841年

布里斯托寺院草原車站
1841年

大西部鐵路
從倫敦至布里斯托
1841年

泰晤士隧道 1843年

大東方 1858年

皇家阿爾伯特橋
1859年

克利夫頓吊橋
1864年完工，此為土木工程師學會向伊桑巴德致敬之作

上圖：伊桑巴德・金德姆・布魯內爾

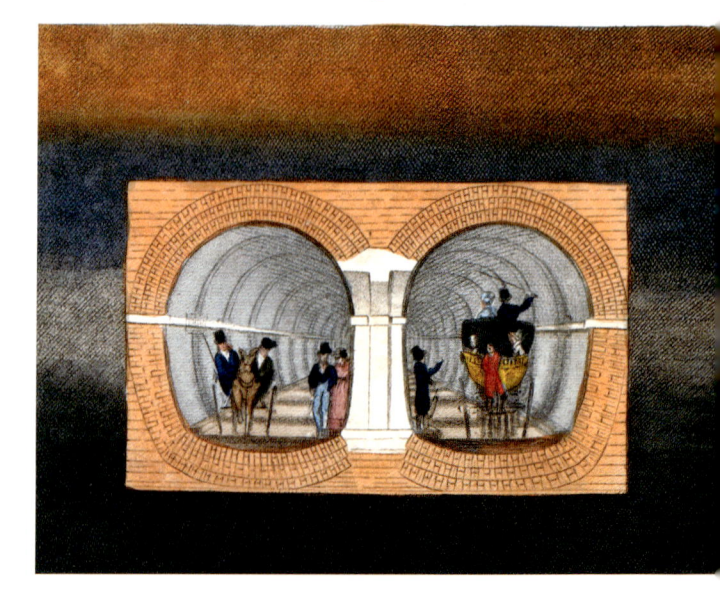

右圖：泰晤士隧道是一項工程奇蹟，也是倫敦重要的觀光景點，在啟用當天即有五千人通行。

伊桑巴德・金德姆・布魯內爾是維多利亞時代最重要的一位工程師，這位創新者不斷求變，而他的才能、動力與決心也將這個世界推向現代化。伊桑巴德以全新的方式和無窮的精力，建造了橋梁、隧道、碼頭、高架橋、鐵路與蒸汽船。世人最記得他是鐵路的先驅，徹底改革運輸網路鐵路，改變了十九世紀的日常生活，其影響只有現代世界發明的網際網路可相比擬。

1806年4月9日，伊桑巴德・金德姆・布魯內爾出生於英國的樸茨茅斯。他是家中最小的孩子，父親為法國移民馬克・布魯內爾（Marc Brunel），是一位工程師與發明家，很早就替兒子安排好走上工程師之路。年幼的他四歲就開始學習繪畫，父親也讓他接受最好的教育。他被送到法國的學校學習當時最先進的數學。伊桑巴德完成學業後，在

伊桑巴德・金德姆・布魯內爾 ISAMBARD KINGDOM BRUNEL

一位頂尖鐘錶匠門下度過了短暫的學徒生涯，於1822年回到英國開始工作。

伊桑巴德才剛滿二十歲，就擔任父親馬克・布魯內爾的助理工程師，要在倫敦的泰晤士河底下建造一條隧道。馬克發明了一種有保護效果的潛盾工法，能夠協助在不穩定的河床沉積物中挖掘隧道。不過，即使採取這種工法，建造泰晤士隧道仍然是大膽的冒險。這條隧道曾經兩度被水淹沒，而且第二次發生時有六個人溺水，在被救出的人當中，只有昏迷的伊桑巴德存活下來。

後來，伊桑巴德從父親手中接管了泰晤士隧道的工程。1843年啟用時，這是全世界第一條水底隧道。

伊桑巴德在泰晤士隧道發生意外後，便來到布里斯托（Bristol）休養，但靜不下來的他在這段期間參加了一場競賽，要建造一座跨越雅芳峽谷（Avon Gorge）的橋梁。即便伊桑巴德在競賽期間遭到工程上的競爭對手且身兼裁判的湯瑪斯・泰爾福德（參閱第72頁）反對，伊桑巴德設計的克利夫頓吊橋還是獲勝了。遺憾的是，由於缺乏資金，吊橋一直要到伊桑巴德過世以後才開始建造。不過，這位有抱負的年輕工程師首度以

重要的獨立設計證明了自己的才能，而且待在布里斯托的他，還獲得重建當地碼頭的機會，這也是他生涯第一次開始承接碼頭工程。

伊桑巴德·布魯內爾於1833年被指派為大西部鐵路（Great Western Railway）的總工程師，事業從此起飛。到當時為止，這是全世界規模最大的鐵路建造工程，而他接下任務時年僅二十七歲。伊桑巴德親自勘測路線，睡在搭乘的馬車上，也把馬車當成行動辦公室。為了讓鐵路路線的坡度盡可能降到最低，他建造了許多橋梁、隧

右圖：伊桑巴德建造的皇家阿爾伯特橋，是大西部鐵路其中一部分，其獨特的管狀設計橫越了塔馬河（Tamar），將德文郡與康沃爾連接起來。

左圖：包含大西部鐵路在內，伊桑巴德在英國、愛爾蘭、義大利、東孟加拉建造的鐵路總長度，超過1900公里（1180哩）。

伊桑巴德．金德姆．布魯內爾 ISAMBARD KINGDOM BRUNEL

道與高架橋，其中有些建築是開創性的工程之作。他在梅登黑德（Maidenhead）建造的跨越泰晤士河的橋梁，擁有當時最平坦的人造磚拱。鮑克斯隧道（Box Tunnel）的長度將近3公里（2哩），比之前的任何隧道都還要長。這條隧道使用了兩班人力總共一千五百人，在燭光中日夜不停地工作，花了五年的時間才完成。伊桑巴德的計算很精確，讓兩端在堅硬岩石中開挖的隧道幾乎完美地接通。

他建造的鐵路有一項爭議點，那就是採用了寬軌距。為了讓列車行駛起來比史蒂文森建立的窄軌鐵路（參閱第84頁）更加平穩，他的軌距超過了2公尺（6呎6吋）。這兩種軌道標準為了擴展到全英國而相互競爭，演變成所謂的「軌距之爭」（Gauge Wars）。雖然伊桑巴德的寬軌距最後輸了，但他建造大西部鐵路的成就是一項勝利，而且也證明了伊桑巴德完成艱難工作的決心與能力。除了解決鐵路的工程挑戰，伊桑巴德也得應付社會與政治方面的障礙。他必須安撫大眾對高速鐵路的恐懼，也要克服既得利益者的阻力，例

如驛馬車和運河公司，以及不想讓鐵路穿過自家土地的地主。

伊桑巴德‧布魯內爾在主導英國西部的鐵路之後，開始將觸手伸向橫越大西洋的蒸汽船。他的構想是讓乘客在倫敦搭上大西部鐵路的列車，然後旅行到美國的紐約。他以這種整合式的運輸網路為出發點，建造了一些史上最創新的船隻。首先是大西方號（Great Western），這艘巨大的外輪蒸汽船（編註：在船尾或船側有大型水車狀輪盤的輪船）在1838年啟航時是全世界最大的客輪。接下來是1843年的大不列顛號（Great Britain），這是全世界第一艘具有鐵製船身並以螺旋槳推動的遠洋蒸汽船。

接下來，伊桑巴德在1858年以大東方號（Great Eastern）超越了前兩艘大船，成為當時史上最大的船。這艘船的設計能夠載送四千名乘客到澳洲，中途不必補給燃料。然而，由於不斷增加的開發成本、技術故障與意外，大西方號及大東方號一直未能發揮真正的潛能。建造大東方號是伊桑巴德最後一次重大工程。他在大東方號的處女航後中風，十天後於1859年9月15日過世，享年五十三歲。

伊桑巴德的構想與建造規模都相當宏大。從龐大的鐵路系統與基礎建設，到超越前人的巨大船隻，這些工程規模都反映了他的抱負。他的工作也遭受許多失敗，包括技術上與財務上。伊桑巴德於1847年啟用了實驗性的空氣動力鐵路（編註：以氣壓差推動列車運行的鐵路），一年後就因為技術問題而放棄，而他的蒸汽船公司也經常瀕臨破產邊緣。不過，走在時代尖端的工程師本來就會遇到挫折。今日，世人都將伊桑巴德‧布魯內爾視為蒸汽時代最具代表性的工程師，在推動世界邁入現代的技術革命中扮演了要角。

右圖：伊桑巴德這艘巨大的大東方號，雖然在做為商業客輪方面失敗了，但後來被用於鋪設全世界第一條跨大西洋的電報電纜。

伊桑巴德·金德姆·布魯內爾　ISAMBARD KINGDOM BRUNEL

約翰・羅布林、華盛頓・羅布林、艾蜜莉・羅布林
JOHN, WASHINGTON & EMILY ROEBLING

這座橋的建造者。謹此紀念艾蜜莉・華倫・羅布林，她以信念與勇氣幫助生病的丈夫華盛頓・羅布林上校，建造了這座橋；而它是由上校的父親約翰・羅布林所設計，約翰・羅布林為這座橋獻出生命。

——布魯克林工程師協會於布魯克林大橋設立之銘牌，1931年

偉大成就

布魯克林大橋
紐約，1883年

上圖：約翰・奧古斯都・羅布林

1883年5月24日，大批群眾看著美國總統與紐約州長主持布魯克林大橋的開幕慶典。成千上萬人從各地前來見證這個現代工程奇蹟。在啟用的二十四小時內，估計就有二十五萬人從大橋上層的人行步道跨越東河。超過一個世紀以來，這座成為地標的大橋狀況仍然相當良好，每天承載了超過十萬輛車以及成千上萬的行人。

約翰・奧古斯都・羅布林（John Augustus Roebling）是布魯克林大橋的設計者。他出生於普魯士（Prussia），在柏林研究過建築、工程與橋梁，後來移民至美國。約翰在務農一段時間後，還是回到了勘測與工程的本行。在建造一條拖運運河船隻的軌道時，他發現比起傳統的麻繩，使用耐久的鋼索效果會更好。約翰很快就設計出一種以鍛鐵製造鋼索的程序，從此開始設計使用鋼索懸吊的橋梁及高架渠。約翰在建造了幾

右圖：建造布魯克林大橋。

約翰・羅布林、華盛頓・羅布林、艾蜜莉・羅布林 JOHN, WASHINGTON & EMILY ROEBLING

左圖：華盛頓・羅布林。

程師。他本身就是一位純熟的工程師。華盛頓在紐約學習工程，內戰期間曾替聯邦軍建造吊橋。戰爭結束後，他與艾蜜莉・華倫結婚，接著跟隨父親處理了一些大型吊橋工程。先前他曾到歐洲研究氣壓沉箱，這是一種底部開口的大型空間，只要將壓縮空氣注入其中，就可以在水面下建造橋基。

1870年，靠近布魯克林區一側的橋塔開始動工。兩座沉箱的其中一座先安置於河床，接著，工人便分組挖掘泥沙建立橋基。隨著工人愈挖愈深，壓力變化的情況也愈來愈糟，使他們開始患上「沉箱病」（caisson disease）。現在的潛水員知道這叫「潛水夫病」，是一種太快回到水面時會造成的危險狀況。好幾個人因此死去，而華盛頓也在1872年患了沉箱病而倒下，差點喪失性命。

雖然華盛頓存活下來，但他的健康狀態卻受到了嚴重損害。從此幾乎

座重要的吊橋後，以足夠的實力擔任了布魯克林大橋的總工程師。

約翰想出一種結合了斜張橋與吊橋元素的開創性混合式設計，布魯克林大橋將會是全世界第一座使用鋼纜的吊橋，而鋼纜的強度適用於大規模建設。

遺憾的是，一件致命的意外讓約翰無法活著見到他設想的大橋成真。在勘查現場時，他的腳被一艘渡輪撞上。約翰拒絕接受傳統的醫療方式，結果導致破傷風，三個星期後就過世了。

約翰・羅布林最年長的兒子華盛頓一直擔任他的助手，現在則被指派為布魯克林大橋的總工

出不了家門的他，繼續以總工程師的身分定期把詳細指示傳達給助理，而他們會再向他回報。艾蜜莉則在家裡與大橋之間來回傳遞訊息，而且很快就深入參與了造橋的技術、後勤與政治問題。

橋梁的建設工作繼續進行，羅布林夫婦也搬到距離大橋更近的地方，好讓華盛頓可以從家中查看進度。這兩座以花崗岩和石灰岩建造且高達85公尺（279呎）的橋塔，就這樣緩慢但穩定地聳立於河面上的天際線。四條粗厚的鋼纜串過橋塔並固定於岸上，接著再從主鋼繩垂下鋼索，懸掛起要讓車輛通行的橋面。在超過十三年的密集工程後，大橋終於完工了。

1883年的開幕日,艾蜜莉·羅布林坐在第一輛車上率先通過布魯克林大橋,還帶了一隻公雞當作勝利的象徵。這場勝利得來不易,但羅布林夫婦終於一起實現了在東河上建造一座橋的夢想。布魯克林大橋總長度為1825公尺(5987呎),為當代最巨大的吊橋,是一項工程傑作,也被譽為世界第八大奇蹟。

右圖:紐約的布魯克林大橋於1972年由美國土木工程師學會指定為歷史土木工程地標。

下圖:艾蜜莉·羅布林。

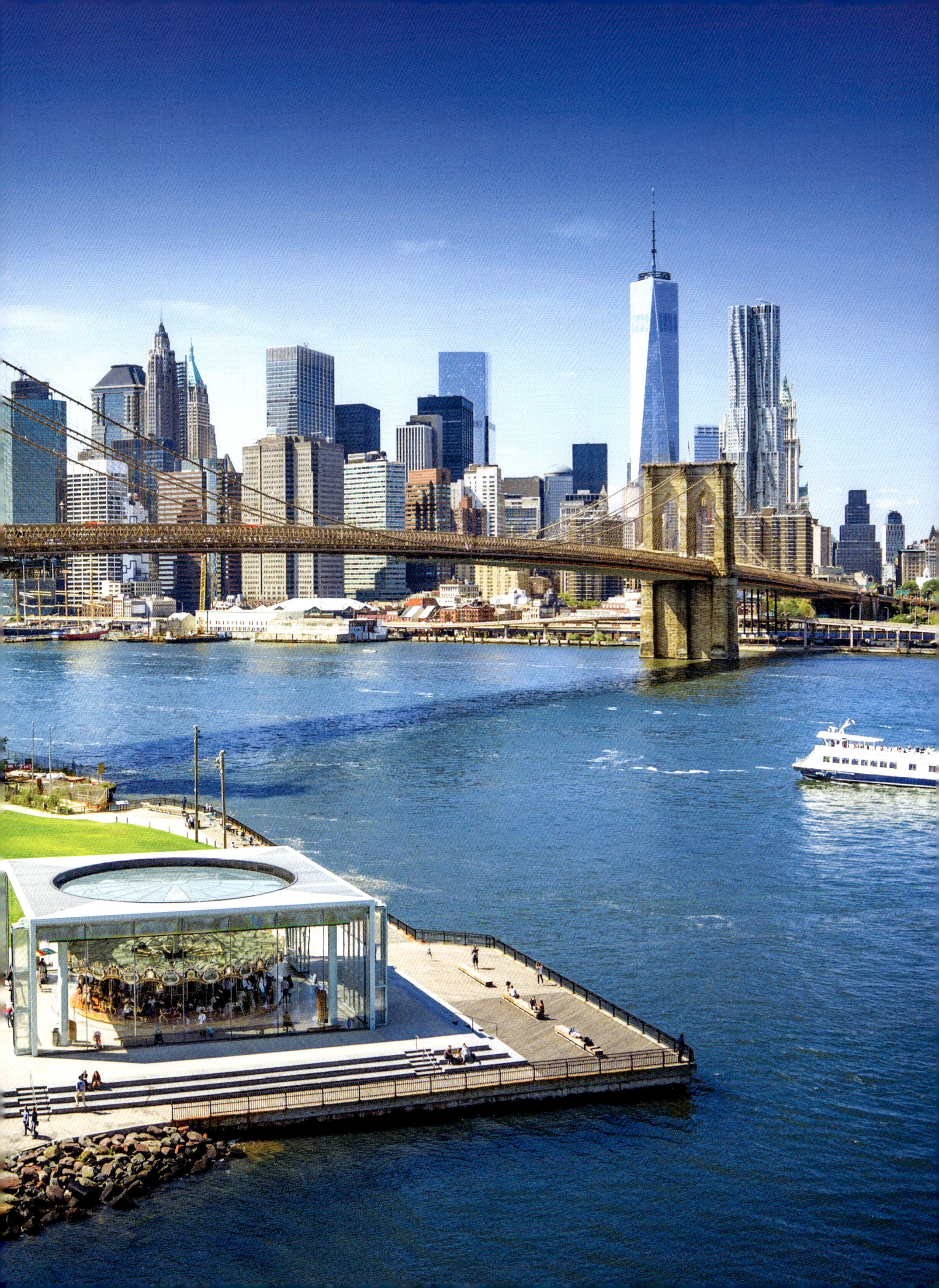

約瑟夫・巴澤爾傑特
JOSEPH BAZALGETTE

他控制了河流。

——翻譯自約瑟夫・巴澤爾傑特紀念碑之拉丁文，倫敦，1901年

偉大成就

德特福德抽水站
1864年

倫敦下水道系統
1865年

阿爾伯特堤防
1869年

維多利亞堤防
1870年

阿爾伯特橋
1884年

普特尼橋
1886年

漢默史密斯橋
1887年

巴特西橋
1890年

上圖：約瑟夫・巴澤爾傑特

右圖：建於克羅斯奈斯（Crossness）的蓄水池足以容納一億兩千萬公升（兩千七百萬加崙）的污水，並於退潮時排入泰晤士河口。

在十九世紀初期重建倫敦下水道的約瑟夫・巴澤爾傑特，除了拯救成千上萬人免於霍亂的危險之外，也改變了這座首都城市的布局。

約瑟夫・巴澤爾傑特於1819年3月28日出生在倫敦的恩菲爾德（Enfield），父母親均為法裔。他的父親也叫約瑟夫，是皇家海軍上校，曾在拿破崙戰爭中受傷。我們對年輕的巴澤爾傑特早期生活所知不多，唯一確定的是1835年他在北愛爾蘭開始了卓越的工程生涯。在愛爾蘭土木工程師約翰・麥克尼爾爵士（Sir John Macneill）的指導下，巴澤爾傑特協助處理了土地排水工程，而這對他日後的工作有很大的助益。七年後，巴澤爾傑特成為倫敦西敏（Westminster）的顧問工程師。然而，在鐵路上勞累過度的壓力，使巴澤爾傑特的健康受到影響，不得不辭去工作。

十九世紀前半期，倫敦的人口幾乎增加了一倍，讓老舊的下水道系統不勝負荷。大部分的人類排泄物都進了泰晤士河，使其成為全世界污染最嚴重的水道。儘管泰晤士河相當骯髒，許多人還是將河水用

約瑟夫・巴澤爾傑特 JOSEPH BAZALGETTE

上圖：位於東倫敦的修道院抽水站是一項工程奇觀，有裝飾華麗的鐵拱與欄杆、摩爾式的煙囪和塔樓，號稱「污水大教堂」。

於清潔，甚至飲用。這對大眾的健康造成嚴重影響，霍亂等藉由水傳染的疾病造成了成千上萬人死亡。嬰兒死亡率攀升至20%，平均壽命也降到三十歲以下。超過一萬四千名倫敦人死於1848年與1849年間爆發的一場霍亂。

1858年，泰晤士河發出了「大惡臭」（Great Stink），而西敏宮（Palace of Westminster，又稱國會大廈）為了阻擋臭味，還得把窗簾拉上並浸入漂白劑。英國政府被迫採取行動。當時身為倫敦大都會工務委員會（Metropolitan Board of Works）總工程師的巴澤爾傑特，獲得了更新倫敦老舊下水道所需的龐大資金。

巴澤爾傑特的計畫是建造一個全新的地下系統，將市區的廢水改排放至泰晤士下游河口的伊里斯沼澤（Erith Marshes）。這個網狀系統需要四座新的抽水站、長度共2100公里（1305哩）的下水道，以及從東西兩側加入、長度共131公里（81哩）的截流下水道，而建造上總共使用了

右圖：維多利亞堤防上的巴澤爾傑特紀念碑。

約瑟夫・巴澤爾傑特 JOSEPH BAZALGETTE

FLVMINI · VINCVLA · POSVIT

SIR JOSEPH BAZALGETTE CB
ENGINEER OF THE LONDON MAIN DRAINAGE SYSTEM
AND OF THIS EMBANKMENT

三億兩千萬塊磚頭。當污水到達伊里斯沼澤時，會先被貯存在水池中，直到退潮再排入泰晤士河，並被沖離繁忙的首都。此系統由威爾斯親王愛德華（Edward）於1865年宣布啟用，但十年後才真正完工。

當時，一般認為霍亂是透過沼氣傳播，而將廢水沖到地下可以防止骯髒的空氣影響人們。其實真正的原因是這種方式避開了污水，才阻止疫情進一步爆發。

巴澤爾傑特很有遠見，認為倫敦的人口還會繼續增加，所以讓污水管的直徑比原本的建議值加大了一倍。當然，他的作法很正確，而這個污水系統也成功處理了首都的需求超過一百年。

巴澤爾傑特不只控制住倫敦街道底下的污水，也改造了地面上的形貌。為了限制河水的流動，巴澤爾傑特下令開墾泰晤士河兩側河畔的土地，建造了新的阿爾伯特（Albert）、切爾西（Chelsea）和維多利亞（Victoria）堤防。在西敏區附近，長度2公里（1.25哩）的維多利亞堤防，還包含一條地下人行道和一條地下鐵路。這項工程也協助緩解城內的交通流量，並且額外提供了大約21公頃（52英畝）的土地。巴澤爾傑特也設計了三座新橋梁，分別在巴特西（Battersea）、漢默史密斯（Hammersmith）、普特尼（Putney）跨越泰晤士河，另外還監督了三千條新街道的工程。

很少有工程師能夠像巴澤爾傑特這樣改革一座城市的形貌與安康而受到如此讚許。

約瑟夫·巴澤爾傑特於1874年受封為爵士。在湯瑪斯·泰爾福德（參閱第72頁）與喬治·史蒂文森（參閱第84頁）之後，巴澤爾傑特也於1884年成為土木工程師學會的會長。他在1891年3月15日過世，這時，倫敦市民已經不再懼怕霍亂，也可以安心地大口呼吸。

右圖：巴澤爾傑特在倫敦設計三座新堤防，改造了泰晤士河畔的土地。維多利亞堤防還包含兩座新的公共花園。

約瑟夫・巴澤爾傑特　JOSEPH BAZALGETTE

尼古拉斯・奧托
NIKOLAUS OTTO

他的生涯是成功結合了堅忍、活力、技能和巧思的典範。

——尼古拉斯・奧托之訃聞,《工程》(*Engineering*)期刊,1891年

偉大成就

第一部汽油動力引擎
1861年

首度實驗四行程引擎
1862年

空氣引擎　1864年

設立全世界第一座引擎工廠　1864年

空氣引擎於巴黎世界博覽會獲得金牌
1867年

開發四行程引擎(奧托引擎)　1876年

發明電點火　1884年

上圖：尼古拉斯・奧托

雖然尼古拉斯・奧古斯特・奧托(Nikolaus August Otto)從未接受過正規的技術訓練,但他成功設計出第一部使用液體燃料的內燃機。他的設計取代了蒸汽機而成為工業的動力來源,並且賣出了數萬部。

尼古拉斯・奧古斯特・奧托在1832年6月10日出生於海德地區霍爾茨豪森(Holzhausen an der Heide),這是萊茵河旁的一座德國村莊。奧托的父親是一位郵政局長,在他出生後幾個月就過世了。在母親的照料下,奧托的學業表現很好,似乎也準備接受技術教育,但由於德國經濟衰退,他不得不以商業為目標。

下圖:尼古拉斯・奧托建造了第一部液體燃料四行程引擎。他的一生中賣出了五萬多部這種引擎。

尼古拉斯・奧托　NIKOLAUS OTTO

左圖：1964年為慶祝奧托建造第一部內燃機一百週年而發行的德國郵票。

奧托離開學校後，當過雜貨店店員，接著搬到法蘭克福（Frankfurt），後來到科隆（Cologne）找到一份銷售工作，為西德的商店提供進口茶葉、糖和廚房用具。奧托在擔任銷售代表時到處旅行，並對引擎產生了興趣。當時，法國工程師艾蒂安・勒努瓦（Étienne Lenoir）剛開發出第一部可以正常運轉的內燃機，其運作就像蒸汽機，是由空氣與煤氣的爆炸點火來推動活塞。雖然勒努瓦的設計有效，卻不太實用，因為這部機器會散發許多熱量，燃料也必須是瓦斯的形式，運作起來相當昂貴。奧托開始構想一種使用液體燃料的改良款內燃機。

儘管奧托未接受過技術教育，還是於1861年建造出第一部汽油動力引擎。1864年，奧托與製造商尤金・蘭根（Eugen Langen）合作，得以開發自己的設計，三年後便在1867年巴黎世界博覽會展示。奧托－蘭根引擎的效率讓評審團印象深刻，最後獲得了金牌。

奧托的內燃機廣受歡迎，但他的公司卻難以滿足龐大的市場需求。他們跟漢堡（Hamburg）一位名叫路德維希・奧古斯特・羅森－朗格（Ludwig August Roosen-Runge）的商人合夥，但製造的引擎數量還是不夠。最後，蘭根設法說服更多投資者贊助，其中也包括他的兄弟。1872年1月，全新的道依茨公司（Gasmotoren-Fabrik Deutz AG）開始營業了。在蘭根為公司雇用的員工當中，包括了戈特利布・戴姆勒（Gottlieb Daimler，參閱114頁）以及威廉・梅巴赫（Wilhelm Maybach）。

道依茨公司的業績從此起飛，成為全世界第一的引擎製造商，這都是因為有奧托最高品質的設計，而且他也將引擎改良納入了四行程。雖然四行程引擎的概念在1862年就已經被法國工程師德羅夏（Alphonse Beau de Rochas）註冊了專利，但奧托是第一個建造出來的人。在四行程引擎中，活塞完整移動四個行程就是一次燃燒的循環。當活塞向上移動，就會吸入空氣與燃料的混合物，這是第一個行程；在第二個行程中，混合物被壓縮，接著混合物會在第三個行程被點燃，而在第四個行程中，活塞會將廢氣排出。這種所謂的奧托引擎在十年內賣出了超過三萬部。

奧托發現，只要大家知道德羅夏的作品，他就難以保有自己的設計專利，因此到了1889年，已經有超過五十家公司都在自行製造四行程引擎。奧托的引擎比蒸汽機更輕，運作所需的人力也比較少，但這位設計者對於改造引擎用在運輸上並不太感興趣。結果，這類裝置大多是安裝在工廠。率先這麼做的是另一對聰明人；1889年，離開道依茨公司已經七年的戈特利布・戴姆勒與威廉・梅巴赫，將一部四行程引擎安裝到馬車上，創造出全世界第一輛四輪汽車。一年後，第一輛戴姆勒的機動車開始販售。

奧托在1891年1月26日死於科隆。儘管奧托生活於競爭之中，但他在離世時是個富有的人，也留下了足以推動汽車產業的發明。

威廉‧勒巴隆‧詹尼
WILLIAM LE BARON JENNEY

真正的摩天大樓之父。

——針對詹尼的家庭保險大樓之委員會報告，1931年

偉大成就

第一萊特大廈
芝加哥，1878年

家庭保險大樓
芝加哥，1885年

曼哈頓大廈
芝加哥，1891年

拉丁頓大廈
芝加哥，建於1891年，
國家歷史地標

紐約人壽保險大廈
芝加哥，1894年

園藝建築
為了哥倫布紀念博覽會所建，芝加哥，1893年

上圖：威廉‧勒巴隆‧詹尼

工程師兼建築師威廉‧勒巴隆‧詹尼，以對材料及設計的精通，建造了全世界第一座「摩天大樓」，將芝加哥市的天際線提升到新的境界。

詹尼於1832年9月25日出生在費爾黑文（Fairhaven），是美國麻薩諸塞州的一座小鎮。

他的父親擁有一支捕鯨船隊，事業相當成功。家境富裕的詹尼因此得益，接受了良好的教育，在安多弗鎮（Andover）的菲利普斯學院（Phillips Academy）學習。

後來，他為了加入1849年的加洲淘金潮而搬至西岸，當時還未滿二十歲。

一年後，舊金山遭到一場大火摧殘，毀掉了大部分的木造建築。詹尼目睹了這座城市在更有韌性的磚造建築中重生。他曾經旅行至菲律賓和南海，當地的建築採用質輕有彈性的竹製骨架，能夠抵擋熱帶風暴，令他相當讚賞，並因此對於建築與工程更加著迷。

到了1851年，詹尼決定走上工程之路。他回到美國哈佛大學就讀，但因為對課程品質不滿意，便離開學校前往法國受訓，因為那裡有一批具現代思想的工程師。詹尼在巴黎中央工藝製造學院（École Centrale des Arts et Manufactures）研究結構設計大師尚—尼古拉斯—路易‧杜蘭德（Jean-Nicolas-Louis Durand）的作品，也熟悉了在建築中使用鐵的最新方法。他比同學古斯塔夫‧艾菲爾（Gustave Eiffel）晚了一年畢業。

詹尼一取得資格，就開始到國外發揮訓練專長，先是在一家墨西哥鐵路公司擔任工程師，後來又為法國軍隊設計了一座機械化的麵包房。1861年，美國內戰爆發，而詹尼中斷了工作去從軍，在尤利西斯‧格蘭特（Ulysses S. Grant）將軍底下擔任工程官。在聯邦軍的六年期間，他晉升到總工程師一職，負責設計防禦工事，後來獲得了少校的軍階，而他也一輩子以此為榮。

詹尼在戰爭結束後結婚並搬到芝加哥，於1868年開立了自己的建築事務所。兩年後，他贏得了設計西芝加哥公園系統（West Chicago Park System）的合約，以三座新公園、寬敞的林蔭大道、草地和水景，為城市注入了生命力。

芝加哥也跟之前的舊金山一樣，在1871年遭到大火蹂躪，這座全美第四大城有9平方公里

右圖：位於芝加哥的家庭保險大樓被譽為「當代最重要的建築，也是美國歷史上最重要的建築之一」。遺憾的是，這棟建築於1931年被拆除了。

THE CHICAGO BUILDING OF THE HOME INSURANCE CO. OF NEW YORK

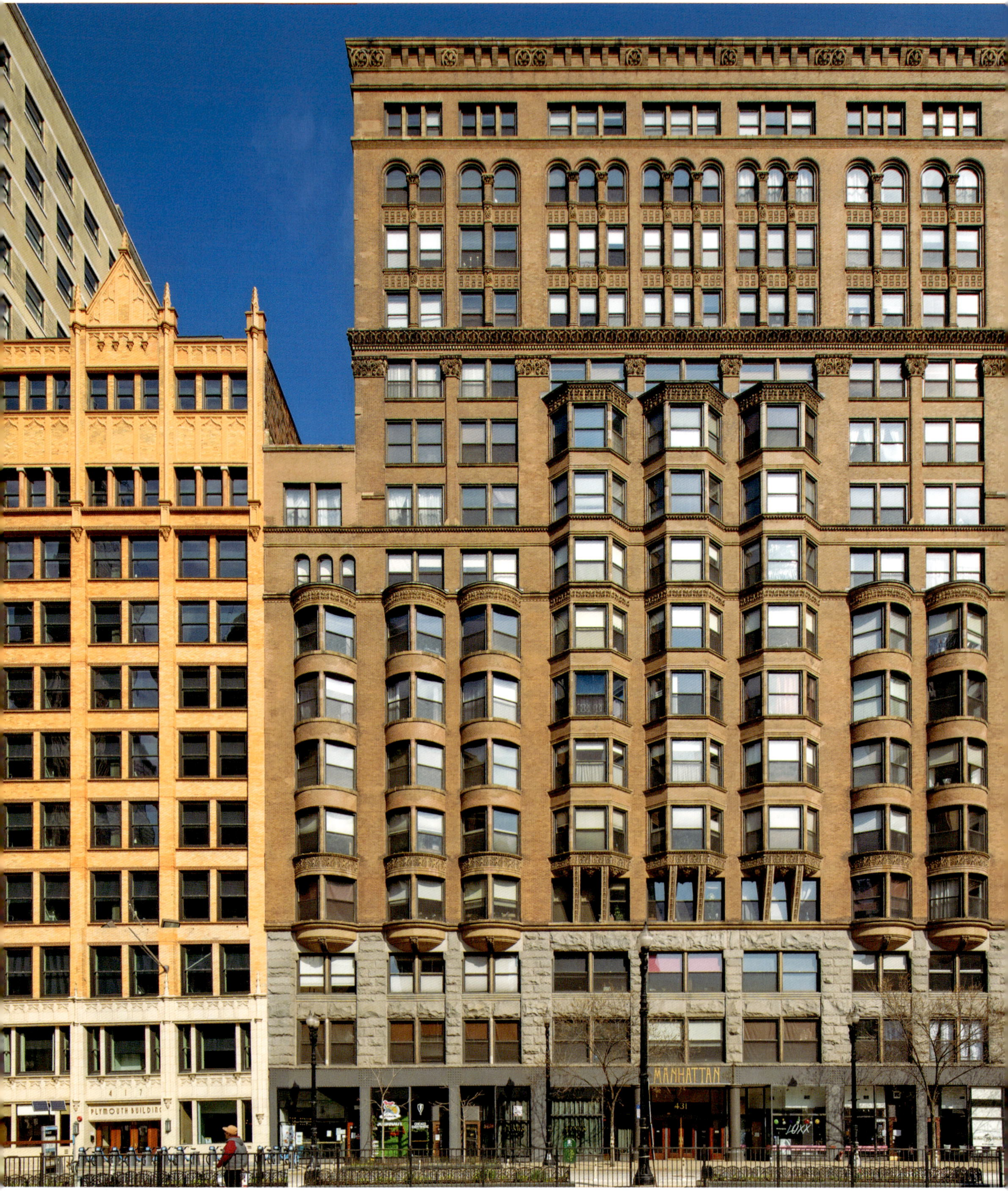
417
PLYMOUTH BUILDING
MANHATTAN
431

威廉・勒巴隆・詹尼　WILLIAM LE BARON JENNEY

左圖：建於1891年的曼哈頓大廈是美國第一座十六層商用建築。這是現存最早使用金屬骨架的摩天大樓。

（3.5平方哩）的面積被燒成了灰燼，十分需要詹尼的事務所協助重建，而他也因為創新的辦公大樓設計，迅速建立起名聲。在建築物的骨架方面，詹尼使用了鐵柱而非木材與磚塊，首先完成的是1878年的第一萊特大廈（First Leiter）。詹尼的建築物採用較輕的建材，不必依靠承重牆，還能設置更多窗戶並增加樓層。萊特大廈還有另一項前瞻性的設計，即採取了伊萊沙・格雷夫斯・歐提斯（Elisha Graves Otis）最近的發明，使用設有安全煞車的電梯在樓層之間移動。

在1885年啟用的家庭保險大樓（Home Insurance Building）是詹尼另一項創舉，打下了建造摩天大樓的基礎。這是美國第一棟內外梁柱架構均採用防火鋼鐵的建築。雖然以今日的標準來看很普通，但一般認為家庭保險大樓是最早的摩天大樓。詹尼在芝加哥的曼哈頓大廈（Manhattan Building）設計中繼續採用鐵材與鋼材，1891年完工時是美國第一棟有十六層高的商用建築。

詹尼在七十三歲因為健康問題退休，最後一項工程計畫是位於伊利諾州維克斯堡（Vicksburg）的戰爭紀念館，但他卻未能完成建造。詹尼於1907年6月15日在加州洛杉磯過世。至今，我們仍然可以從北美洲（尤其是芝加哥）的天際線中看見他留下的建築，也能在許多受他指導與啟發的建築設計師作品中，感受到他的精神。

卓越的天才

古斯塔夫・艾菲爾（1832~1923）是巴黎中央工藝製造學院另一位著名的學生。1886年，法國送給美國一座自由女神像，這座雕像的鍛鐵骨架就是由艾菲爾設計。而他為了1889年法國大革命百年紀念所設計的高塔，更讓他一舉成名。儘管艾菲爾鐵塔一開始遭到當地民眾的厭惡，後來還是成為巴黎最著名的象徵。

左圖：艾菲爾鐵塔費時兩年才建造完成，使用了6600公噸的鍛鐵。這座高塔原本預計二十年後就要拆除，卻因為大受歡迎而矗立了超過一個世紀。

戈特利布・戴姆勒
GOTTLIEB DAIMLER

唯有最好。

——翻譯自戴姆勒的座右銘 "Das Beste oder nichts"

偉大成就

內燃機 1883年

騎乘車（REITWAGEN）
（第一部機車）
1885年

四行程引擎
1889年

第一部梅賽德斯
1900年

上圖：戈特利布・戴姆勒

戈特利布・戴姆勒與夥伴威廉・梅巴赫協助設計並建造了全世界第一輛四輪汽油車，也建立起我們今天所知的汽車產業。

戈特利布・戴姆勒於1834年3月17日出生在德國紹恩多夫（Schorndorf）的亨格斯（Höllgasse）村，原本很可能跟隨父親的腳步，當上一位成功的麵包師傅，結果他在學校發展出對機械的興趣。十四歲時，他開始接受四年的槍匠學徒訓練，然後到斯圖加特進階工藝培訓學校（Stuttgart School for Advanced Training in the Industrial Arts）研究工程。他是一位認真的學生，還會額外在星期日上課。在導師的協助下，戴姆勒參與了鐵路機車的製造，不過他很清楚蒸汽機就要過時了。

戴姆勒搬到英國後，在約瑟夫・惠特沃斯爵士（Sir Joseph Whitworth）位於考文垂（Coventry）的工廠裡工作了一段時間，後來又移居到法國和比利時。最後，他在1863年回到德國，在羅伊特林根兄弟之家（Bruderhaus Reutlingen）工程工廠裡擔任廠房視察員。他在這裡認識了身為孤兒的少年工程師威廉・梅巴赫，後來兩人一起合作了許多年。

1872年，戴姆勒受雇為道依茨工廠的技術經理，而他們製造的就是尼古拉斯・奧托大獲成功的四行程內燃機（參閱第108頁）。梅巴赫也跟戴姆勒一起擔任首席設計師。戴姆勒在道依茨公司待了十年，從未休過一天假，卻因為引擎設計跟公司的管理階層鬧翻。他無法說服尼古拉斯・奧托相信使用輕量四行程引擎驅動車輛的潛力。

戴姆勒與梅巴赫一起離開，在1882年創立了自己的事業。戴姆勒在康斯達特（Cannstatt）的後花

戈特利布・戴姆勒　GOTTLIEB DAIMLER

下圖：許多人認為戴姆勒與梅巴赫的騎乘車（1885年）是全世界第一部機車。這是以一輛木製腳踏車為基礎，並將內燃機安裝於座椅下方來驅動車輪。

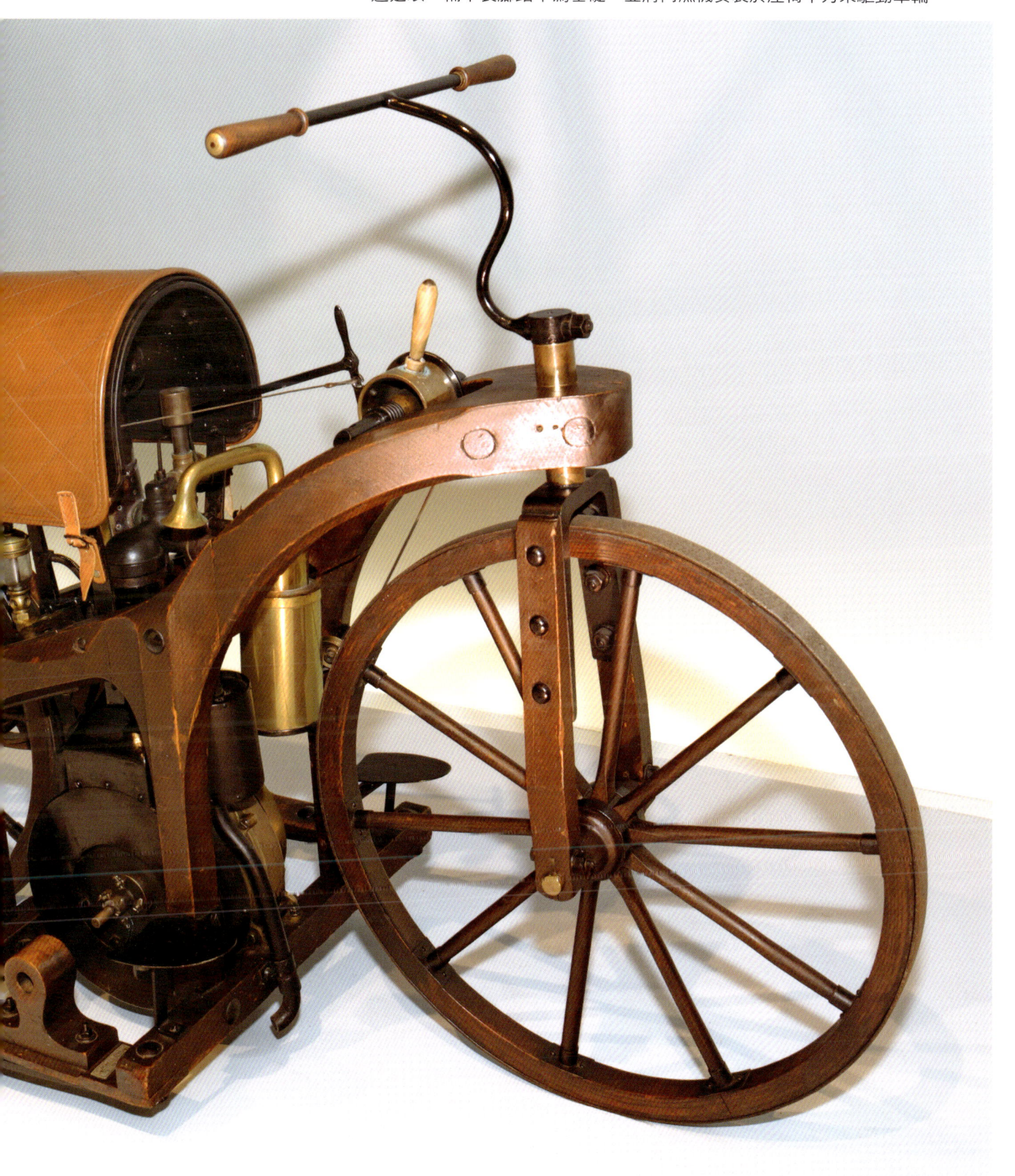

上圖：儘管著迷於設計以汽油推動的車輛，但據說戈特利布・戴姆勒很討厭駕駛。在這張1886年的相片中，駕駛第一部戴姆勒四輪汽車的是他兒子保羅（Paul）。

園中有一間改造過的溫室，而他們就在那裡獨力建造出一具可正常運作的汽油引擎，還包括一種能夠將汽油與空氣以正確比例混合並用於燃燒的化油器。他們造成的噪音讓鄰居以為是在偽造貨幣，導致有一次警方前去突襲搜查。

1885年，戴姆勒與梅巴赫準備帶他們的第一輛車出去兜風了。「騎乘車」（Reitwagen）是一輛改裝加上內燃機的木製腳踏車。戴姆勒替這部引擎取了個綽號叫「落地式大擺鐘」（Grandfather clock），因為它的外型很像擺鐘。試車時，梅巴赫讓騎乘車行駛了3公里（1.9哩），速度達到每小時12公里（7.5哩）。

在距離戴姆勒與梅巴赫那間工作坊僅一百公里遠的曼海姆（Mannheim），另一位名叫卡爾・賓士（Karl Benz）的工程師（參閱下一頁）也正在建造自己的汽車。賓士的"Motorwagen"證明了以汽油為動力的車輛是可行的。戴姆勒立刻訂購了一輛四人座的四輪馬車，將他的引擎和方向盤安裝上去。「落地式大擺鐘」引擎透過一種皮帶系統來轉動馬車的後輪，並使全世界第一輛四輪汽油動力車的最高速度達到每小時16公里（10哩）。

戴姆勒與梅巴赫繼續在其他載具上測試引擎，包括軌道車、飛船和小船。這對搭檔的成功帶來了大量訂單，尤其是船隻使用的引擎。他們在康斯達特外設立了一間工廠，繼續發展道路運輸。1889年，他們推出了「噴射輪車」（Stahlradwagen），這輛雙人座的汽車在設計上比較接近三輪車，而非現在常見的四輪汽車。

隨著需求增加，戴姆勒與梅巴赫也找到贊助者，於1890年設立了戴姆勒汽車公司（Daimler-Motoren-Gesellschaft, DMG），不到兩年，他們就賣出了第一輛汽車。沒過多久，戴姆勒因為心臟問題倒下，不得不請假，但一回來就在公司內部

面臨了董事會之爭。他無法購入足夠的股份掌控公司，於是賣掉自己的股份與專利並辭職，而忠誠無比的梅巴赫跟著他離去。

戴姆勒與梅巴赫繼續合作，參加了從法國巴黎到盧昂（Rouen）的第一場正式賽車，並將一具全新的四缸引擎和梅巴赫的噴嘴化油器，安裝到參賽車輛上。這兩位工程師一定相當滿足，因為他們擊敗戴姆勒汽車公司派出的所有車輛而贏得了勝利。因此，前公司向戴姆勒與梅巴赫開出很高的價碼找他們回去。1895年，戴姆勒汽車公司慶祝建造了第一千部引擎。戴姆勒引擎在英國、法國和美國取得了執照。汽油引擎車大獲成功，無論是好是壞，這個世界因此永遠改變了。

戴姆勒因為心臟疾病死於1900年3月6日。一個月後，一輛輕量的新型戴姆勒汽車開發完成，並以一位富有企業家兼汽車代理商的女兒命名：梅賽德斯（Mercedes）。二十世紀初期，賓士公司和製造梅賽德斯引擎的對手——戴姆勒汽車，競爭相當激烈，而戴姆勒汽車現在已經少了創辦人戈特利布·戴姆勒。1926年，由於國家經濟衰退，因此德國最大的兩家汽車製造商同意合併，組成了梅賽德斯－賓士（Mercedes-Benz）。

卡爾·賓士

雖然汽車工程先驅卡爾·賓士在經濟困難中歷盡艱辛才發明汽油動力車，但在積極堅定的妻子貝爾塔（Bertha）幫助下，他看著自己的設計逐漸演變成全世界最大的汽車公司。

賓士專注於開發一種可以取得專利的汽油燃料二行程引擎。他發明了許多今日汽車駕駛都很熟悉的機械零件，包括：火星塞、油門系統、電池點火、排檔桿、化油器、水散熱器、離合器。1885年，他將這些零件和一具四行程汽油引擎裝配到一輛三輪車上，而這就是賓士專利汽車（Benz Patent Motorwagen）。賓士的原型車很難控制，在公開展示時還撞上了一面牆。有一段時間，教會禁止賓士在曼海姆駕駛他的發明，他們認為那是「惡魔的馬車」。

1888年8月5日，貝爾塔·賓士駕駛這輛車，帶著兩個兒子從曼海姆出發，前往她母親位於佛茨海姆（Pforzheim）的家，距離遠達104公里（65五哩）。這是人類第一次搭乘「無馬馬車」的長途旅行。當時加油站還沒出現，所以勇敢無畏的貝爾塔必須尋找藥房替車子補給燃料（汽油被當成家用清潔劑販售！）並處理所有的機械問題。在幾處危險的下坡後，貝爾塔找到一位鞋匠來安裝皮革來令片，並且使用帽針清理燃料堵塞的問題。

賓士在設計Motorwagen時，聽取了貝爾塔的建議，例如多增加一個檔位來應付山坡，此外，多虧了貝爾塔精明的宣傳方式，使得賓士終於能夠讓自己的車子上市。賓士的車於1889年開始販售，是全世界第一輛商業化的汽車。六年後，賓士設計了第一輛裝設內燃機的卡車。

到了世紀末，賓士經營的賓士公司已經是蓬勃發展的引擎製造商，擁有四百三十位員工，是全世界最大的汽車公司。賓士也很快地設計出一種價格較低廉的汽車，用於大量生產。這種車叫Velo，是一輛雙人座的汽車，設有一部兩千瓦的引擎，最高速度每小時19公里（12哩）。

下圖：賓士於1893年設計了Velo（由賓士駕駛，他的妻子貝爾塔為乘客），這個型號價格較低廉且能夠量產，是全世界第一款大規模生產的汽車。

湯瑪斯・愛迪生
THOMAS EDISON

> 我們最大的弱點在於放棄。最可能成功的方式，永遠都是再多試一次。
>
> ——湯瑪斯・愛迪生

偉大成就

電子投票計數器
愛迪生的第一項專利
1869年

通用股票行情指示器
第一項售出的重大專利
1871年

四工電報
可在同一條線路上傳送四則訊息，1874年

發明工廠
啟用開發實驗室，位於紐澤西州門洛帕克，1876年

碳粒送話器
改良電話麥克風
1877年

第一次錄下聲音
愛迪生在留聲機錄下〈瑪莉有隻小綿羊〉，1877年

白熾燈
改良了碳絲燈，1879年

電燈展示
紐約市珍珠街，1882年

維太放映機
第一次放映電影，紐約市，1896年

電池供電
開發鹼性電池，1901年

上圖：湯瑪斯・愛迪生

湯瑪斯・愛迪生是位多產的發明家，不僅照亮了紐約市，一生中總共獲得了1093項專利，在聲音、照明、電影方面都有重大的突破。

1847年2月11日，湯瑪斯・阿爾瓦・愛迪生（Thomas Alva Edison）出生於美國俄亥俄州的米蘭（Milan），是家裡七個孩子中的老么。人稱「阿爾」的愛迪生是個過動的孩子，在學校很難專心學習，於是母親決定在家親自教育他。愛迪生對化學與技術感興趣，也很早就展現出創業家的特質。青春期前，他在開往底特律的大幹線鐵路（Grand Trunk Railroad）工作，向乘客兜售糖果和報紙。愛迪生利用列車的行李車廂，在裡面安裝了一部印刷機製作自己的報紙《大幹線先驅報》（*Grand Trunk Herald*），也將這個空間當成化學實驗室。但在他引發一場火災後，實驗室立刻被關閉了。

十二歲時，愛迪生幾乎失去了全部的聽力，原因可能是一次猩紅熱發作的後遺症，但這阻止不了他。後來，愛迪生也聲稱自己的聽力差是一種好處，這樣他比較不會分心，更能專注於工作。

1862年，愛迪生救了一位差點在鐵軌上被篷車輾過的三歲男孩。男孩的父親麥肯錫（J. U. Mackenzie）為了表示感激，便介紹愛迪生進入電報的領域，這是在鐵路上使用的一種通訊技術。幾個月後，愛迪生就在許多美國城市

湯瑪斯・愛迪生 THOMAS EDISON

下圖：重建湯瑪斯・愛迪生位於門洛帕克之「發明工廠」的實驗室。

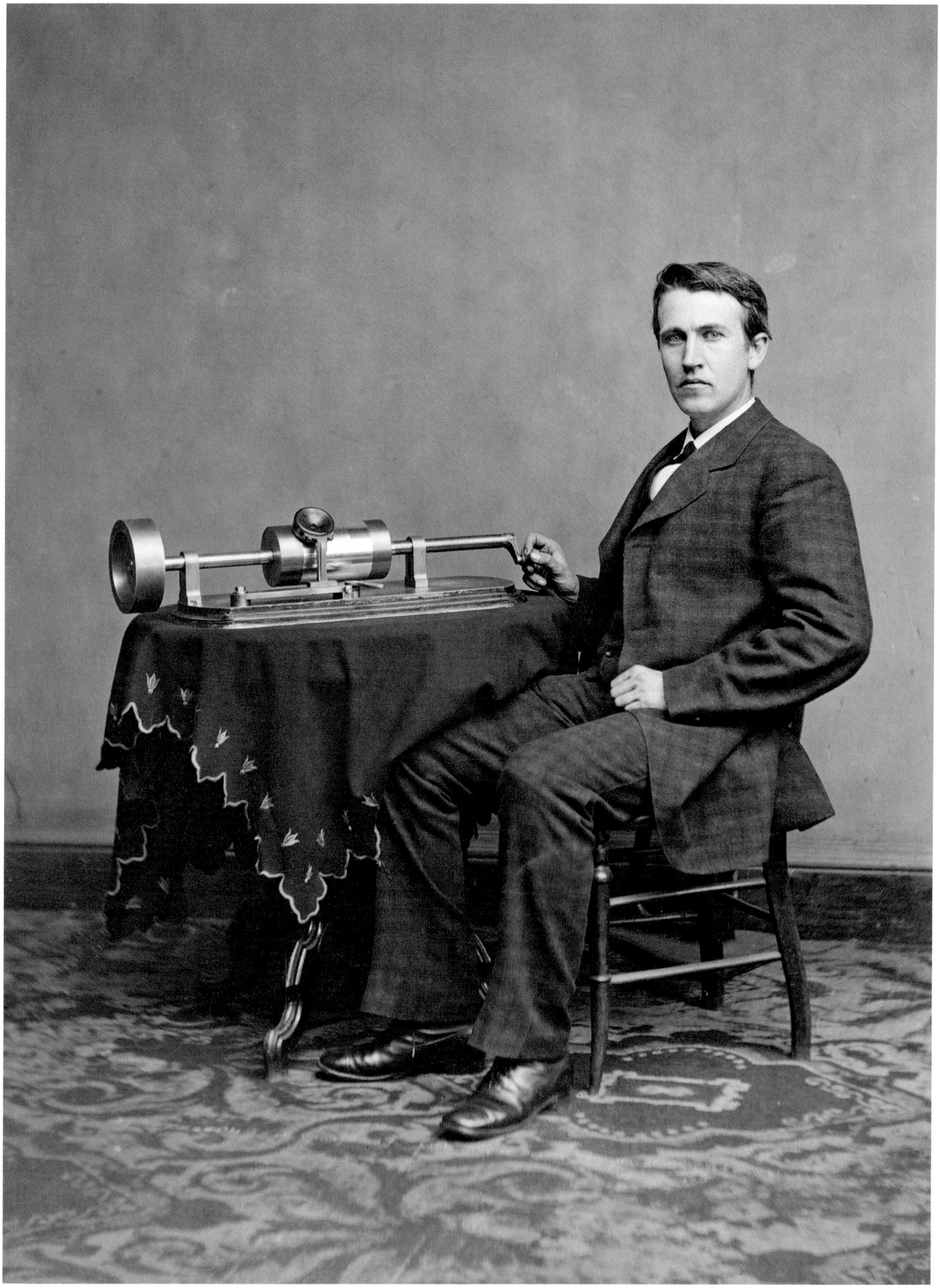

湯瑪斯‧愛迪生　THOMAS EDISON

左圖：1877年，愛迪生製造出一種記錄聲音的裝置，他稱之為留聲機。為了測試，他吟唱兒歌〈瑪莉有隻小綿羊〉，也很高興聽到他的聲音被播放出來。

擔任電報操作員，不過，隨著電報開始採取以發出喀噠聲的方式傳遞而非印出摩斯電碼之後，愛迪生的聽力問題便成為一種障礙。1868年，愛迪生的父親失業，母親也深受精神疾病所擾，於是他受雇到西聯（Western Union）公司的波士頓辦公室工作，不過在空閒時間仍然繼續發明。

一年後，愛迪生取得了第一項專利，是一部電子投票計數器。遺憾的是，政治人物並不想採用能夠加速投票過程的裝置。愛迪生從此決定不浪費時間在沒人想要的設計上。他搬到紐約，在那裡以一種通報股票市場行情的收報機，談成了第一筆大生意。黃金與股票電報公司（Gold and Stock Telegraphy Company）向他購買了專利權，現在愛迪生能夠放心當一位全職發明家了。

愛迪生於1876年啟用了他的「發明工廠」（Invention Factory）。這座位於紐澤西州門洛帕克（Menlo Park）的大型研究中心帶來許多創新。愛迪生要求員工像他一樣努力並付出許多時間實驗，因此迅速累積了不少全新的專利。

不到一年，愛迪生就替亞歷山大‧葛拉漢‧貝爾的電話（參閱第124頁）開發出一種碳粒送話器，改善了通話時的音量。這也引導他後來發明了一種叫留聲機的錄音裝置。留聲機複製聲音的方式，是以一根針頭將聲音蝕刻到包著一層箔片的圓筒上，再透過振膜播放出來。愛迪生測試時，向裝置吟唱了兒歌〈瑪莉有隻小綿羊〉（Mary Had a Little Lamb）。雖然新奇，但愛迪生留聲機並未大受歡迎，因為機器只能播放錄音幾次而已。還要再過十年，愛迪生才會讓留聲機在娛樂方面發揮最大的潛力。現在，他將注意力轉移到另一個領域──照明。

愛迪生於1881年在東紐瓦克（East Newark）設立一間新工廠，全家人也搬到附近，此時的他決定要開發出一種實用的電燈泡。他利用現有的燈泡，花了十四個月的時間測試，最後決定使用

右圖：愛迪生一生累積了1093項發明專利，其他提出但未成功的申請則超過五百項。愛迪生以路德維希‧波姆（Ludwig K. Boehm）製作的燈泡為基礎，設計出這盞初期的白熾電燈。

以碳化竹製作的燈絲,這是延長燈泡壽命的最佳媒介。起初,他在曼哈頓的金融區展示了四百顆碳絲燈泡,一年內就獲得超過一萬筆訂單。他設立了許多公司來處理市場對電照明系統的需求,還到世界各國推廣電燈。他也協助提供電照明所需的能源,在全美各地建造了十二座發電站。

當然,愛迪生一定有競爭者。照明供應商喬治·威斯汀豪斯(George Westinghouse)堅稱使用交流電的電力系統效率較好,也能傳達得更遠,不過,提倡直流電的愛迪生指責他,宣稱交流電很可能會造成致命的電擊。最後,愛迪生輸了這場競爭,而交流電也成為主要的一般用電。

愛迪生的妻子瑪麗在1884年過世,幾個月後他再婚了,據說他使用摩斯電碼向十九歲的米娜·米勒(Mina Miller)求婚。他在紐澤西州設立了另一座規模更大的實驗室,足以容納五千名員工,包含了一間機械工廠、留聲機與攝影部門,以及一間圖書館。

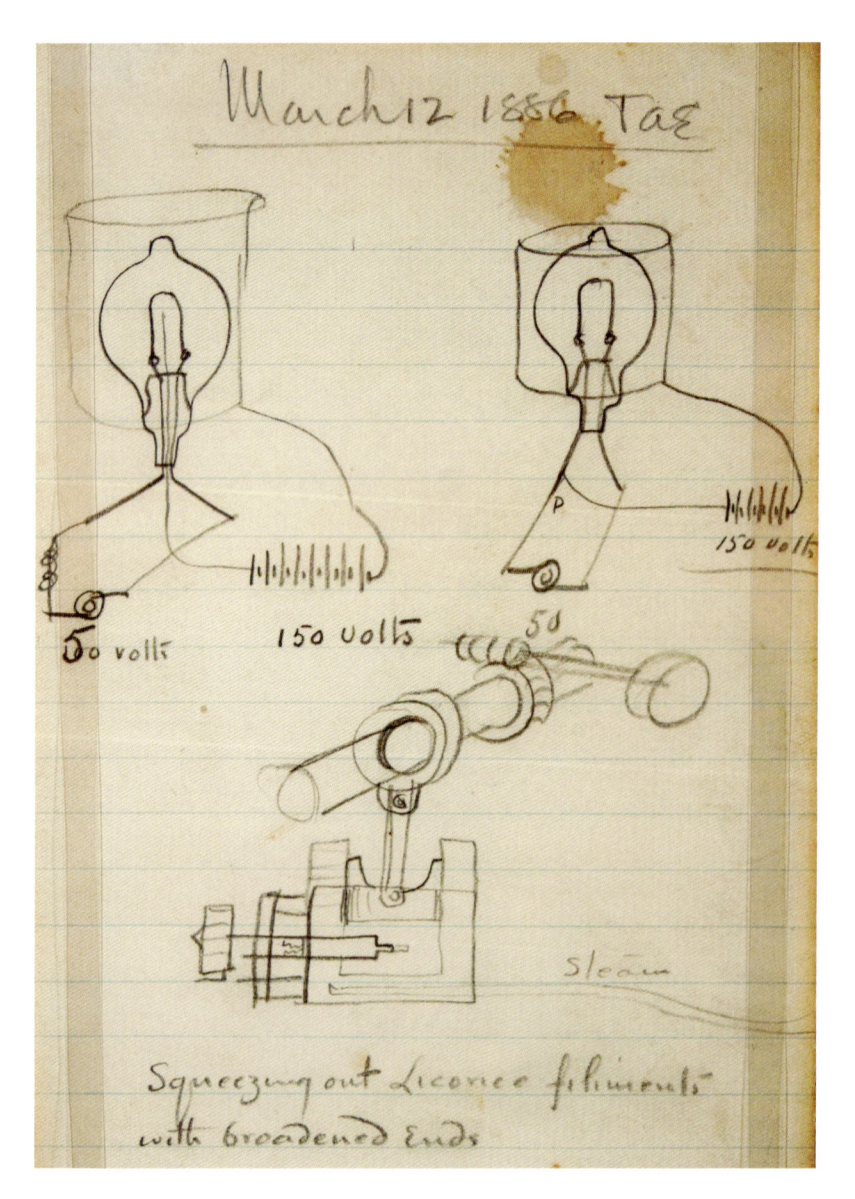

在發明家奇切斯特·貝爾(Chichester Bell)與查爾斯·薩姆納·泰因特(Charles Sumner Tainter)以蠟質圓筒和浮動唱針改良了愛迪生的留聲機後,愛迪生斷然拒絕合作的提議,決心更進一步改良他自己的設計。

起初,愛迪生打算將留聲機當作商業聽寫裝置來行銷,後來他在1896年成立了國家留聲機公司(National Phonograph Co.),把這項發明當成家用音樂播放器宣傳。1912年,原先容易損壞的蠟質圓筒被更耐用的材料取代,最後又換成了唱盤。

愛迪生於推出家用留聲機的兩年後宣布:「我正在實驗一種器具,這對視覺造成的效果就有如留聲機之於聽覺。」他說的是活動電影放映機(kinetoscope)。取得這項突破的是愛迪生的同事威廉·迪克森(William Dickson)——將影像記錄在膠片上,再透過窺孔觀看,這就是電影的起源。早期的娛樂影片內容是遊行、舞者和拳擊比賽。

出乎意料的是,愛迪生竟然沒看出製造電影投影機的可能性,這次又是迪克森開發出相關裝置。好幾家公司開始在市場上競爭,甚至包括愛迪生,而他也推出了「維太放映機」(Vitascope)。後來,愛迪生嘗試讓聲音與他的電影畫面同步,但幾乎徒勞無功。

左圖:愛迪生的燈泡設計圖。

湯瑪斯・愛迪生　THOMAS EDISON

上圖：1896年4月23日，愛迪生在紐約市的科斯特與拜爾音樂廳（Koster & Bial's Music Hall）投影放映了一部活動圖像，也就是電影。

　　愛迪生全心投入的計畫不是每一項都能成功。1899年，他成立了愛迪生波特蘭水泥公司（Edison Portland Cement Company），因為他確信水泥是建造低成本住家的理想材料，而混凝土則適用於製作家具，甚至是鋼琴。然而，這兩項都失敗了。

　　1911年，愛迪生把旗下所有的公司整合成一家湯瑪斯・A・愛迪生公司（Thomas A. Edison, Inc.）。四年後，第一次世界大戰爆發，愛迪生挺身而出擔任海軍諮詢委員會（Naval Consulting Board）主席，提出有關技術防禦措施的建議，尤其是潛艇探測方面。但他拒絕開發武器。

　　自1920年代起，八十多歲的愛迪生健康情況逐漸下滑。1931年10月14日，他因為糖尿病的併發症陷入昏迷，並於四天後過世。據說他呼出的最後一口氣就保存在底特律亨利・福特（Henry Ford）博物館的一根試管裡。當時，人們將街燈調暗，紀念這位具有無比貢獻，將光明帶給世界的偉大人物。

亞歷山大·葛拉漢·貝爾
ALEXANDER GRAHAM BELL

偉大成就

聲響電報（電話）
1876年

建立貝爾電話公司
1877年

電子彈探針 1881年

貝爾留聲機
留聲機的改良版本
1885年

上圖：亞歷山大·葛拉漢·貝爾

> 當時我大喊著……這句話：「華生先生，過來這裡。我要找你。」令我高興的是，他出現時，說他清楚聽見了我說的話。
>
> ——亞歷山大·葛拉漢·貝爾之筆記，1876年

1876年3月7日，蘇格蘭裔美國發明家亞歷山大·葛拉漢·貝爾獲頒了一項電子通訊裝置的專利，這種裝置能夠「傳送語音或其他聲音」。他的發明——電話——即將改變世界。取得全世界第一部可用電話的專利後，貝爾因此致富，也確立了歷史上最著名工程師的地位。

然而，這個專利其實得來不易。另一位美國發明家以利沙·格雷（Elisha Gray）也獨立開發了類似的裝置。貝爾在1876年2月14日提出專利申請的幾個鐘頭後，格雷也提交了他的設計。專利可以保護發明免於遭到複製，也會確保發明者能因此得益。由於牽涉到極為龐大的金錢問題，因此一場爭奪電話發明權的激烈法律戰就此展開。這件案子最終是貝爾獲勝，但在接下來的日子裡，他還得面對大約六百次這樣的爭端。雖然歷史學家對貝爾的專利正當性眾說紛紜，不過無庸置疑的是他開發出第一部電話的成就。其他創新者在這個領域的貢獻（有些作法貝爾也很熟悉）時至今日也

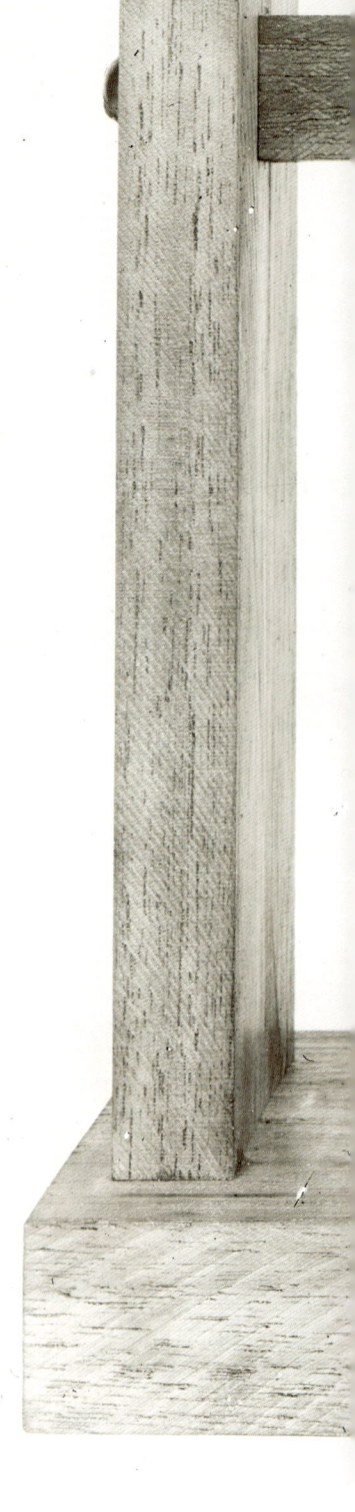

右圖：1876年貝爾第一部電話的模型。

亞歷山大・葛拉漢・貝爾　ALEXANDER GRAHAM BELL

THIS MODEL OF BELL'S FIRST TELEPHONE IS A DUPLICATE OF THE INSTRUMENT THROUGH WHICH SPEECH SOUNDS WERE FIRST TRANSMITTED ELECTRICALLY, 1875.

已經得到了更多的認同。

貝爾在1847年3月3日出生於蘇格蘭的愛丁堡。他的父親是位演說家，發明了一種將人類語音分類的系統，而年輕的貝爾耳濡目染下，在成長時期也同樣對聲音及語音相當著迷。十二歲時，他已經算是發明家，還想出一種將小麥去殼的方法。貝爾受到一種會說話的自動裝置啟發，也建造出一種「會說話的頭」，能夠模仿簡單的語音。

後來，貝爾以聾人的教師為業，但他仍然保持著製作小型裝置的熱情。貝爾參考了德國物理學家赫爾曼・馮・亥姆霍茲（Hermann von Helmholtz）的成果，開始實驗將電轉換成聲音的方法。亥姆霍茲曾經使用電振盪，透過線路傳送聲音而使音叉振動。貝爾一開始誤解了亥姆霍茲的作法，結果這個錯誤帶來了突破。他發現，如果能夠將電轉換為振動，那麼反過來應該也可以。他也認為，如果一條線路能夠傳送不同的音高，說不定就有可能重現完整的人類語音。

在兄弟們過世之後，貝爾和家人於1870年移居加拿大，後來又在1871年搬到美國波士頓從事教學。他繼續針對電與聲音實驗，並將注意力轉移到改良電報這件事。十九世紀晚期，電報已經能夠以光速傳遞了。不過這時候有個問題：一條電報線一次只能傳送一則訊息。電報的需求量愈來愈高，設置電纜的費用也極為龐大，因此最理想的解決方式是想辦法在同一條線路上傳送多則訊息。這種過程即為我們所知的多路傳輸（multiplexing），是當時許多發明家與電機工程師的目標，其中就包括了貝爾與以利沙・格雷。他們開始嘗試打造出一種諧波電報（harmonic telegraph，即現今的電話），這不只是以摩斯電碼的形式傳送一組脈衝，而是要同時傳送編碼成

右圖：亞歷山大・葛拉漢・貝爾於1892年在紐約到芝加哥的長途電話線啟用儀式上撥打通話。

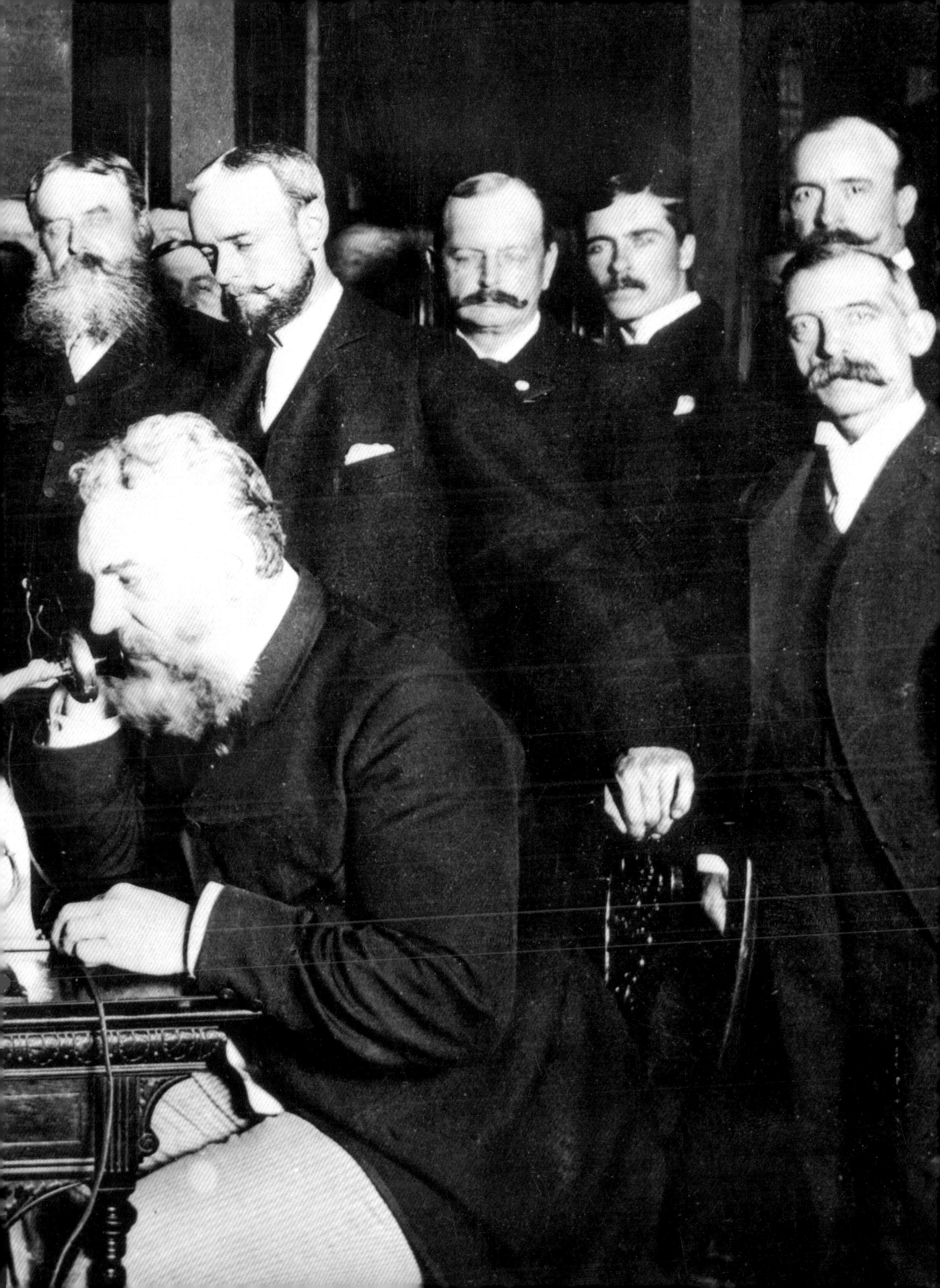

右圖：在與以利沙・格雷激烈的法律戰後，貝爾終於獲得了電話專利。

不同音調的訊息。貝爾和格雷都想設計出能夠在接收端產生各種音色的方法。但貝爾的實驗開始讓他面臨一個問題：他要做的不只是改良電報，而是要傳送人聲。

貝爾本來是聾人的教師，並非電機工程師。現在他的實驗已經到了重要階段，必須要有專家協助。貝爾找到了湯瑪斯・華生（Thomas A. Watson）一起合作，這位年輕人原本是波士頓一處機械工廠的技師。

華生處理過各種跟電氣裝置有關的問題，因此有能力將貝爾的構想轉換成原型裝置。至於貝爾則是以其獨特的觀點，將實地研究調查的各種心得整合起來。他在與聾人相處時，最常做的就

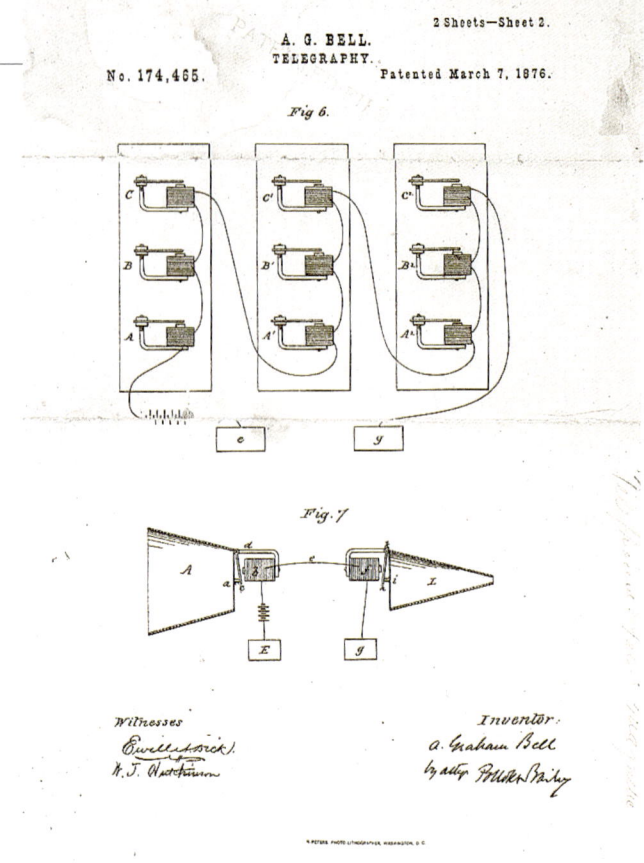

安東尼奧・穆齊（Antonio Meucci）

有些歷史學家認為義大利裔美籍發明家安東尼奧・穆齊在1850年代就發明了第一部電話。但我們仍不確定他的專利聲明中是否真的描述了具有相同效果的機電裝置。

左圖：安東尼奧・穆齊

約翰・菲利浦・雷斯（Johann Philipp Reiss）

1861年（比貝爾早十五年），德國物理學家約翰・菲利浦・雷斯演示了他的「電話」（Telephon），這種裝置能夠傳送聲音。當時沒人看出它的潛力。

右頁左圖：約翰・菲利浦・雷斯。

以利沙・格雷

美國發明家以利沙・格雷跟貝爾一樣在1870年代研發自己的裝置，想藉由電傳送語音。我們並不清楚貝爾與格雷是否知道彼此的研究或專利。

右頁右圖：以利沙・格雷。

是翻譯不同媒介之間的訊息,將視覺符號與圖表連結至行為和語音。他的電話也是以同樣的翻譯原則為基礎。貝爾只差一步就能將空氣中的語音振動轉化為在線路中波動的電流。他有想法,而華生有實際的技術知識。

1870年代早期,華生為貝爾的諧波電報製作了幾組發射器與接收器的原型,他使用的不是亥姆霍茲的音叉,而是會振動的金屬片。在此期間,貝爾的捕捉語音實驗還曾經使用了一位死者的耳朵來接收振動並轉換為電信號!貝爾的資助者催促他完成諧波電報的研究並取得專利,所以在愈來愈大的壓力下,他只能先將那些抱負遠大的實驗暫且放下。

1875年6月2日,華生和貝爾又開始研究諧波電報。在華生調整金屬共振器時,貝爾聽見了彈簧的響聲,彷彿線路傳送了真正的聲音而非樂音。一切就要拼湊起來了!發射器的金屬片很快就換成了一種有彈性的薄膜,並接上線路以將振動轉換為電信號。諧波電報就快要變成電話了。

1876年3月10日,在好幾個月的改善之後,貝爾的電話成功傳送了第一通語音訊息。據說,貝爾弄灑了一些酸液,於是順口叫華生先生過來幫忙。這位助理在接收器上聽見了貝爾的聲音說:「華生先生,過來這裡。我要找你。」

雖然後來有許多工程師會改良貝爾這部基本的電話,包括湯瑪斯·愛迪生,不過世人會永遠記得貝爾是發明者。電話的發明也蓋過了貝爾其他的工程成就,例如他設計了一種傳真機、一種稱為光話(photophone)的光學電話、一艘破紀錄的水翼船,以及在早期航空器方面的開創性研究,甚至還開發出空調機組的雛形。

弗拉基米爾・舒霍夫
VLADIMIR SHUKHOV

看起來美麗的東西都很堅固。人眼習慣自然比例，而能夠存在於自然之中的事物，必定堅固而實用。

——弗拉基米爾・舒霍夫

在祖國俄羅斯之外鮮為人知的弗拉基米爾・舒霍夫是一位結構工程大師，他運用了數學觀念設計出優雅的金屬架構。

弗拉基米爾・舒霍夫於1853年8月28日出生在俄羅斯小鎮格賴沃龍（Graivoron）。他的父親格雷戈里・彼得羅維奇・舒霍夫（Gregory Petrovich Shukhov）曾是俄羅斯軍隊的軍官，而在弗拉基米爾・舒霍夫出生時，則是當地一家銀行的經理。弗拉基米爾・舒霍夫在聖彼得堡中學（St Petersburg Gymnasium）就讀時，展現了數學方面的天分，也以優異的成績畢業，並決定走上工程之路。

在父親的建議下，弗拉基米爾・舒霍夫進入了莫斯科帝國技術學校（Imperial Moscow Technical School），在此研究物理學與數學。他是一名勤奮的學生，會在閱覽室與工廠待上許久。他在這裡設計出一種新的蒸汽注入器，用於幫助液體燃料燃燒。年輕的舒霍夫因為學業成就而獲得金牌，卻拒絕了成為研究員的工作機會，因為他想要把自己的工程知識用於實務。

1876年，舒霍夫加入了一個代表團，前往美國費城參加世界博覽會百年紀念展。這位年輕工程師在這裡認識了日後對他影響甚大的俄裔美籍企業家亞歷山大・巴里（Alexander Bari）。巴里負責在展覽會蓋幾棟建築物、協

偉大成就

輸油管（俄羅斯帝國首次出現） 1878年

裂解
發明高溫煉油法
1891年

全俄展覽
八座展示館，1896年

水塔
全世界第一座雙曲面水塔
1896年

跨高加索輸油管
835公里（519哩）
1906年

阿齊奧戈爾燈塔
赫爾松，1910年

舒霍夫塔
雙曲面廣播塔，莫斯科
1922年

列寧獎
獲頒代表蘇聯最高榮譽的獎項，1929年

上圖：弗拉基米爾・舒霍夫

弗拉基米爾‧舒霍夫　VLADIMIR SHUKHOV

下圖：舒霍夫於1896年在下諾夫哥羅德為全俄展覽設計了八座展示館，是全世界第一次採用薄膜屋頂。

上圖：這座由舒霍夫設計的雙曲面廣播塔，建於1922年，是為了在俄國內戰期間廣播宣傳，後來一直使用至2002年。廣播塔在2014年被拯救而免於拆除。

助為工作坊取得設備，以及向俄羅斯代表團介紹美國在匹茲堡的金屬工廠如何建造鐵路。

這趟外國之行讓舒霍夫得到啟發，回國後也在華沙－維也納鐵路（Warsaw-Vienna railway）找到工作，協助設計車站與車庫。但舒霍夫在工作上很少有發揮創意的機會，於是他辭職並加入軍事醫學院。如果亞歷山大·巴里沒有碰巧回國，舒霍夫對工程的抱負可能就會在此結束了。

巴里於1877年移居俄羅斯，希望能從國內飛快的工業進展中獲利。他在一家石油業者擔任主任工程師，想起了曾在費城認識一位有才能的工程師，於是邀請舒霍夫來管理公司位於亞塞拜然巴庫（Baku）的辦公室。

三年後，巴里開了自己的建設公司和鍋爐製造廠，並簽下年輕的舒霍夫擔任總工程師兼設計師，兩人持續合作了三十五年。

舒霍夫設計了俄羅斯帝國第一條輸油管。這條從巴爾幹尼（Balkhany）到車爾尼（Cherny Gorod）的輸油管長12公里（7哩），於1878年啟用，而在接下來五年內，舒霍夫在巴庫附近規畫了包含它在內總共94公里（58哩）的輸油管系統。但這個數字在1906年就被超越了，因為舒霍夫設計出一條全新的跨高加索輸油管，長度是驚人的835公里（519哩）。

1891年，舒霍夫以一項新的熱裂解過程取得專利，作法是讓煉油廠將石油加熱至高溫，把烴分子分解成較簡單的形式，能夠產生更多有用的燃料。之後，全俄羅斯都在使用舒霍夫所設計的蒸汽鍋爐、儲油器和油輪駁船。

除了石油產業之外，舒霍夫也以網格狀的金屬梁在國內設計了一些引人注目又具創意的高塔。1896年對這位工程師來說是非常關鍵的一年，舒霍夫為了讓下諾夫哥羅德（Nizhny Novgorod）舉行的全俄展覽，展現國家最偉大的技術與工業成就，設計了八座巨大的展示館，採用薄膜屋頂以及鋼鐵材質的網殼結構。他還建造

弗拉基米爾・舒霍夫　VLADIMIR SHUKHOV

了一座高32公尺（100呎）的水塔，不僅是展覽會的亮點，後來也成為全世界成千上萬座水塔的原型。

亞歷山大・巴里在1913年過世，他的兒子決定移居美國，不打算接手他在俄羅斯的事業。一年之後，世界大戰爆發，接著是俄國十月革命，許多企業家因此逃到國外，舒霍夫則選擇留下來協助重建祖國。俄羅斯蘇維埃政府的新領導人列寧（Lenin）委託他在莫斯科建造了沙博洛夫卡廣播塔（Shabolovka Radio Tower），藉此向人民播送政府的訊息。這座塔現在又稱為舒霍夫塔（Shukhov Tower），原本設計的高度為330公尺（1150呎），比巴黎的艾菲爾鐵塔高上許多，重量卻只有三分之一。由於缺乏資源，他建造了一座高度較適中的塔，不過仍然相當壯觀。這座塔以六道雙曲面結構組成，形狀像是拉伸的望遠鏡，高度為152公尺（500呎），在接下來的許多年，一直是俄羅斯最高的建築物。

舒霍夫總共在俄羅斯監督了大約兩百座高塔與五百座橋的工程，也設計了電纜塔、火車站、燈塔，以及莫斯科一家劇院裡的旋轉舞台。

舒霍夫在晚年相當低調，只在家裡跟親近的朋友和同事見面。一場火災意外讓他受到嚴重的燒傷，不久後在1939年2月2日過世於莫斯科。舒霍夫在俄羅斯有當之無愧的名聲，在世時獲頒了列寧獎（Lenin Prize），後來位於別爾哥羅德（Belgorod）的一所大學也以他來命名。

下圖：位於莫斯科的基輔火車站屋頂是由舒霍夫設計，他的輕量金屬梁結構超前時代許多。

赫莎・艾爾頓
HERTHA AYRTON

> 將女人的成就歸功於男人這種事，很難杜絕。
>
> ——赫莎・艾爾頓

偉大成就

脈搏描記器
發明記錄脈搏的裝置
1877~1881年

線段等分器
用於等分線段的專利工具
1884年

電機工程師學會
第一位女性會員
1899年

電弧
艾爾頓的研究出版成書
1902年

皇家學會
第一位發表科學論文的女性，1904年

艾爾頓拍擊扇
用於世界大戰的防毒氣工具，1917~1918年

上圖：赫莎・艾爾頓

英國工程師兼發明家赫莎・艾爾頓在電弧與氣流方面有突破性的研究，也打破了由男性主導的科學社群藩籬，啟發了世世代代的女性投入研究並勇於表現。

赫莎・艾爾頓的本名是菲比・莎拉・馬克斯（Phoebe Sarah Marks），在1854年4月28日出生於樸茨茅斯。她的父親叫李維・馬克斯（Levi Marks），是一位鐘錶匠，為了逃離反猶太人的暴力而從波蘭逃至英國，但在莎拉七歲時就過世了。莎拉幫忙母親養育七位弟妹，直到九歲時，搬到倫敦跟阿姨一起生活。她的阿姨在那裡經營一所學校，因此也讓她接受教育。她在科學和數學方面展現天分，也為了當家教而學習法文與音樂。她十六歲起開始當家教，以便寄錢給母親。

莎拉的朋友們用史雲朋（Algernon Swinburne）的一首詩裡的女英雄，為她取了「赫莎」這個綽號。他們知道赫莎很聰明，於是鼓勵她參加劍橋大學的入學考試。當時，這所學校才剛開放女性就讀。就這樣，赫莎於1877年進入劍橋的格頓學院（Girton College），這是第一所專為女性設立的大學學院。赫莎在學時就發明了可記錄人類脈搏的脈搏描記器（sphygmograph），早期還發明了能夠將直線等分的線段等分器（line-divider），對建築師與工程師都很實用。

赫莎於1881年畢業，獲得了數學的三級證書。（劍橋大學一直到1948年才開始頒發學位給女性！）1884年，她開始參加芬斯伯里技術學院（Finsbury Technical College）的夜間課程，而授課的是電機工程專家威廉・愛德華・艾爾頓（William Edward Ayrton）教授。不到一年，赫莎就跟這位教授結婚，因此改姓艾爾頓。赫莎・艾爾頓成為威廉的四歲女兒伊迪絲（Edith）的繼母，並在1886年有了自己的女兒芭芭拉（Barbara）。赫莎除了照顧孩子，也會協助丈夫研究。在研究電弧時，赫莎有了一項重大發現。十九世紀晚期，電弧通常用於產生照明，但也常會發出嘶嘶聲且明滅不定。赫莎發現，這是因為氧氣進入並接觸了用來產生電弧的碳棒。

這項突破讓赫莎受邀到電機工程師學會說明這項研究成果。她是第一位得到這項殊榮並且成為會員的女性。當時，女性在科學的領域裡很難受到認同。雖然瑪麗・居禮（Marie Curie）發現了鐳，但獲得榮譽的卻是她丈夫。赫莎是居禮的

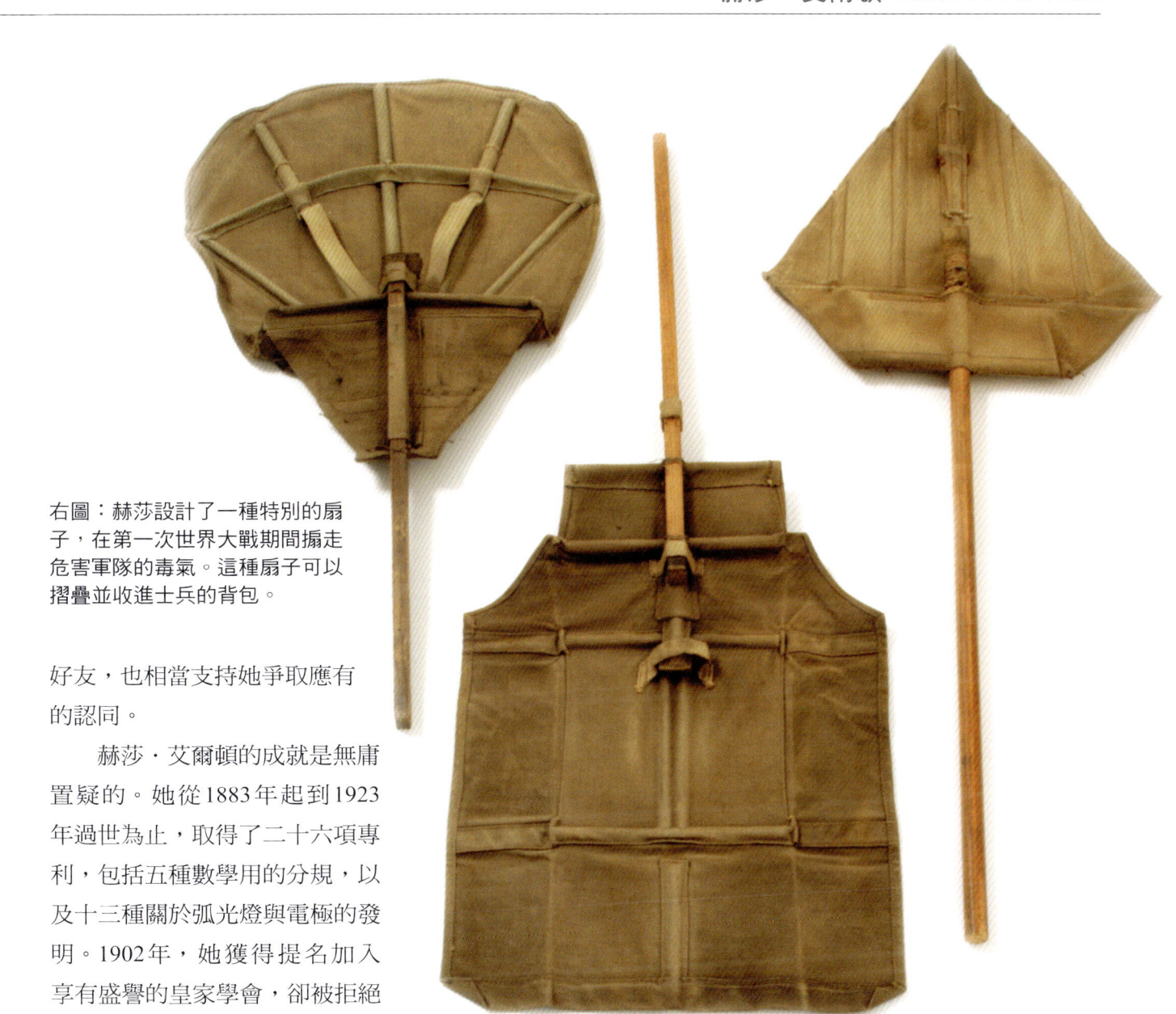

赫莎・艾爾頓　HERTHA AYRTON

右圖：赫莎設計了一種特別的扇子，在第一次世界大戰期間搧走危害軍隊的毒氣。這種扇子可以摺疊並收進士兵的背包。

好友，也相當支持她爭取應有的認同。

　　赫莎・艾爾頓的成就是無庸置疑的。她從1883年起到1923年過世為止，取得了二十六項專利，包括五種數學用的分規，以及十三種關於弧光燈與電極的發明。1902年，她獲得提名加入享有盛譽的皇家學會，卻被拒絕了，原因是已婚女性不符合資格。

　　由於丈夫的健康狀況惡化，艾爾頓一家搬到肯特海岸（Kent coast）的馬蓋特（Margate），希望海邊的空氣有助於丈夫療養。在這裡，赫莎開始注意到波浪在海灘上造成的波紋，花了許多年研究空氣與水的運動，即便威廉・艾爾頓於1908年過世後，她仍然持續研究。

　　1914年爆發世界大戰後，赫莎明白她的研究可以幫助前線的士兵。當時，新型的致命毒氣被用來當成武器，其中包括了會侵襲受害者肺部的芥子毒氣。赫莎設計出一種特別的扇子，由帆布和能夠開合的藤條製成，只要依照她的特定指示就能夠將壕溝的毒氣搧走。起初，英國戰爭部（War Office）並不理會她的提議，直到報紙報導了她的發明後，才提供了十萬四千組防毒氣扇給士兵。

　　戰爭結束後，赫莎繼續運用她對氣流及渦流的知識，嘗試清除從礦坑與下水道散發出的有害氣體。1918年，她非常關心的一件事終於達成了：超過三十歲的女性擁有投票權。赫莎始終積極參與遊行與示威，支持婦女參政運動，並且因為她的科學成就而獲得認可。她開闢了道路，讓未來的女性能夠研究科學與工程，並從中得到認同與成功。赫莎・艾爾頓於1923年8月26日因為敗血症而過世。

尼古拉・特斯拉
NIKOLA TESLA

> 整個世界都是他的發電所。
>
> ——《時代》(Time)雜誌慶祝特斯拉七十五歲生日,1931年

古怪但具有遠見的工程師尼古拉・特斯拉協助發展了電力的傳輸、發明了遙控技術,還有許多改變世界的重大發明,卻從來無法在財務上取得成功。

尼古拉・特斯拉在1856年7月10日出生於奧匈帝國(現在的克羅埃西亞),父親是一位東正教神父,而他從小就很聰明也很容易著迷於某事,能夠記住書本的內容和對數表。十九歲時,特斯拉前往奧地利的格拉茲(Graz),進入理工學院(Polytechnic Institute)學習電機工程。他相當用功,睡眠時間很少,通過考試的次數比規定標準幾乎多了一倍,得到的評分也最高。雖然特斯拉明顯聰穎過人,不過他在三年級時糟蹋了學習的機會,因為賭博輸光學費,後來就被退學了。

1881年,特斯拉搬到布達佩斯,在國家電話交換所得到了一份工作。他在這裡構想了一種能夠產生交流電(AC)的感應馬達,可是還要再過兩年才有資金建造出模型。此時,特斯拉正在巴黎工作,為大陸愛迪生公司

偉大成就

感應馬達
交流發電機,1883年

特斯拉電氣公司
設立於1887年

特斯拉線圈
諧振變壓器電路
1891年

尼加拉瀑布
設計水力發電廠
1893年

氖光、X光
第一張X光片
1893~1894年

遠程自動機
展示遙控船,1898年

上圖:尼古拉・特斯拉

左圖:感應馬達是特斯拉第一項也是最成功的發明。這讓交流電的產生與傳輸有很大進展。

尼古拉·特斯拉 NIKOLA TESLA

右圖：尼古拉·特斯拉對配電的發展有很大貢獻，一生中取得了大約三百項專利。此處可見到他坐在著名的「特斯拉線圈」前。

（Continental Edison Company）設計發電機與馬達，而這家公司是美國發明家愛迪生（參閱第118頁）的眾多業務之一。

特斯拉相信愛迪生一定會看出他的新馬達與交流電有多大的發展潛力。為了向愛迪生展示機器，他乘船前往美國，抵達時身上只有四分錢以及一封推薦信。不過，這位美國企業家認為直流電（DC）才應該是主要的電流，因此對特斯拉的感應馬達不感興趣。然而，他看出了特斯拉本人的潛力，於是提供工作給他，還告訴他，只要能夠改良直流電的供電，就會給他一筆豐厚的獎金。根據特斯拉的說法，他照做了，但獎金並未出現。總之，特斯拉辭職了。

雖然愛迪生不接受特斯拉的發明，但競爭對手很樂意投資。特斯拉和兩位有商業頭腦的夥伴合作，在1887年成立了特斯拉電氣公司（Tesla Electric Company），並且設計出一部強大的交流電馬達與電力系統。在特斯拉獲得許多關注後，

公司因為他的專利而收到了一筆高達六萬美元的授權金。喬治・威斯汀豪斯採納了特斯拉的設計，後來跟持續為直流電背書的湯瑪斯・愛迪生陷入一場昂貴的「電流大戰」。交流電最終取得了勝利，因為比起直流電，交流電可以傳送得更遠，電壓也能更高。

有了授權交易的收入，特斯拉便於1889年在紐約市設立了自己的實驗室。特斯拉以德國物理學家海因里希・赫茲（Heinrich Hertz）對電磁輻射（electromagnetic radiation）的發現為基礎，開始實驗一種能夠增加電壓的變壓器。特斯拉的設計是以兩組金屬線圈纏繞住一根鐵芯，線圈之間有一道空氣縫隙。這種「特斯拉線圈」能夠產生高電壓與高頻率，為氖光、螢光和X光這些新的光線形式提供動力。特斯拉從中看出了不需電線而透過空氣與地球傳輸電能的發展潛力。他利用自己的發明在舞台上打開燈光，向大眾演示了這個概念。

名聲逐漸遠播的特斯拉，於1893年獲邀為尼加拉瀑布的發電系統提供建議。此外，西屋電氣（Westinghouse Electric）採用特斯拉的設計，贏得在當地建造一座水力發電廠的合約。1898年，另一場位於麥迪遜廣場花園（Madison Square Garden）的公開演示中，特斯拉秀出「遠程自動機」（teleautomaton），這是一種遙控船的裝置，能夠利用無線電信號操縱船隻。這位發明家想把這個構想賣給美國軍方，結果失敗了，而這種技術還要再過二十年才會被認真看待。

在世紀轉換之際，特斯拉花了許多時間，試圖搶先在歐洲無線電先驅古列爾莫・馬可尼（Guglielmo Marconi，參閱第160頁）之前，打造出一種更強大的無線發射機，雖然特斯拉於1897

右圖：1900年，特斯拉演示了一種「放大發射機」，在科羅拉多泉實驗室製造出人工閃電。其實特斯拉當時並不在室內，儘管看起來是如此。這是利用雙重曝光造成的效果。

尼古拉·特斯拉　NIKOLA TESLA

To my illustrious friend Sir William Crookes
of whom I always think and whose kind
letters I never answer!
June 17, 1901
Nikola Tesla

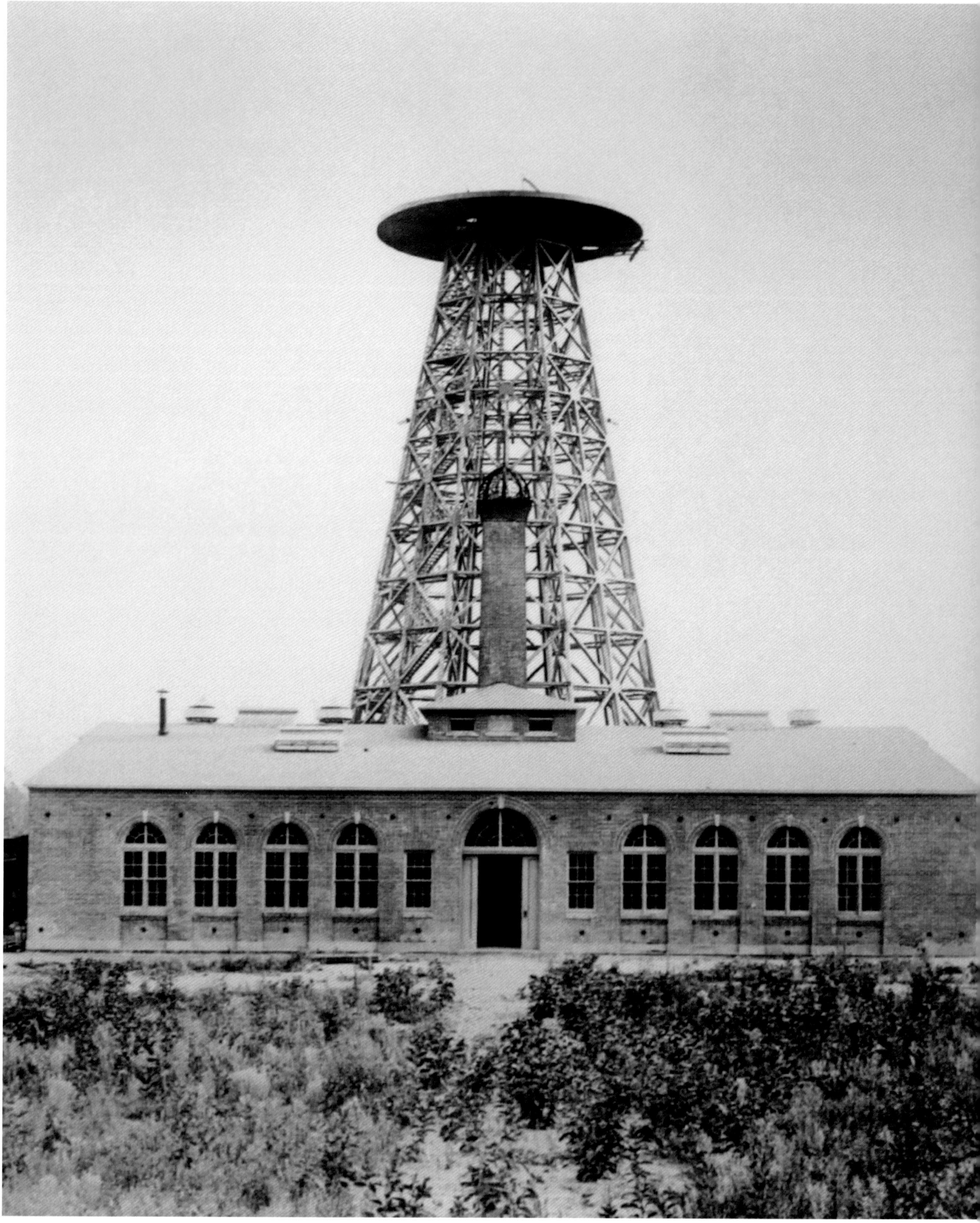

年為無線電波技術提出專利申請，但一場實驗室大火毀掉了許多研究成果，而古列爾莫・馬可尼也一舉超越了對手特斯拉，在1899年首度讓無線電信號跨越了英吉利海峽。堅持不懈的特斯拉為了證明他的無線傳輸設計有效，耗費龐大資金，於1904年在紐約的沃登克里弗（Wardenclyffe）建造了一座57公尺（186呎）的高塔，但他的計畫失敗了。特斯拉面臨不斷增加的債務，最後在1906年放棄計畫，高塔也於1917年遭到拆除。

大失所望的特斯拉努力為研究尋求資金，也將辦公室搬遷數次，直到後來正式破產。1919年到1922年間，他與數家公司合作，開發出能夠發電的無葉片渦輪、垂直起降（Vertical Take-Off and Landing, VTOL）以及雷達技術。特斯拉變得愈來愈古怪，著迷似地餵食鴿子，表現出強迫症的徵兆，還發表了一連串離奇的構想，例如以宇宙射線為動力的馬達、思想記錄器及「死光」！

1943年1月7日，一位女服務員在特斯拉入住的紐約客酒店房間中發現了他的屍體。他死於冠狀動脈血栓。雖然特斯拉留下了龐大的債務，但更重要的是他構想出電力系統與先進無線電技術的基礎，並且貢獻了數百項專利。

左圖：特斯拉花費數年時間才爭取到經費，要在位於紐約長島沃登克里弗的實驗室建造一座無線傳輸塔，不過，這項計畫被迫於1906年中止。

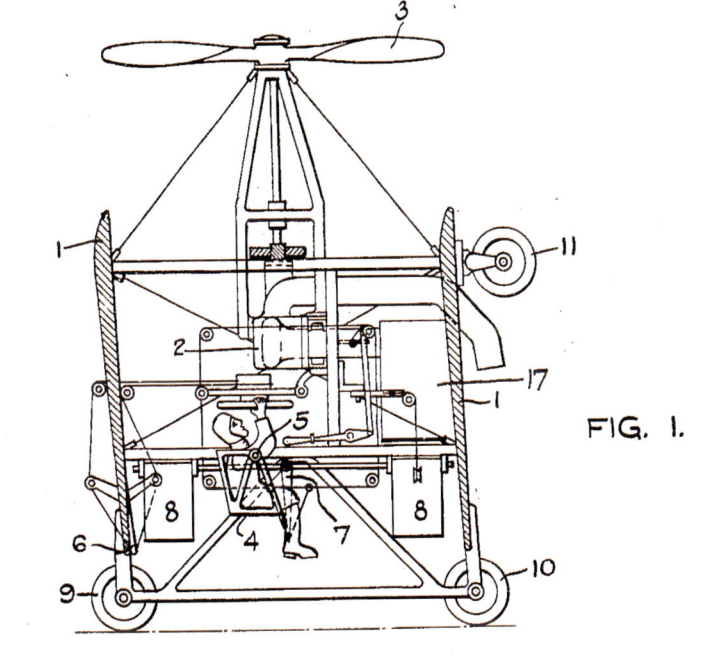

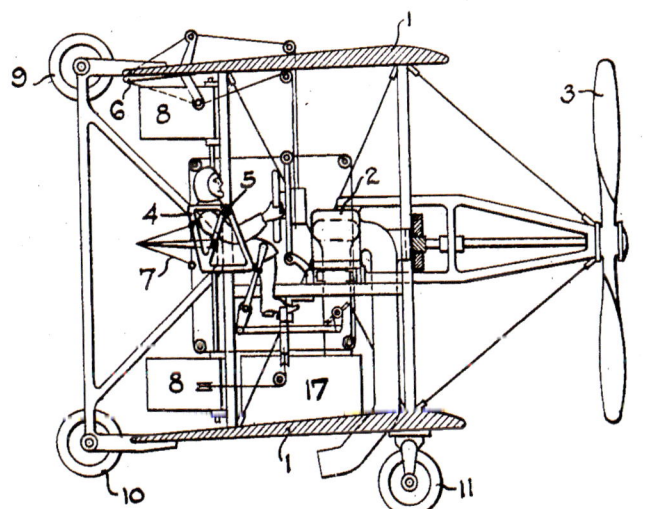

右圖：特斯拉於1928年以一種可垂直起降的航空器取得專利。

格蘭維爾・伍茲
GRANVILLE WOODS

伍茲先生是美國國內最重要的電機專家,他的許多發明都在運用最強大且最神祕的各種力量,展現出高超的技術與靈巧,因此他也是第一流的發明家。

——《辛辛那提商業公報》(*Cincinnati Commercial Gazette*),1889年

偉大成就

設立伍茲鐵路電信公司
1884年

電報電話 1885年

同步多工鐵路電報
1887年

鍋爐 1889年

re-electric鐵路供電系統
1893年

自動空氣煞車
1902年

上圖:格蘭維爾・伍茲

程師與發明家之間的區隔未必明顯,許多工程師被世人所記住的成就,往往是他們的重大發明,而非其工程之作。比起發明全新的事物,通常工程師會在現有的技術與方法中尋找解答。也就是說,工程師的問題解決技巧,確實讓他們有獨特的機會發揮創新能力。格蘭維爾・伍茲即為其中一人,他是非裔美籍的電機工程師,也是一位多產的發明家。

在技術爆發的十九世紀晚期與二十世紀初期,格蘭維爾・伍茲以其發明獲得了超過五十項美國專利。其中許多專利與電信和運輸有

右圖:伍茲於1884年所取得的改良蒸汽機車鍋爐之專利。

下圖:電報鍵

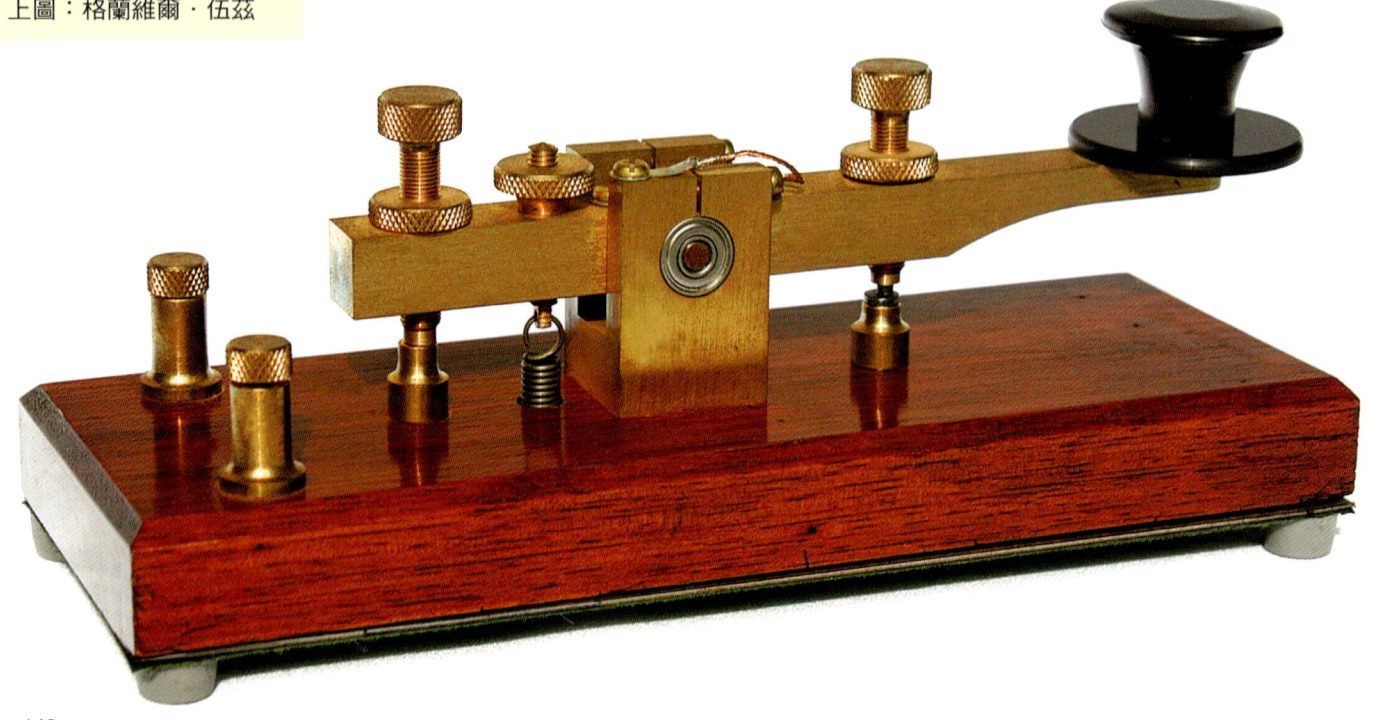

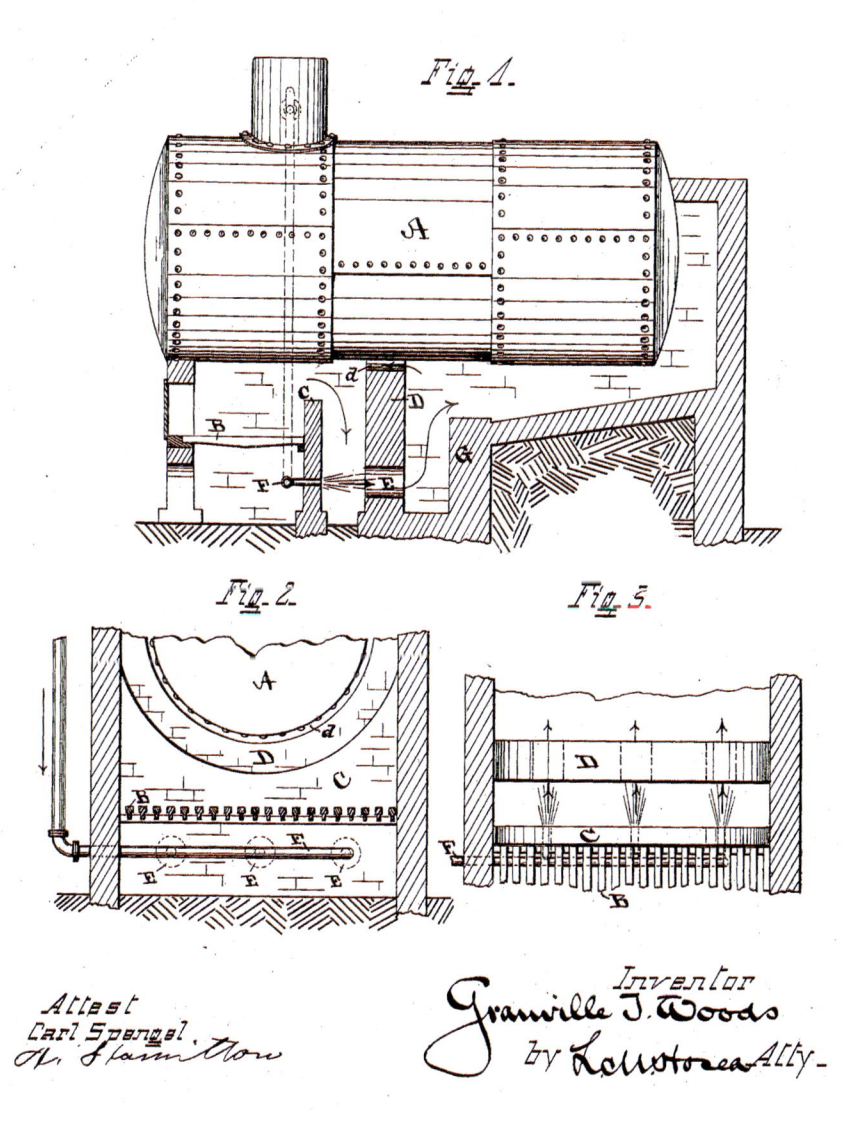

格蘭維爾・伍茲 GRANVILLE WOODS

關,而這些都是在電力推動第二次工業革命期間迅速發展的技術。伍茲看出了這些新興領域的潛力,因此儘管困難重重,他還是決定走上工程之路。身為一名黑人,又處於美國剛結束內戰與蓄奴制度的時代,他在接受教育及職業晉升方面的機會都受到了限制。伍茲於職業生涯期間必須不斷努力克服種族歧視的問題。

格蘭維爾・伍茲在1856年出生於俄亥俄州的哥倫布(Columbus)。他的家境貧寒,因此不得不在十歲時離開學校。他到一家機械工廠當學徒,學會了機械工程和金屬加工技巧。後來,他在鐵路、鋼鐵廠和一艘蒸汽船上,找到了跟工程有關的工作。他也曾在某段時期正式學習工程(可能是上夜校)。1884年,主要依靠自學的伍茲已經準備好創業了。他和兄弟一起設立了伍茲鐵路電信公司(Woods Railway Telegraph Company),要向電信市場提供設備與技術。這個市場自1830年代起就開始迅速擴張,起初是因為電報,後來又有了第一個電話網路。

伍茲的第一項專利是改良版的蒸汽火車鍋爐,但他是藉由在電機工程辛苦學到的專業,才造就出突破性的發明。他改良了電話發射機,結合電報與電話的原理,把這種新系統稱為「電報電話」,能讓單一線路傳送語音信號或是電報式的摩斯電碼訊息。亞歷山大・葛拉漢・貝爾的電話公司立刻買下伍茲這項發明的專利權,避免這項技術跟他們正在擴張的電信帝國競爭。這是伍茲兄弟的公司第一次在財務上獲得重大的成功。他們利用這筆錢進一步研究與開發。

1887年,伍茲取得了另一項電氣裝置的專利——同步多工鐵路電報(Synchronous Multiplex Railway Telegraph)。這能夠讓行進中的火車跟車站通訊,是改善鐵路網安全的重大發明。從此,車站管理人員有辦法得知列車的位置,因而減少了碰撞的可能性。先前已經有人嘗試跟行進中的列車建立通信線路,但是都很不穩定,因為這種方式必須跟軌道旁的電報線路持續接觸,而列車不規則的運動經常造成斷線,訊息也會斷斷續續。伍茲找到了一種不必持續接觸線路的巧妙方法。他在列車上安裝線圈,利用磁場感應出電流,藉此在電報線路上傳遞訊息。

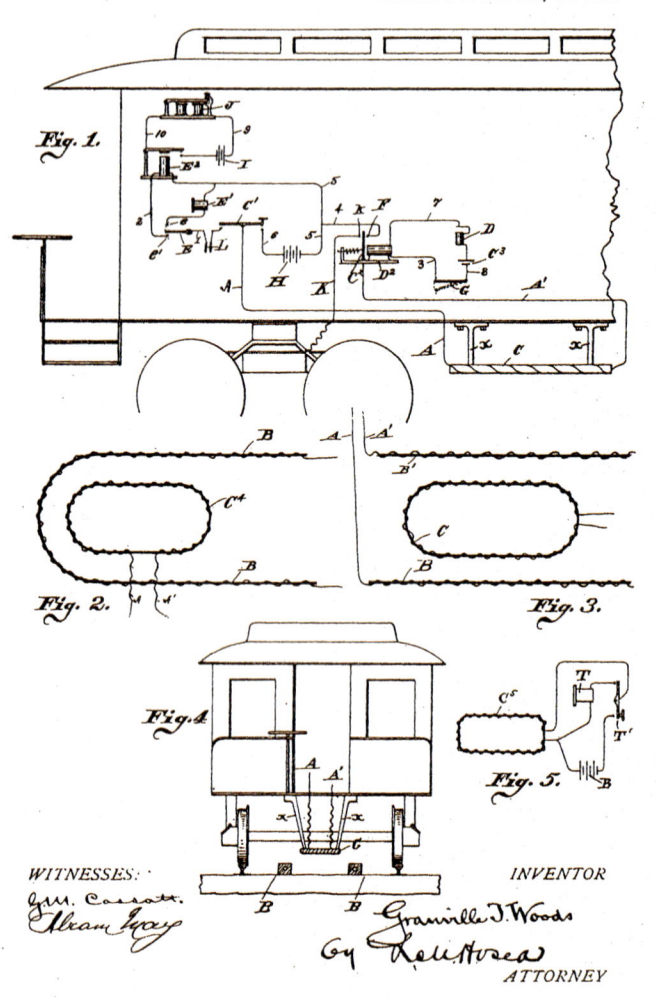

上圖：同步多工鐵路電報之專利。

　　伍茲的發明讓大眾認同了他的才能，不過這也導致他和對手的衝突。發明家經常採取花費高昂的法律行動，在法庭上保護自己珍貴的專利權。現在，伍茲要應付的是知名發明家湯瑪斯・愛迪生，對方宣稱是他先發明了同步多工鐵路電報。最後，伍茲贏得訴訟，而愛迪生提議給他一份工作，但伍茲拒絕了。

　　身為黑人發明家的伍茲，很難在商業上利用自己的發明獲益，必須為了謀生而賣掉自己的專利。伍茲的資金在歷經昂貴的法律訴訟之後耗盡，後來則因為財務和健康狀況所苦。他五十三歲就因為腦溢血而死，被葬在紐約一處無名墓。

　　儘管伍茲一生帶來了許多工程創新，擁有從孵蛋器到電氣化鐵路與自動空氣煞車等包羅萬象的設計，卻以十分貧窮的身分過世。今日，世人終於重新發現並認同他卓越的工程成就。

格蘭維爾・伍茲 GRANVILLE WOODS

上圖：1890年代的蒸汽火車。伍茲的同步多工鐵路電報，大幅改善了美國的鐵路安全。

魯道夫・狄塞爾
RUDOLF DIESEL

> 我堅信汽車引擎一定會出現，到時我畢生的志業才算完成。
>
> ——魯道夫・狄塞爾，1913 年

偉大成就

製作透明冰
第一項專利，1882 年

柴油引擎
原型測試成功，1897 年

船引擎
柴油引擎第一次用於航海
1903 年

柴油火車
第一部柴油機車
1913 年

柴油卡車
第一部柴油動力卡車
1924 年

柴油汽車
戴姆勒─賓士製造柴油動力汽車，1936 年

上圖：魯道夫・狄塞爾

柴油引擎（diesel engine）已經推動陸路、鐵路、水路運輸將近一個世紀，但其發明者卻神祕地消失，無法親眼目睹這種引擎獲得驚人的成功。

魯道夫・克里斯汀・卡爾・狄塞爾（Rudolf Christian Karl Diesel）在 1858 年 3 月 18 日出生於法國巴黎。他的父親從巴伐利亞移居過來，是一位裝訂工，相當勉強才能養家活口。狄塞爾從小就在父親的工作坊幫忙，還要推著手推車送貨。年輕的狄塞爾在學校表現很好，十二歲時的成績獲得了銅牌。1870 年，法國和普魯士帝國（德國）之間爆發戰爭，於是狄塞爾一家人跟許多德國人一樣被迫離開家園。他們搬遷至英國倫敦，卻把魯道夫・狄塞爾送到奧格斯堡（Augsburg）跟阿姨住，並且讓他學習德文。狄塞爾在那裡決定走上工程之路，進入了慕尼黑皇家巴伐利亞理工學院（Royal Bavarian Polytechnic of Munich）就讀。

狄塞爾在 1880 年以該校史上最優異的成績畢業。他非常喜歡德國科學家暨工程師卡爾・馮・林德（Carl von Linde）的講課，於是到巴黎協助林德設計一座全新的冷凍廠。不到一年，他就以製造透明冰獲得了第一項專利，也被提拔為廠長。

1890 年，狄塞爾搬到德國柏林，負責管理林德公司裡的研發部門。他運用對熱力學的充分知識，嘗試打造出一種具有燃料效率及熱

魯道夫・狄塞爾 RUDOLF DIESEL

下圖：德國發明家暨工程師魯道夫・狄塞爾最為世人熟悉的是，創造出以他為名的高效率引擎及燃料。圖中右下方即是他正在處理以他為名的引擎。

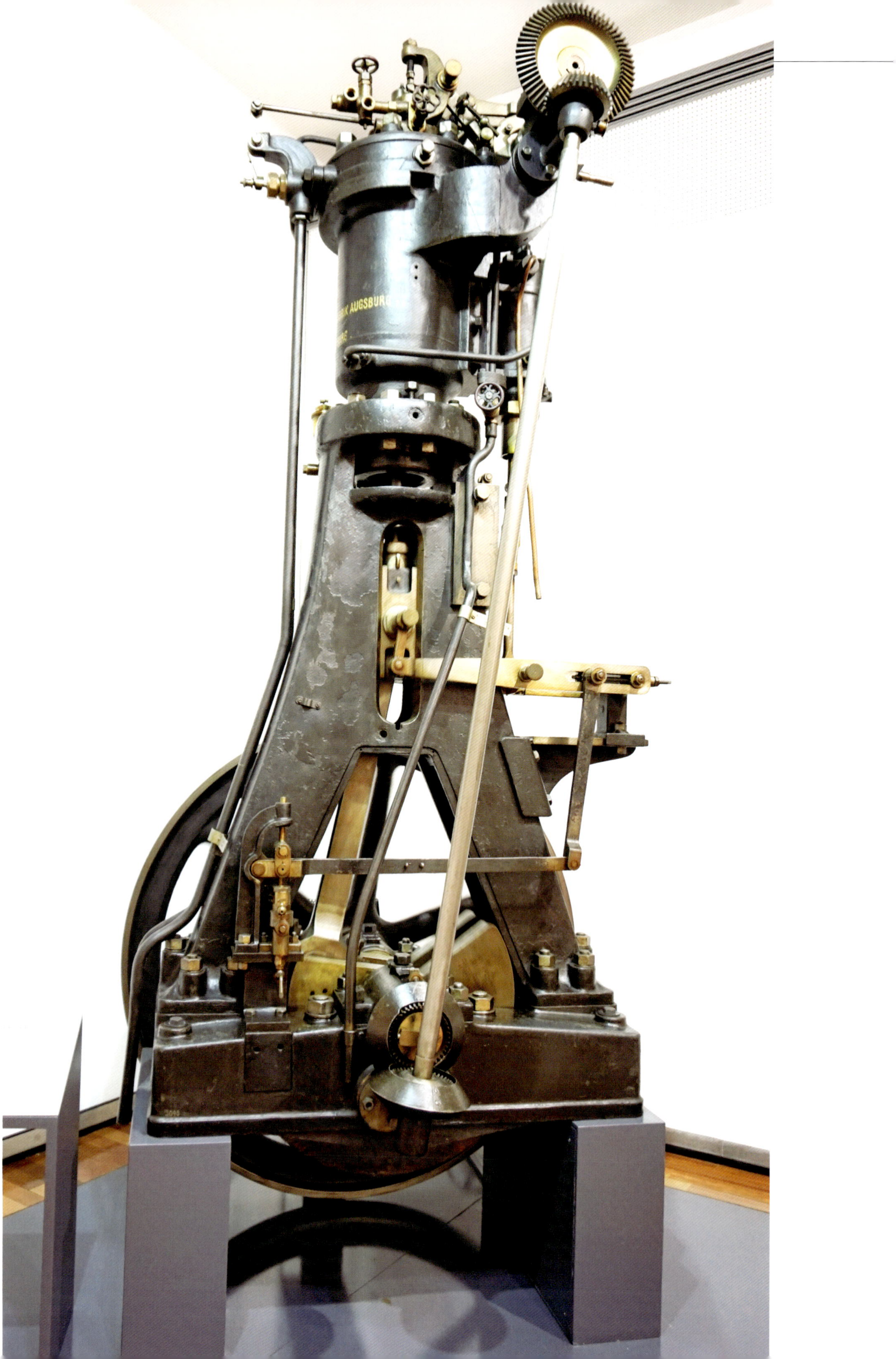

效率的蒸汽機，並以氨蒸汽提供動力。不過，在一次早期的測試中，引擎發生爆炸，差點害死了他。另一次測試使用了很高的汽缸壓力，結果又是一場爆炸。狄塞爾因此住院好幾個月，視力也嚴重受損。

儘管遭遇挫折，狄塞爾還是繼續研究，從1893年起在奧格斯堡機械工廠開始打造一部測試引擎，並在四年後建造出一部滿意的原型機。

1897年，狄塞爾公開了第一部能夠正常運作的柴油引擎，具有二十五匹馬力、四行程、直立式汽缸。這個設計改善了早期版本的效率，會在活塞的壓縮行程（vertical cylinder）結束時注入燃料，接著燃料會被壓縮所產生的高溫點燃，不需要藉由火星塞來點火。狄塞爾為他的引擎測試過許多燃料，包括粉煤（powdered coal），最後決定使用石蠟（paraffin），而這種用於柴油引擎的液體燃料也以此引擎的發明者名字來命名（譯註：柴油的原文為diesel，即是狄塞爾的名字）。

奧格斯堡機械工廠在一年後開始製造引擎，但其實引擎尚未真正準備好。初期的買家並不太滿意，有些引擎還因為機械問題而被退回。狄塞爾嘗試修正這些問題，包括加入一種新的霧化器以及改善空氣壓縮方法。

最早的柴油引擎是設計為固定式的機具，後來從1903年起開始為船隻提供動力，然後再過一年才在機車（locomotive）上測試，最後才成為推動汽車的動力。遺憾的是，魯道夫·狄塞爾未能活著看到這一切發生。

雖然這種高效率引擎的成功使狄塞爾致富，但他的發明者身分卻受到批評。1913年9月29日，魯道夫·狄塞爾在搭乘夜班郵局輪船德勒斯

左圖：魯道夫·狄塞爾於1893年在奧格斯堡—紐倫堡引擎工廠建造了第一部固定式柴油引擎。這部引擎現在由工廠的博物館展示。

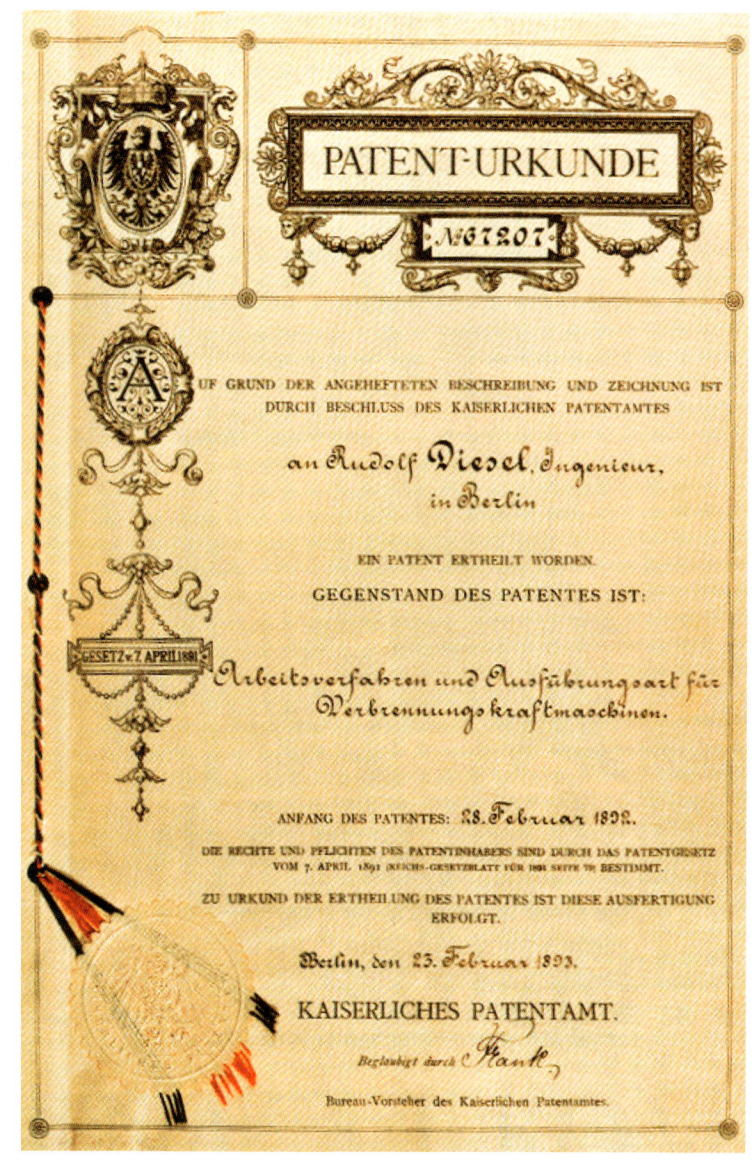

上圖：柴油引擎的原始專利。

登號（Dresden）從安特衛普（Antwerp）前往倫敦的途中失蹤了。他的艙房沒有睡過的痕跡。他的帽子和手錶留在現場。有些人懷疑他跳船自殺了，不過也有其他的陰謀論。十天後，狄塞爾的遺體在北海被發現。雖然資料顯示這位工程師瀕臨破產，但在一份留給妻子的機密文件中有一筆錢，等同於今日的一百二十萬美元。

如果狄塞爾還活著，就會看到自己的夢想成真：他的引擎推動了無數的汽車。他最初的引擎設計經過改造後，至今仍然為汽車、卡車、火車及船隻提供動力。

奥古斯特・盧米埃與路易・盧米埃
AUGUST & LOUIS LUMIÈRE

偉大成就

ETIQUETTES BLEUE
路易發明了攝影乾板
1881 年

CINÉMATOGRAPHE
電影機，1894 年

一千四百部電影
在十年期間所錄製的影片
1905 年

天然彩色相片
彩色相片技術，1907 年

上圖：奧古斯特・盧米埃與路易・盧米埃

> 我的發明在某段時間可以當成一種科學好奇心，除此之外沒有任何商業價值。
>
> ——奧古斯特・盧米埃對電影放映機的低估，1913 年

這兩位法國兄弟發明了電影攝影機及放映機，讓全世界看到了光線、攝影機與放映動作。

奧古斯特與路易・盧米埃出生於法國的貝桑松（Besançon），年紀相差兩歲（奧古斯特是 1862 年 10 月 19 日出生，路易則為 1864 年 10 月 5 日出生）。他們的父親查爾斯・安托萬・盧米埃（Charles-Antoine Lumière）是一位攝影師，以製作照相底片為業，但是利潤很低，到了 1882 年似乎只能放棄。這時，曾經在里昂（Lyon）的馬蒂尼埃（La Martinière）技術學校學習光學與化學的奧古斯特和路易，開始設計一種為父親製作底片的自動化流程。路易發明了一種新的攝影乾板 "etiquettes bleue"（意為「藍色標籤」），在感光紙上使用了明膠。這讓攝影師可以先拍下照片，之後再處理影像，不必急著趕去暗房。這項發明相當成功，到了 1894 年，盧米埃兄弟的事業飛快成長，在位於蒙普萊西爾（Monplaisir）的工廠就雇用了三百位員工，每年生產一千五百萬份底片。

後來，安托萬・盧米埃到巴黎參加湯瑪斯・愛迪生與威廉・迪克森的新活動電影放映機（參閱第 118 頁）展示，接著便回到里昂，

奧古斯特・盧米埃與路易・盧米埃 AUGUST & LOUIS LUMIÈRE

下圖：奧古斯特與路易・盧米埃在父親使用的攝影器材堆中成長，後來他們成功發明了一種新的攝影乾板，以及一種捕捉彩色影像的方法。

右圖：電影機是由盧米埃兄弟於1894年發明。這不只能拍攝電影，還可以放映出來讓觀眾欣賞。

讓兩位兒子檢視這種裝置所使用的一段底片。活動電影放映機一次只能讓一個人透過細小的窺孔觀看影片，而安托萬相信奧古斯特和路易一定可以做得更好，設計出一種能放映電影給更多人看的機器，而且重量更輕、價格更便宜。

奧古斯特與路易很樂於接受這個挑戰，在1894年就設計出名為「電影機」（Cinématographe）的裝置，能夠拍攝、顯影並放映電影。這是全世界第一部完整且可攜帶的底片攝影機。他們發明的裝置之重量為5公斤（11磅），比愛迪生的活動電影放映機輕上許多。電影機藉由一根手動曲柄運轉，以每秒十六格的影格率播放35毫米的影片，雖然比愛迪生的每秒四十六格還慢，影像卻更為流暢。放映機更安靜，使用的底片也更少。

奧古斯特・盧米埃與路易・盧米埃　AUGUST & LOUIS LUMIÈRE

盧米埃兄弟的電影機還有一項突破，那就是底片會通過機器。路易從縫紉機每縫一次就會暫停的運作方式得到靈感，替底片加上了鏈輪孔。當底片經過電影機的鏡片時，會在攝影機的快門開啟與關閉時暫停。這麼一來，底片就會順暢地通過機器，每一個影格也會有正確的曝光時間。

盧米埃兄弟於1895年12月28日在巴黎的大咖啡館（Grand Café）首次以電影機公開放映，而安排這次活動的就是安托萬・盧米埃。第一部影片的長度為五十秒，內容很簡單，只是拍攝工人們離開盧米埃兄弟的工廠，但觀眾卻看得很入迷。一年後，盧米埃兄弟在倫敦、布魯塞爾和紐約市開了電影院，播放各種紀錄片與喜劇。可攜式的底片攝影機能夠帶到遙遠的地方，例如日本、北非和中美洲，而且也用來拍攝了俄國最後一位沙皇尼古拉二世（Nicolas II）的加冕典禮。在1895年至1905年間就出現了超過一千四百部電影，其中有許多今日都還可以觀看。

這對兄弟協助開啟了電影產業後，便將注意力移回最初的愛：攝影，以及色彩。雖然以前有人嘗試過彩色攝影，但結果並不令人滿意。盧米埃兄弟將染成紅色、綠色、藍色的馬鈴薯澱粉微粒運用在照相底片上。微粒的作用是在光線接觸到感光乳劑（photographic emulsion）之前加以過濾，接著會形成可在光線之下檢視的透明影像。這種天然彩色相片（Autochrome）發表於1907年，又在國際上大受歡迎，此後攝影師就能夠在旅途中拍攝全彩影像了。

接下來，盧米埃公司繼續生產攝影材料，而兄弟兩人則將重心轉移到其他領域，考驗他們自己的發明能力。1930年代，路易開始從事立體觀察（stereoscopy）方面的工作，試圖製造出成功的3D影像，而奧古斯特則設計了醫療儀器，並且開始研究癌症與結核病。路易於1948年6月6日過世，奧古斯特則是在1954年4月10日逝世。他們推動發展的攝影與電影產業，依然使全世界的觀眾感到著迷與歡樂。

右圖：盧米埃兄弟於1895年首度公開展示電影機時，只吸引了三十個人到場，不過消息傳開之後，就有數千人蜂擁而來欣賞最早的「電影」。

韋爾伯・萊特與奧維爾・萊特
WILBUR & ORVILLE WRIGHT

> 人類自古以來一直都有飛行的渴望，我們的祖先曾於史前時代在毫無人跡的土地上艱辛跋涉，羨慕地看著鳥兒在無邊無際的空中公路上，以最快速度越過所有的障礙而自由翱翔。
>
> ——韋爾伯・萊特於法國航空俱樂部（Aero-Club de France）宴會之演說，1908年11月5日

隨著二十世紀開始，以重於空氣的航空器進行受控飛行的夢想似乎終於觸手可及。在氣球與飛船駕駛員升空數十年後，航空工程師就快要打造出穩定的動力飛機了。此時，大西洋的兩邊正在競爭，大家都想要做出最後的突破。美國與歐洲的工程師一邊改善並測試自己的設計，一邊緊張地關注競爭對手的進度。在這些早期的航空工程師中有一對美國兄弟：韋爾伯・萊特與奧維爾・萊特。他們會在1903年12月17日寫下歷史，實現第一次重於空氣的航空器飛行。

右圖：競爭對手兼航空先驅山謬・蘭利的有人駕駛空中跑者號在試飛時失敗。

下圖：萊特兄弟的1900滑翔機。

偉大成就

發現風的流動曲線
1899年

萊特風箏　1899年

第一部萊特滑翔機
1900年

第一次試飛
北卡羅來納州小鷹鎮
1900年

風洞　1901年

萊特飛行者　1903年

第一次動力飛行
1903年

萊特飛行者　1905年
第一架真正的飛機

上圖：韋爾伯・萊特（上方）與奧維爾・萊特

韋爾伯‧萊特出生於1867年，比奧維爾大四歲。他們的父親是一位主教，也是俄亥俄州代頓市（Dayton）一家教會報紙的編輯。萊特一家人關係融洽，男孩們從小就培養了獨立思考的能力。韋爾伯在學校表現傑出，原本決定上大學，不過一場曲棍球意外撞掉了門牙，他在家裡休養時開始熱中於閱讀，而最能吸引他的題材是航空。這對兄弟從小就對父親帶回家的一種直升機玩具很著迷，現在，韋爾伯開始要正式研究飛行的技術了。

在此期間，奧維爾提早輟學，開始投入印刷業。後來，韋爾伯加入他，兄弟倆就在製造印刷機的過程中，獲得了重要的工程能力。隨著安全型自行車（safety bicycle，編註：即現代自行車，因比最初流行的高輪自行車安全而得名）傳入美國，奧維爾也對騎車有了熱情。這讓兩兄弟進入了下一場工程冒險。1892年，他們設立了萊特自行車公司（The Wright Cycle Company），業務包括出租、販售及修理自行車。他們繼續製造自行車，還加上了幾項自己的發明。他們的自行車事業非常成功，因此能夠財務獨立，繼續發展對航空與日俱增的興趣。

這對兄弟在報紙上看到了各種飛行機器以及勇敢無畏的發明家事蹟。奧托‧李林塔爾（Otto Lilienthal）不幸身亡的消息，突顯出當時航空器在升空之後的不穩定性。韋爾伯與奧維爾很熟悉讓自行車保持平衡的各種力量，因此領悟到滑翔機也必須由駕駛員持續調整才能夠穩定操控。自1899年起，這對兄弟便開始以系統化的方式研究航空器設計。他們將一輛自行車改造成一種旋轉機器，藉此測試各種機翼形狀的空氣動力特性。接著，他們製作並測試了滑翔機模型，然後才開始打造完整尺寸的原型。

1900年起，萊特兄弟每年都會花一段時間到北卡羅來納州小鷹鎮（Kitty Hawk）附近的沙灘進行試飛。最初的滑翔機設計失敗後，他們便重新開始，打造出一種風洞來測試更多的構想。1902年9月時，萊特兄弟已經改善了滑翔機的升力。他們也想出一種方式，利用金屬線使機翼邊緣彎曲，藉此控制其滾轉（roll），他們將此稱為「翹曲機翼」（wing-warping），作用就等同於今日航空器機翼上的副翼（aileron）。此外，他們的滑翔機還搭配了置於前方控制俯仰的升降舵（elevator），以及後方控制偏航的方向

左圖：山謬・皮爾龐特・蘭利

右圖：蘭利的空中跑者五號。

舵（rudder），而這三種可調整的飛行翼面就能夠控制飛行器的三軸運動。他們輪流操控三號滑翔機（Number 3 Glider）飛行，最遠飛了190公尺（623呎）。現在，他們只需要一具輕量的引擎。

萊特兄弟選擇使用汽油動力內燃機，但由於他們找不到合適的汽車引擎，助手查理・泰勒（Charlie Taylor）便特別打造了一部輕量引擎。這場競爭很激烈，因為另一位美國航空工程師山謬・皮爾龐特・蘭利（Samuel Pierpoint Langley）似乎準備要搶先他們一步了。他在1896年打造出名為「空中跑者五號」（Aerodrome Number 5）的小型蒸汽動力模型航空器，宣稱是第一部能夠飛行的重於空氣的航空器。蘭利的飛行模型說服了美國陸軍提供資金來建造可載人的全尺寸版本。萊特兄弟前往小鷹鎮測試他們的第一架動力航空器「萊特飛行者」（Wright Flyer）時，已經知道蘭利就要發表他的「偉大空中跑者」（Great Aerodrome）了。

其實他們不必擔心。1903年10月7日，蘭利的偉大空中跑者一起飛就直接墜入了波多馬克河（Potomac River）；同年12月8日的第二次嘗試，也因為航空器在起飛時解體而宣告失敗。他們沒有競爭對手了。

1903年12月14日，萊特兄弟組裝了他們的「飛行者」。韋爾伯從一處高沙丘起飛，卻因為失速而在起飛後三秒就重重落地。經過一番修理之後，兩兄弟於12月17日再次嘗試，從平坦沙地上的一條木軌道起飛。他們輪流飛行。奧維爾第一次試飛維持了十二秒。不過，寫下歷史的是當天由韋爾伯操作的第四次及最後一次試飛。他在五十九秒內飛行了260公尺（653呎），是全世界第一次有人控制重於空氣的航空器持續飛行。

兩兄弟針對這次飛行向媒體發布了一份低調

的聲明。他們保持謹慎，不透露成功的祕訣，因為接下來他們還要取得專利，並藉由公開演示飛行來證明他們的成果。在他們繼續改善飛行者的時候，其他人也快要迎頭趕上了。大西洋另一側的歐洲競爭者都對萊特兄弟的聲明持懷疑態度。

在法國，亞伯托‧桑托斯‧杜蒙（Alberto Santos-Dumont）也聲稱進行了「第一次飛行」，他於1906年11月12日以類似風箏架構的14-bis航空器飛行了220公尺（722呎）。然而，韋爾伯抵達法國，於1908年8月8日在利曼（Le Mans）附近發表一次成功的示範飛行，平息了一切懷疑的聲浪。這架更先進的A型飛行者（Type A Flyer）擁有良好操控性，充分證實了萊特兄弟的聲明。

在小鷹鎮取得偉大成就的萊特兄弟自此享譽世界。他們在1904年及1905年繼續打造飛行者的改良版本，也嘗試引起美國陸軍的興趣。最

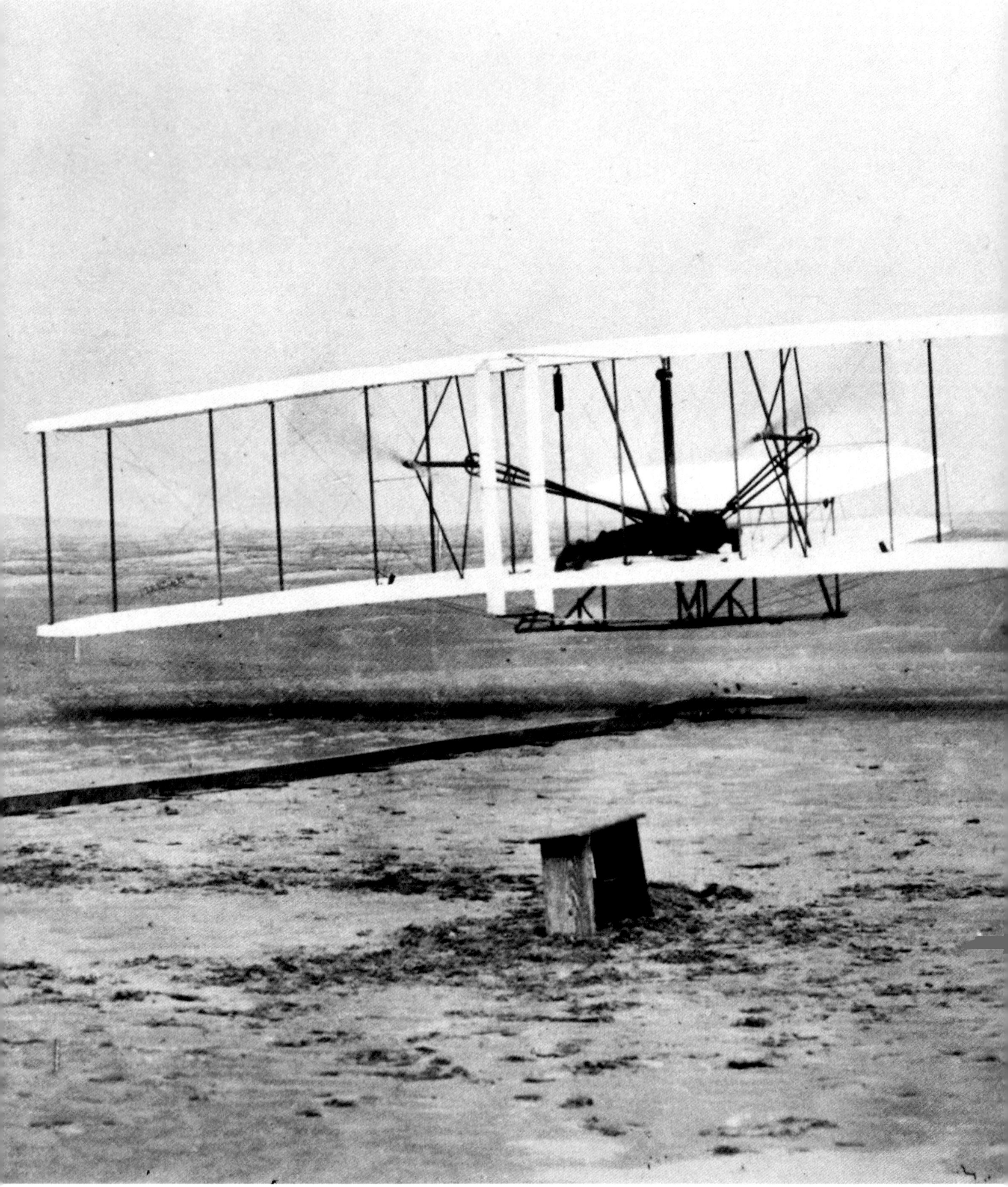

韋爾伯‧萊特與奧維爾‧萊特　WILBUR & ORVILLE WRIGHT

左圖：萊特兄弟的航空器在1903年於北卡羅來納州小鷹鎮進行第一次動力飛行。

下圖：塔夫特（Taft）總統在1909年於白宮接見萊特兄弟。

後，美國陸軍與萊特航空公司（Wright Aircraft Company）於1908年2月簽訂合約，購買一種能夠搭載一位駕駛和一位乘客的飛機，即韋爾伯當時在法國演示所使用的A型飛行者。可惜的是，這對兄弟為了保護專利而耗費太多精力打法律戰，浪費了一些在航空器發展方面的領先優勢。他們生產的航空器很快就遇到競爭對手，有些製造廠的設計不但趕上他們，甚至還克服了飛行者的一些缺點。

針對專利權的漫長法律糾紛對兩兄弟造成了損害。因為訴訟而筋疲力盡的韋爾伯在1912年5月30日死於傷寒。不久後，奧維爾在1915年賣掉了自己在公司裡的股份，以航空工程師顧問的身分回到研發領域。史密森尼學會（Smithsonian Institution）將山謬‧皮爾龐特‧蘭利視為第一位真正建造出飛機的人，而奧維爾持續捍衛他們兄弟倆的名聲。最後，史密森尼學會讓步了，也因此獲得展示飛行者的權利。奧維爾於1948年過世前，已經親眼看到人們搭乘飛機這個難以置信的夢想成為日常現實。

古列爾莫・馬可尼
GUGLIELMO MARCONI

在跟空間與時間的搏鬥中，人類每天都往勝利前進。

——古列爾莫・馬可尼

偉大成就

無線電報
無線電波系統之專利
1896年

第一次國際無線通訊
從法國至英國，1899年

跨大西洋訊息
從英國至加拿大
1901年

諾貝爾獎
在物理學領域共同獲獎
（另一位為卡爾・費迪南・布勞恩〔Karl Ferdinand Braun〕），1909年

鐵達尼號
使用馬可尼的無線電發送求救訊號，1912年

上圖：古列爾莫・馬可尼

義大利發明家古列爾莫・馬可尼的無線電報推動了遠距離無線電傳輸的發展，也主導了史上最悲慘事件的大規模救援行動。

1874年4月25日，古列爾莫・馬可尼出生於義大利波隆那（Bologna），父親為義大利貴族，母親是愛爾蘭人。他的父母相當富有，讓他接受私人教育，學習數學、化學及物理學。雖然未註冊入學，但馬可尼獲得許可到波隆那大學（University of Bologna）聽課。馬可尼在這裡了解了德國物理學家海因里希・赫茲在電磁輻射（無線電波）方面的成就。1894年，馬可尼開始在家中閣樓的實驗室從事實驗，試圖運用赫茲的發現，開發出一種通訊系統。當時藉由電報遠距離傳送摩斯電碼訊息的作法已經行之有年，馬可尼則認為在不需纜線的情況下使用無線電波也可能做到。

同年年底，馬克尼組裝出一部無線電發射機兼接收機，可以觸發家中另一處的響鈴。1895年夏天，馬可尼到戶外設立了一具很高的天線，將無線電信號廣播到2.5公里（1.5哩）外的距離。馬可尼聯繫了義大利郵政電報部（Ministry of Post and Telegraphs），展示他的無線電報機，結果對方毫無興趣。於是，馬可尼帶著介紹信前往英國，而英國郵政局的總工程師威廉・普里斯爵士（Sir William Preece）鼓勵他，在1896年以他的無線電波通訊系統取得了專利。

古列爾莫・馬可尼 GUGLIELMO MARCONI

下圖：馬可尼看出藉由電磁輻射發送與接受訊息的發展潛力，率先開發了國際無線電通訊。

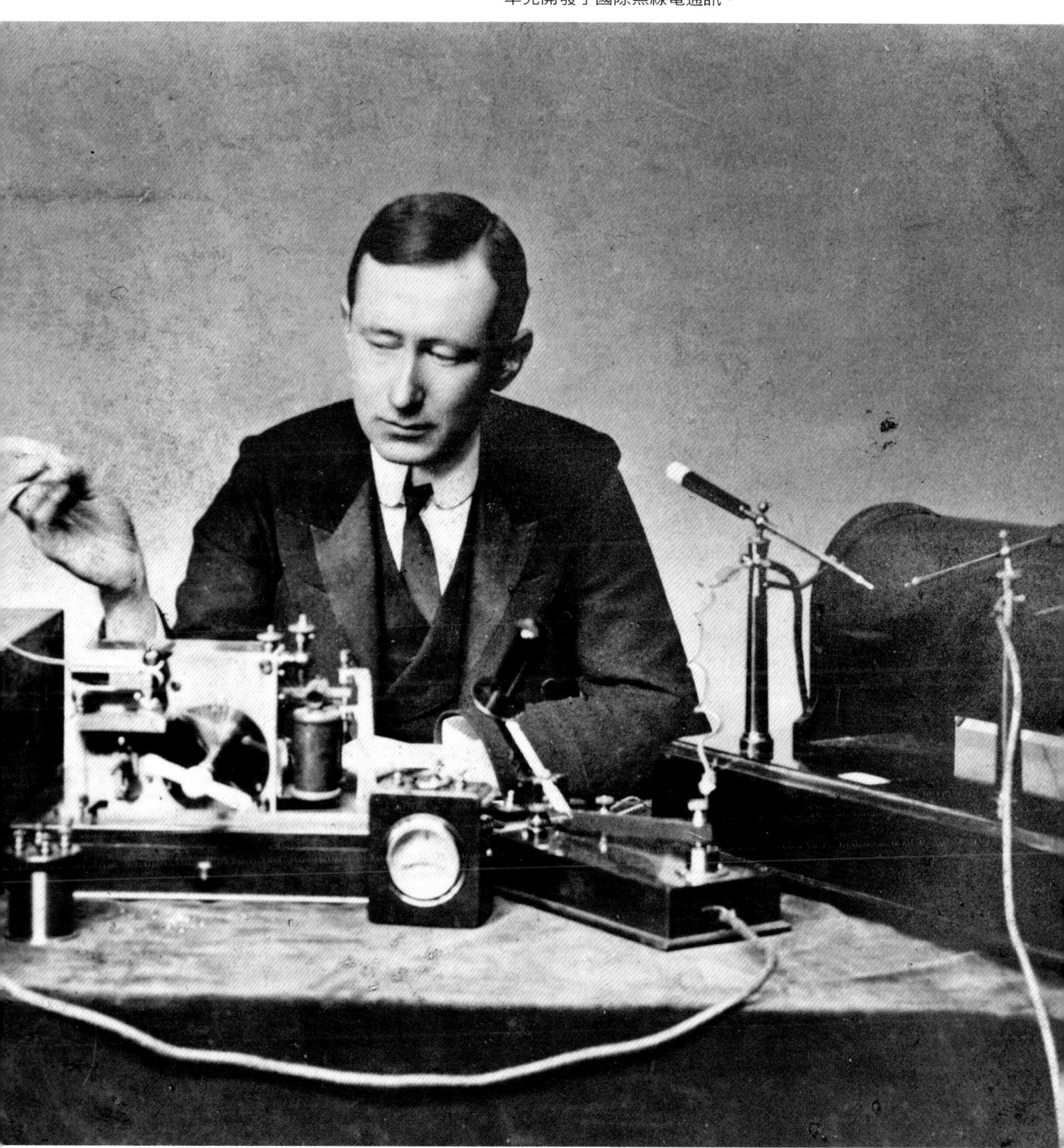

上圖：全世界第一則跨大西洋無線電訊息，是在1901年從英國康沃爾郡波爾杜（Poldhu）的這個地點傳送，當時使用了四座高65公尺（213呎）的天線塔。

馬可尼開始向英國政府展示無線電系統的發展潛力。1897年，他將一則摩斯電碼訊息傳送到超過6公里（4哩）遠之外，跨越了索爾茲伯里平原（Salisbury Plain）。

1899年3月27日，他的訊息跨過了英吉利海峽，從法國維姆勒（Wimeraux）傳送到英國多佛（Dover）的南岬燈塔（South Foreland Lighthouse）。這則訊息的傳送距離有50公里（30哩），是史上第一次的國際無線電訊。同年稍晚，馬可尼提供設備給兩艘船，將美洲盃帆船賽的賽況即時通報給報社，因此大獲好評。

一般認為，以「直線」傳播的無線電波無法沿著地球的弧線行進，但馬可尼還是嘗試這麼做。1901年12月12日，馬可尼和助手喬治·坎普（George kemp）在紐芬蘭（即現今的加拿大）聖約翰市（St John's）的一座小山上，接收到了從3500公里（2200哩）外的英國康沃爾直接傳送的訊息。雖然訊息內容只是摩斯電碼中的"S"，不過這證明了無線電波能夠跨越大西洋。馬可尼並不知道無線電波其實是透過地球的高層大氣反射，但他很高興遠距離無線通訊的嘗試成功了。後來的測試則讓信號在愛爾蘭與阿根廷、英國與澳洲之間傳遞。

1912年4月15日，英國皇家郵輪鐵達尼號（Titanic）撞到冰山開始下沉，而無線通訊就在此時派上了用場。船上人員使用馬可尼的裝備送

古列爾莫・馬可尼 GUGLIELMO MARCONI

出求救訊息，被三個半小時航程外的客輪喀爾巴阡號（Carpathia）接收到。喀爾巴阡號從鐵達尼號的二十艘救生艇上救起了七百零五人。

1920年代，馬可尼實驗使用更短的波長進行無線電傳輸。這麼做的好處是可以增加信號強度、廣播更精準，訊息被攔截的機會也比較低。1924年，馬可尼的公司獲得一紙合約，要在英國與大英國協的成員國之間提供短波通訊。馬可尼的公司也參與了英國早期的電視轉播。

馬可尼有過兩段婚姻，娶的都是貴族之女，過著非常富裕的生活。他在1935年回到義大利，開始積極支持墨索里尼（Mussolini）的法西斯黨。1937年7月20日，他在多次心臟病發後於羅馬過世，以國葬方式入土。

馬可尼並不是第一個運用無線電波的人，而他使用的技術有許多都是從其他發明家的成果開發而來。1904年，馬可尼在爭取發明無線電通訊專利的訴訟中打敗了尼古拉・特斯拉（參閱第136頁），後來便藉由供應國際無線電通訊技術而獲利。（法院於1943年推翻這項裁決，將專利判給特斯拉，而特斯拉也在同年過世。）馬可尼運用並開發其他人的成果，讓無線電通訊成為國際間廣泛使用的技術。他過世時，全世界的發射機都關閉，靜默了兩分鐘以紀念這位工程師。

下圖：這部大型廣播發射器來自艾塞克斯郡切爾姆斯福德（Chelmsford）的馬可尼工廠，是於1919年至1920年間，首度在英國運作的裝置。

莉蓮・莫勒・吉爾布雷斯
LILLIAN MOLLER GILBRETH

工作者心理健康所支配的……不僅是其身體健康，還包括其工作意願。

——《管理心理學》（*The Psychology of Management*），1914年

偉大成就

《管理心理學》
莉蓮發表之論文
1914年

家庭管理
針對家政提出改善
1929年

普渡大學
第一位女性工程教授
1935年

美國國家工程學院
第一位獲選的女性
1965年

胡佛獎
來自美國土木工程師學會
1966年

上圖：莉蓮・吉爾布雷斯

美國工程界的第一夫人莉蓮・莫勒・吉爾布雷斯是最早獲得博士學位的女性之一。她運用對心理學的知識，關注員工健康，將工作場所的效率提升到新的境界。

莉蓮・莫勒是在1878年5月24日出生於美國加州的奧克蘭（Oakland）。她的家境富裕，她在九個子女中排行老大，可是個性相當內向，起初還得在家裡接受教育。莉蓮開始上小學後，很難交到朋友，不過對音樂和詩展現了天分。當時的風氣認為女孩不必念大學及找工作，莉蓮的父母也期望她找到一位富有的丈夫。但莉蓮有自己的想法，於是註冊了加州大學柏克萊分校的一項教學課程。她在英國文學與心理學表現優異，於1900年獲得在畢業典禮上演講的殊榮。

莉蓮在1903年認識了法蘭克・邦克・吉爾布雷斯（Frank Bunker Gilbreth），吉爾布雷斯在波士頓擁有一家建築公司，相當富有。兩人在交往

莉蓮・莫勒・吉爾布雷斯 LILLIAN MOLLER GILBRETH

一年後結婚。在法蘭克的建議下，莉蓮將研究重心集中於心理學，期望有利於幫助他管理事業。此後，這對夫妻就一起合作，要找出最棒又最有效率的工作方法，為工廠提高生產力。他們的見解也改變了全世界的工作實務。

莉蓮與法蘭克有一個大家庭，總共生了十二名子女。後來，孩子們將對家庭生活以及父母在家中嘗試效率方法的敘述，集結成兩本書：《十二生笑》（Cheaper by the Dozen）與《腳趾上的美女》（Belles on their Toes），而且都被改拍成電影。

莉蓮・莫勒・吉爾布雷斯是工業管理領域的先驅。她在理論中很關注工作者的福利以及如何善用時間。她也改良工廠的工具與機械，將其標準化，使用起來更方便。1913年，吉爾布雷斯夫婦開始講授他們的概念，成立科學管理暑期學校（Summer School of Scientific Management），總共經營了四年。

莉蓮於1914年出版了論文，這也是她最重要的作品《管理心理學》。但由於出版社的要求，吉爾布雷斯夫婦先前針對管理概念撰寫的書，都無法放上莉蓮的名字。他們竟然認為女人的名字會減損書籍的權威性！

1924年夏天，法蘭克・吉爾布雷斯死於心臟病，享年五十五歲。莉蓮從未再婚，也從未放棄他們的構想。工程界的沙文主義態度，使得莉蓮難以繼續擔任產業顧問，不過她還是持續講授，也發現了一個需要改善時間管理的新領域——家庭。她簡化了家務，也減少家務耗費的時間，希望藉此解放女性，讓她們可以在更廣大的世界中找到其他工作。她在1929年的女性博覽會（Women's Exposition）展示自己的作法，讓廚房的布局獲得改善，包括採用節省時間的技術。她

左圖：莉蓮不只建議工廠以更有效率的方式運用時間，也改良了工具設計，讓工具使用起來更為便利。

上圖：離開工廠領域後，莉蓮也改善了廚房的布局，節省在家中耗費的時間，儘管她本人幾乎不會烹飪。

建議了簡單的改善方式，例如使用踏板垃圾桶，以及在冰箱門上加裝層架。她的專利發明包含了電動開罐器和洗衣機廢水管。

1930年代經濟大蕭條期間，莉蓮擔任了胡佛（Hoover）總統的顧問，協助失業人口尋找新工作，並創設成功的「共享工作」（Share the Work）方案。莉蓮在第二次世界大戰期間，繼續擔任政府的顧問，協助改造工廠以符合軍方需求。

1972年1月2日，她因為中風而在亞利桑那州的鳳凰城（Phoenix）過世。她獲得的獎項不計其數，其中有二十三個榮譽學位，最著名的是，於1966年因為傑出公共服務獲頒了胡佛獎（Hoover Medal）。她對產業實務影響深遠，不只提升生產力，也改善了勞動人口的健康與福利，因而被稱為「世界最偉大的女工程師」。

羅伯特・戈達德
ROBERT H. GODDARD

很難說有什麼不可能的事，因為昨天的夢想是今天的希望，也是明天的現實。

——羅伯特・戈達德

偉大成就

多節火箭
專利核准，1914年

真空測試
實驗室測試證明有可能在真空中推進，1915年

火箭筒原型
管狀的火箭發射器
1917年

第一次火箭發射
由液體燃料提供動力
1926年

酬載飛行
火箭搭載了氣壓計、溫度計、相機，1929年

陀螺儀控制
導引火箭飛行，1932年

最高高度
火箭高度達2.7公里（1.7哩），1937年

上圖：羅伯特・戈達德

儘管遭受媒體揶揄，羅伯特・戈達德依然追逐並實現了以液體燃料發射火箭的夢想，今日也被視為現代火箭科學最重要的先驅。

1882年10月5日，羅伯特・哈金斯・戈達德（Robert Hutchings Goddard）出生於美國麻薩諸塞州的伍斯特（Worcester），是家中唯一存活下來的孩子，父親則是一位旅行推銷員。戈達德從小就對科學著迷，父母也很鼓勵他，送給他一付望遠鏡和一台顯微鏡。戈達德是個體弱多病的孩子，非常愛看科學雜誌和赫伯特・喬治・威爾斯（Herbert George Wells）寫的科幻小說。十幾歲時，他已經開始用風箏和充氣的金屬氣球做實驗了。

右圖：美國工程師羅伯特・戈達德克服了健康問題與媒體嘲諷，證明人類有可能將火箭送進太空。

下圖：羅伯特・戈達德於1918年打造的火箭發射器，跟後來的火箭筒非常相似。

羅伯特・戈達德 ROBERT H. GODDARD

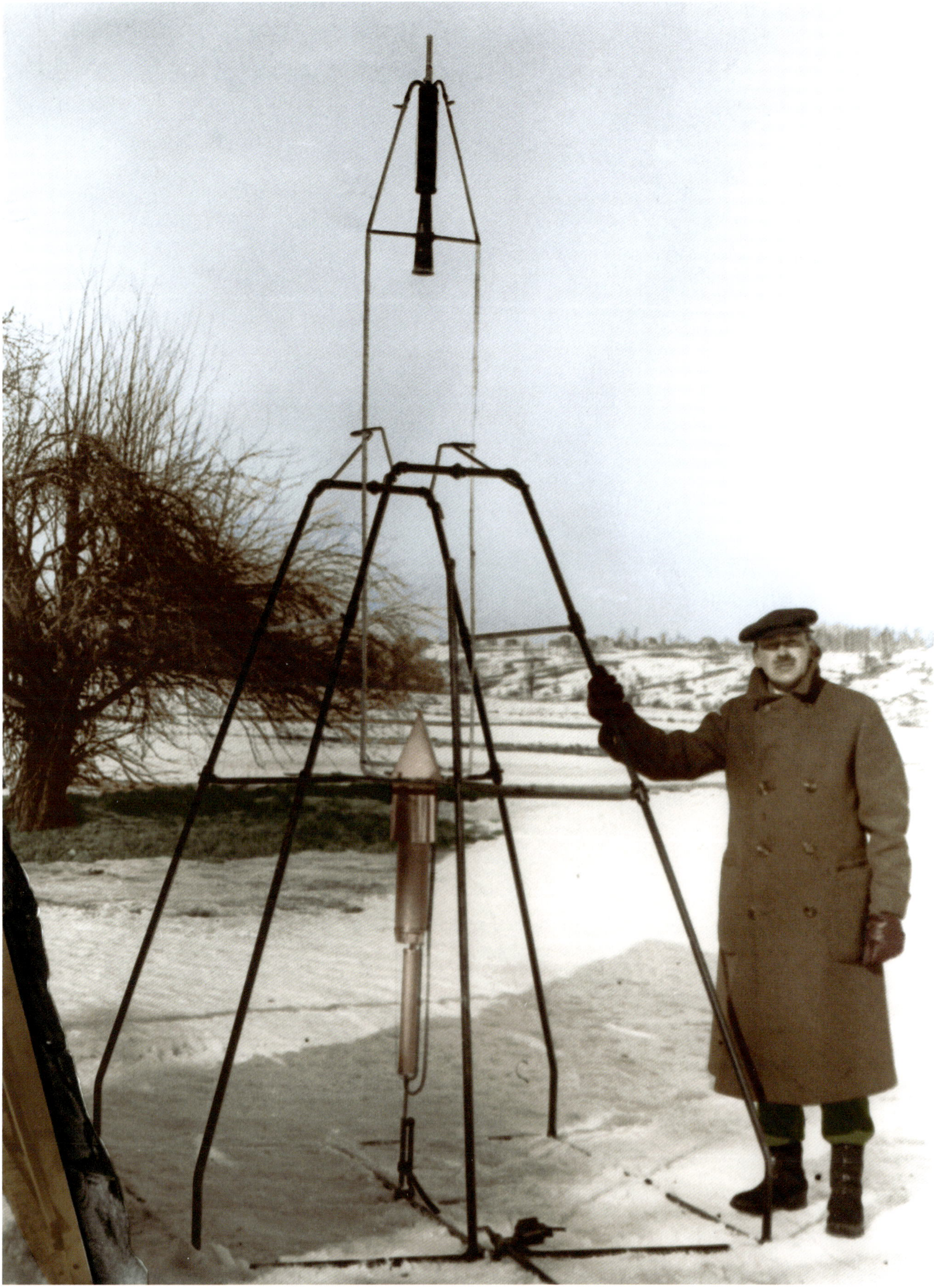

羅伯特・戈達德 ROBERT H. GODDARD

1904年，戈達德進入了伍斯特理工學院（Worcester Polytechnic Institute）就讀，其表現讓物理老師相當讚賞，還邀請他擔任實驗室助理與助教。他想像過這樣的未來：人類搭乘懸浮於真空管中的車輛，藉由電磁的動力前往任何地方。

後來，戈達德前往普林斯頓大學（Princeton University）繼續研究，獲得了博士學位。在那裡的期間，他提出了使航空器保持穩定的構想。他的理論符合現代所發展的陀螺儀（一種能夠測量方位以協助駕駛員保持航向的裝置）。

1909年，他提出了關於火箭的概念。他在測試固體燃料後得出結論，認為液體燃料比較有效率，是最好的推進劑。戈達德建議使用液態氫，並以液態氧做為氧化劑協助燃燒。

戈達德在經歷一場疾病並痊癒後，到克拉克大學（Clark University）擔任兼職講師。這讓他有時間可以從事火箭技術的實驗。當時一般人認為在真空的空間中無法產生推動力，所以火箭不能運行，但戈達德在大學的實驗室裡證明了沒有空氣仍然能夠推進。1914年，戈達德註冊了兩項重要專利，一項是多節火箭設計，另一項是使用液體燃料的火箭，這兩個概念為往後數十年的火箭設計打下了基礎。

1917年，史密森尼學會根據戈達德的《到達極端高度之方法》（A Method of Reaching Extreme Altitudes）這份報告，決定支持他的火箭研究。第一次世界大戰期間，戈達德也根據他的實驗提供了武器方面的構想，其中一個計畫是一種圓柱狀的火箭發射器，類似後來的火箭筒。但在他的設計開始生產之前，戰爭就結束了。

戈達德的想法超前時代。他在1920年寫給史密森尼學會的一封信中提出了一些構想，像是使用火箭上的相機拍攝行星、將訊息刻在金屬盤上送到太空，以及藉由太陽能為太空船提供動力。然而，媒體認為戈達德的概念太過異想天開，於是在報導的標題上揶揄他，例如「以為火箭能夠到達月球」。從那時起，戈達德就決定不讓大眾知道他的進度。不過，同領域的科學家與工程師對他的理論卻相當感興趣，而且在準備發動軍事衝突的德國就有好幾位。

1923年11月，戈達德成功測試了一部使用液體燃料的引擎。在多次改善之後，他已經準備好嘗試第一次使用液體燃料發射火箭。1926年3月16日，戈達德在阿姨艾菲（Effie）位於麻薩諸

左圖：1926年3月16日，戈達德將液體燃料火箭「尼爾」發射至空中12.5公尺（41呎）的高度。這段2.5秒的飛行開啟了火箭時代。

右圖：可動的空氣舵與燃氣舵能讓戈達德的火箭保持航向。

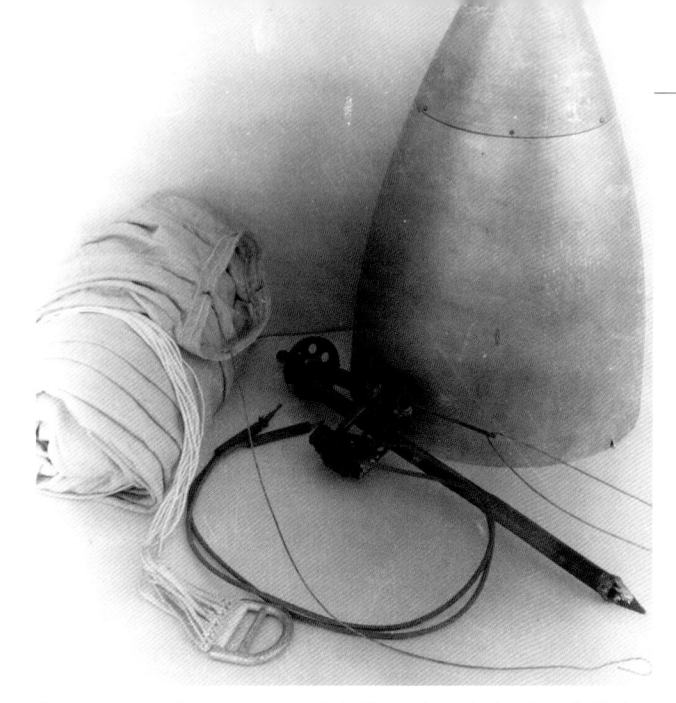

上圖：戈達德在1935年的火箭所使用之鼻錐、降落傘及釋放裝置。

右圖：自1930年夏天起，戈達德擁有了資金在新墨西哥州羅斯威爾雇用人員協助打造並測試他的火箭設計。

塞州奧本（Auburn）一座覆滿白雪的農場上發射了小型火箭「尼爾」（Nell），他使用的燃料是汽油與液態氧，飛行的高度為12.5公尺（41呎）。這個不起眼的成果開啟了火箭時代。

有了這次突破，再加上飛行員查爾斯・林白（Charles Lindbergh）的介入，讓戈達德收到了古根漢（Guggenheim）家族的大筆資助。現在，戈達德可以在新墨西哥州羅斯威爾（Roswell）的一座基地雇用人員並主導試飛了。1937年，他發射一枚液體燃料火箭，升空的高度超過2.7公里（1.7哩）。他持續改善火箭設計，後來開發出燃油泵、自冷式馬達以及使用陀螺儀的導引系統。

第二次世界大戰期間，戈達德自告奮勇為國家效力，因此必須放棄在羅斯威爾的基地，到馬里蘭州為海軍打造噴射輔助起飛（jet-assisted take-off, JATO）引擎。但是，他來到美國東岸後，健康狀況逐漸惡化。戈達德在1945年8月10日死於喉癌。儘管戈達德受過嘲弄，也缺少政府的支持，但他的成就還是啟發了後人，影響導彈與美國太空計畫的開發。為了紀念戈達德，有一顆小行星以及月球上的一處隕石坑，都是以他的名字來命名。

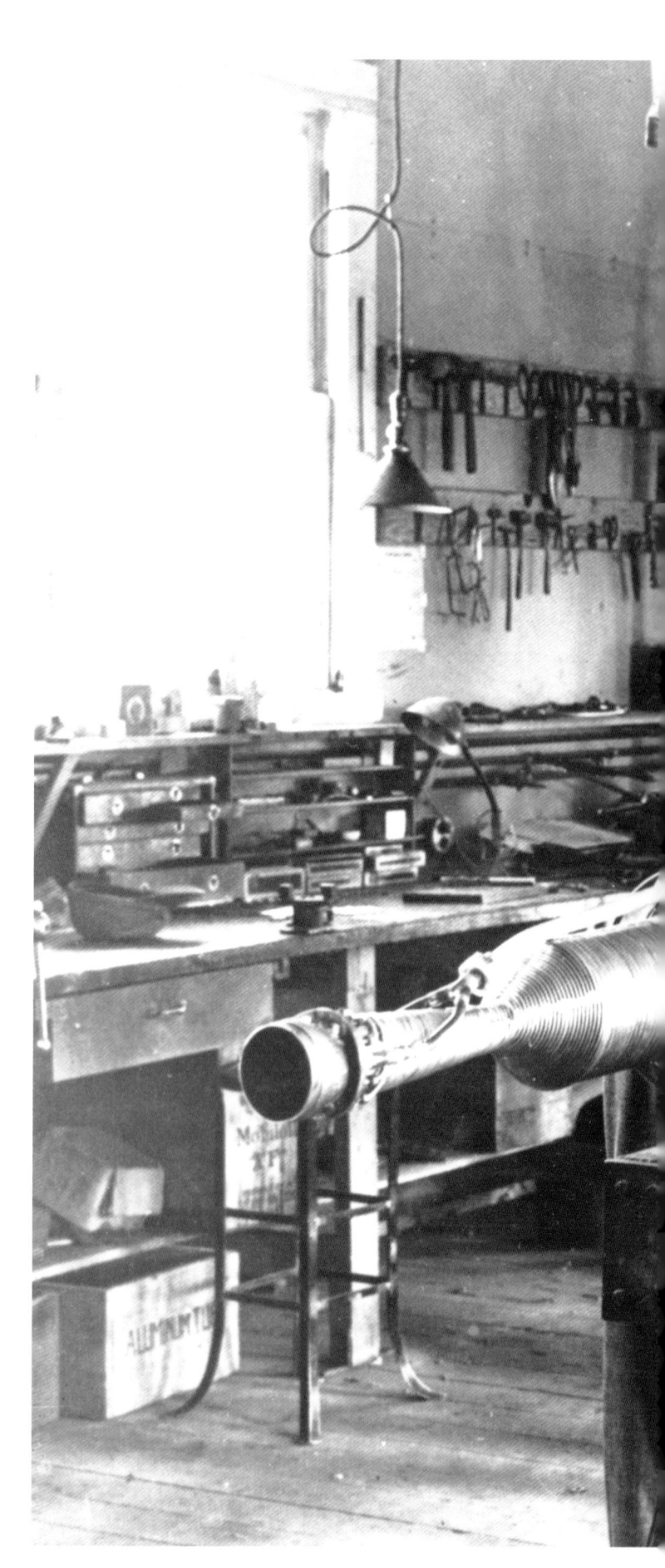

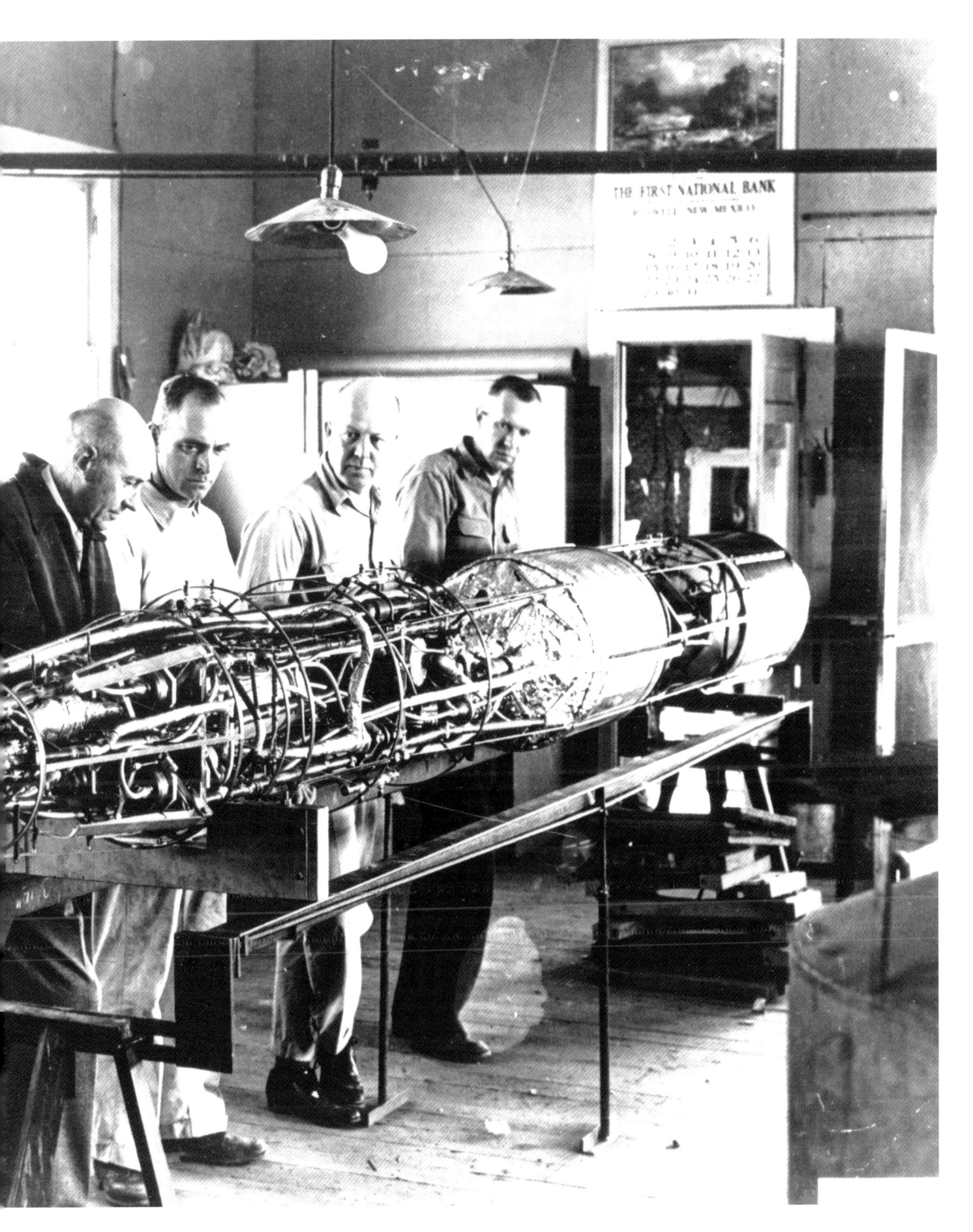

羅伯特·戈達德 ROBERT H. GODDARD

諾拉・斯坦頓・布拉奇・巴尼
NORA STANTON BLATCH BARNEY

一位有天分的工程師、建築師與數學家，為其他女性開創了道路，讓她們能在這些領域發揮長才。

——紐約市環境保護局代理局長文森・薩皮恩札（Vincent Sapienza），2017年

在以工程為業和成為家庭主婦之間，諾拉・斯坦頓・布拉奇・巴尼選擇了工程。她是第一批在美國獲得工程學位的女性，對紐約市供水系統有重大的貢獻，並以特別的方式獲得了榮譽。

諾拉・斯坦頓・布拉奇・巴尼在1883年9月30日出生於英國的城鎮貝斯辛托克（Basingstoke）。諾拉的英國籍父親是一家釀酒廠的經理，美國籍母親和外祖母都是美國女性參政運動的領導人物，積極要求讓女性擁有投票權。諾拉也追隨她們的腳步，爭取男女平等的權利。

十幾歲時，諾拉到紐約的霍瑞斯曼學校（Horace Mann School）就讀，對數學很有熱情，而她會在暑假時回到英國的家。後來，諾拉的家人於1902年移居美國，她也進入了位於伊薩卡（Ithaca）的康乃爾大學（Cornell University）。她是第一批獲准就讀西布利工程學院（Sibley School of Engineering）的女性。三年後，她得到了土木工程學位，而她的論文《壓力管道內的沙與水流動之實驗研究》（*An Experimental Study of the Flow of Sand and Water in Pipes under Pressure*）也獲得高度讚賞。

偉大成就

壓力管道內的沙與水流動之實驗研究
1905年

土木工程
第一位在美國獲得此領域學位的女性，1905年

紐約市水務局
考試合格錄取，1906年

美國土木工程師學會
第一位女性會員
1906年

卡茨基爾山水庫與輸水道，紐約
該區最早的水庫與輸水道
1915年

女性政治聯盟
會長，1915年

上圖：諾拉・斯坦頓・布拉奇・巴尼

上圖：諾拉・斯坦頓・布拉奇・巴尼是第一位獲得土木工程學位的美國女性。

諾拉・斯坦頓・布拉奇・巴尼 NORA STANTON BLATCH BARNEY

諾拉在哥倫比亞大學（Columbia University）進一步研究數學與電學後，前往李・德弗雷斯特（Lee de Forest）的實驗室擔任助理（他是無線電真空管的發明者）。他們在1908年結婚。儘管諾拉擁有丈夫缺少的工程學位，還是拒絕到德弗雷斯特的電容器工廠工作。德弗雷斯特對妻子有工作一事感到很不自在，他們在一年後分居，而諾拉在不久後生下了他們的女兒哈莉特（Harriot）。

諾拉回到工程界，在雷德利鋼鐵建設公司（Radley Steel Construction Company）當了三年的助理工程師兼繪圖員，後來於1912年到紐約公共服務委員會（New York Public Service Commission）擔任建築師、工程檢查員及鋼結構設計師。

1915年，諾拉接任女性政治聯盟（Women's Political Union）的會長一職，除了發起運動，也以聯盟刊物《女性政治世界》（*Women's Political World*）編輯的身分撰寫文章，爭取男女平權。她於1919年再婚，嫁給海軍建築師摩根・巴內特（Morgan Barnet），兩人搬到康乃狄克州的格林威治（Greenwich），而諾拉在那裡的工作是房地產開發商。

取得資格的諾拉，除了為美國橋梁公司（American Bridge Company）設計橋梁，也替一家水源供應商設計地下隧道。在美國橋梁公司的辦公室裡有五十位男性，而諾拉是唯一的女性，但是大家都跟她相處融洽，而她也會確保自己跟男性同事領到同樣的薪資。不到三個月，她已經負責指揮九個男人，也會親自到鋼鐵廠監工。不過，她發現無論是男性或女性勞工在工廠都會被剝削，得到的薪資也過低，而他們選擇了接受現實。在美國橋梁公司工作九個月後，她通過了考試，到水務局擔任助理工程師。她在這裡的職務是繪圖技術員，負責繪製紐約市位於卡茨基爾山（Catskill Mountains）的第一座水庫和一條輸水道。

雖然諾拉擁有能力與資歷，但經常遭到同事不平等的對待。她是第一位獲准加入美國土木工程師學會的女性，卻只是初期會員。一直到1927年，學會才給予女性完整的會員資格。（美國土木工程師學會在2015年追加給她）。

諾拉於1971年1月18日在格林威治過世。為了感謝她對紐約市供水基礎設施的廣泛貢獻，該市環境保護局於2017年將造價三千萬美元的隧道鑽掘機命名為「諾拉」。她的孫女科琳・詹金斯（Coline Jenkins）在命名儀式上表示：「諾拉會不斷地前進與突破，正如她的一生。」

奧莉薇・丹妮絲
OLIVE DENNIS

沒有女人當過工程師，不代表女人就不能當工程師。

——奧莉薇・丹妮絲

偉大成就

從康乃爾大學取得工程學位
她是第二位從康乃爾取得工程學位的女性，而且僅用一年就完成課程。
1920年

巴爾的摩與俄亥俄鐵路工程部繪圖員
1920年

晉升為服務工程師
1921年

辛辛那提號
丹妮絲負責徹底改造整輛列車，讓乘客更加滿意。
1947年

上圖：奧莉薇・丹妮絲

二十世紀初，女性在工程領域的發展機會非常有限。制度化的阻礙使得女性難以在教育機構學習工程相關知識，整個產業也一直由男性主導。奧莉薇・丹妮絲是一位堅定的女性，克服了這些障礙，一輩子都從事著熱愛的工程工作。她在鐵路工程領域發揮長才，後來成為美國運輸界的重要人物。

1885年，奧莉薇・丹妮絲於費城出生，六歲時全家搬到了巴爾的摩（Baltimore）。母親教她縫紉的技巧，但她更熱中於製作東西。收到玩偶時，她使用父親的木工工具替玩偶建造了一棟房子，而且還有家具。於是，父親在聖誕節送給十歲的丹妮絲一組工具。她用這組工具替弟弟打造出會動的模型電車。從家裡前往學校的途中，她偶爾會停下來看工地的起重機和吊桿運作。這些最早期的跡象顯露出她對工程愈來愈著迷。

丹妮絲是個有天分的學生。畢業後，她到巴爾的摩古徹學院（Goucher College）就讀，專攻數學與科學，並以班上最優異的成績畢業。丹妮絲獲得獎學金，進入紐約的哥倫比亞大學研究數學和天文學，並取得碩士學位。二十歲出頭的她找到了一份工作：在華盛頓特區的麥金利手工培訓學校（McKinley Manual Training School）教數學。雖然丹妮絲繼續擔任教師將近十年，但她沒有忘記小時候對工程的夢想。她會在休假時上暑期學校，研究測量與土木工程。當弟弟提起自己正在學習工程

下圖：丹妮絲在工程方面的改善，徹底改變了流線型火車的效能與乘客體驗，例如辛辛那堤號。

奧莉薇・丹妮絲 OLIVE DENNIS

學,丹妮絲也決定該是自己追逐夢想的時候了。

1919年,丹妮絲辭去教職,進入康乃爾大學研究結構工程。這是兩年制的學位課程,可是丹妮絲僅用一年就完成了。三十五歲的她,終於完整取得工程師的資格。丹妮絲上台領取學位證書時,觀眾席裡有個男人輕蔑地問:「唉呀,一個女人在工程界到底能做什麼呢?」因此,丹妮絲暗自下定決心,要讓全世界看到女性工程師能做到什麼。當巴爾的摩與俄亥俄鐵路公司(Baltimore and Ohio Railroad)給她一份橋梁工程部門的工作,她就知道機會來了。雖然她只是試用員工,但這將會成為一段超過三十年的職業生涯起點。

丹妮絲花了一年的時間抄寫藍圖並設計出一座鐵路橋。巴爾的摩與俄亥俄鐵路公司的總裁丹尼爾・威拉德(Daniel Willard)給了她一份新的職務。當時,鐵路與公車和汽車的競爭愈來愈激烈,威拉德要求丹妮絲研究巴爾的摩與俄亥俄鐵路,並提出改善的建議,希望可以吸引更多女性乘客。丹妮絲接受了服務工程師(Engineer of Service)這個新設立的職位,接下來幾年的時間就在網狀的鐵路路線上到處旅行。為了從乘客的觀點出發,她會購買普通車票搭乘,光是第一年就旅行了70,000公里(43,500哩)。她把一切都記錄下來並提出建議。

丹妮絲針對一些發現的問題,找到了工程解決方法。由於車廂內的空氣不流通,她發明了丹妮絲通風口(Dennis Ventilator),這是一種窗戶通風口,能讓乘客個別控制來使新鮮空氣進入,而且不會擋到窗外的景象。巴爾的摩與俄亥俄鐵路公司在1931年推出全世界最早的空調列車,丹妮絲也幫了很大的忙。為了讓乘客在長途旅程中更加舒適,她安裝了可調式座椅,也讓車廂的布局更符合人體工學。

丹妮絲的判斷力大受讚賞,因此上級要她徹底改造辛辛那提號(Cincinnatian)。這輛列車於1947年啟用時改善了許多地方,包括由丹妮絲設計的流線型車身外殼,將老式蒸汽火車改造成時髦的現代化流線型火車。

丹妮絲於1951年六十五歲退休時,已經在鐵路工程方面留下深遠的影響。她在六年後過世。在漫長的職業生涯中,丹妮絲一直很支持女性進入工程領域。她開拓了一條讓後世女性工程師都能夠依循的道路。

內藤多仲
TACHŪ-NAITŌ

> 他的去世代表了地震工程領域一段時代的結束。
>
> ——喬治・豪斯納（George Housner），第五屆世界地震工程會議（World Conference on Earthquake Engineering），1970年

偉大成就

日本興業銀行
東京總部，1923年

內藤之家
現為內藤多仲博士紀念館
1926年

名古屋電視塔
現為日本最早的電視塔
1954年

札幌電視塔
147公尺（483呎）
1957年

東京鐵塔
為日本最高建築結構長達五十年，1958年

上圖：內藤多仲

被稱為「塔博士」的日本建築師暨工程師內藤多仲，設計了許多耐震的堅實建築與壯觀高塔。他的觀念影響了全世界位處地震帶的國家之建築。

內藤多仲在1886年6月12日出生於日本的中巨摩郡榊村。高中畢業後，進入東京帝國大學（今日的東京大學）開始學習造船工程，後來，1904年至1905年爆發的日俄戰爭幾乎摧毀日本的航運業後，他也轉而研究傳統建築。

在內藤就讀大學的一年前，有一場大地震差點毀掉了美國舊金山。日本的位置處於環太平洋火山帶，也會面臨頻繁的地震，因此日本建築師在設計時都必須考量到這一點。內藤決心打造出能夠抗震的結構，學位論文名稱是「抗震框架構造理論」。內藤就讀大學時，備受敬重的工程師佐野利器擔任他的教授，曾給了他一把小型計算尺，而內藤在往後的生涯中，持續使用著這個計算工具。

1912年，內藤在早稻田大學成為結構工程學教授，接著便到世界各地了解其他國家如何因應地震，藉此繼續進行工程研究。雖然他發現了一些解決辦法，但真正的突破來自一場火車之旅。1917年至1918年間，內藤在第一條橫貫大陸鐵路（First Transcontinental Railroad）上橫越美國時，注意到只要列車突然停止，行李架上的行李都會被拋飛或翻滾。當時，他為了把書本與文件裝進旅行箱，便將箱內的隔板

內藤多仲　TACHŪ-NAITŌ

下圖：由內藤多仲設計並於1954年建造完成的名古屋塔，是日本最早的電視塔。

拆掉,結果行李就在運送途中毀壞了。後來,在一趟搭乘輪船的旅行中,沒拆掉隔板的旅行箱就完好無缺。(他將這個旅行箱送給兒子,後來變成了內藤之家的展示品,現在安置於內藤多仲博士紀念館。)

內藤利用隔板的概念,構想出採用鋼筋混凝土的抗震剪力牆。他把這些剪力牆以梁、柱、地板連接起來,設計出堅固的結構,即使遭受到地震的側向力也不會倒塌。

內藤的建築方法在1923年被試用於一座歌舞伎劇場、日本實業社大樓(実業之日本社ビル),以及高度30公尺(98呎)的日本興業銀行總部(由渡邊節設計)。這些建築才完工三個月,關東大地震就發生了。這場規模7.9級的災害,是大日本帝國史上最嚴重的地震,造成了許多死傷與破壞。當時有多達七十萬棟的建築倒塌或毀壞,但驚人的是,內藤的三棟建築物毫無損傷。

內藤的作法被證明正確後,他便開始在其他容易發生地震的區域(例如美國加州)向建築設計師分享自己的抗震設計理論。1926年,他在東京的早稻田大學附近設計了自己的住家,這棟抗震建築共有三

左圖:高達147公尺(483呎)的札幌電視塔於1957年完工。

內藤多仲 TACHŪ-NAITŌ

右圖：為符合日本的航空規則，內藤的東京鐵塔每隔五年就要以橘色及白色重新油漆。

層，每層樓都使用了鋼骨與鋼筋混凝土建造。不過，內藤最廣為人知的是他設計的高塔。

自1925年起，內藤在職業生涯中總共設計了十幾座收發無線電波的鋼塔，高度都在55公尺（180呎）以上，其中一座是日本目前最早的電視塔——高達180公尺（590呎）的名古屋電視塔（建於1954年，著名事蹟是在兩部哥吉拉電影中被毀掉了）。他也設計了高度103公尺（338呎）的大阪「通天閣」（1956年），以及147公尺（483呎）高的札幌電視塔（1957年）。他「最高」的成就是東京最重要的地標之一；引人注目的東京鐵塔高達333公尺（1093呎），比巴黎艾菲爾鐵塔多出9公尺（30呎），重量則輕了一半。這座廣播電視發射塔是鋼製結構，材料取自1950年代韓戰中受損的戰車，在2010年之前一直是日本最高的建築物。

內藤在晚年開始處理核能發電廠的案子，包括設計了英國的科爾德霍爾（Calder Hall）核子反應器（1956年完工）。他一直帶領著早稻田大學的科學與工程系，直到1957年退休為止。1964年，內藤獲頒了極具聲望的勳二等旭日章。

內藤多仲在1970年8月25日於東京過世，日本人為了向他表示敬意，有許多人捐款資助將他原本的住宅改建為早稻田大學內藤多仲博士紀念館，其中也包含他以前的學生。然而，在日本及其他地震帶國家中，因為內藤所分享的抗震設計知識而在災難後留存下來的那些建築，或許才是對他最大的紀念。

薇瑞娜・霍姆斯
VERENA HOLMES

> 她現在才贏得早該擁有的功績，是因為那些事蹟無法再被隱瞞了。
>
> ——克勞蒂亞・帕森斯（Claudia Parsons）於第二次世界大戰期間談薇瑞娜・霍姆斯

偉大成就

機械工程師學會
第一位女性準會員
1924年

女性技術服務註冊中心
協助提供女性軍火工人
1942年

霍姆斯與雷瑟
為女性設立的工程公司
1946年

上圖：薇瑞娜・霍姆斯

從小就熱中於工程的薇瑞娜・霍姆斯，在兩次世界大戰期間找到了發光發熱的機會。她創辦了女性工程學會（Women's Engineering Society）和自己的事業，協助許多女性效法她從事繪圖與工程方面的職業。

薇瑞娜・溫尼弗雷德・霍姆斯（Verena Winifred Holmes）出生於1889年6月23日，是英國肯特郡阿什福德（Ashford）的一位小學督導之女。據說她從小就對物件的製作方式很感興趣，會把她的玩偶拆開，了解那些零件是如何拼裝的。薇瑞娜從牛津女子高中（Oxford High School for Girls）畢業後，便擔任攝影師一職。第一次世界大戰爆發時，由於年輕男子都被送到歐洲大陸參戰，女性必須開始從事平常僅限於男性勞工的工作。熱愛工程的薇瑞娜就在亨頓（Hendon）的整體螺旋槳公司（Integral Propeller Company）協助製造木製飛機螺旋槳，也到東倫敦的肖爾迪奇技術學院（Shoreditch Technical Institute）上夜間課程。

薇瑞娜搬到林肯郡（Lincoln）後仍繼續學習，同時在工業引擎製造商拉斯頓與霍恩斯比公司（Ruston and Hornsby）負責管理一千五百位女性員工。她說服公司讓她在裝配工廠接受訓練，以獲得車工的經驗。戰爭結束後，隨著男人從前線返回原本的工作崗位，許多女人也回到處理家務的角色。然而，薇瑞娜留下來，在1919年完成了繪圖員的培訓。她也在這一年成為女性工程學會的創始成員。學會設立的目標是協助女性繼續留在勞動市場，並且鼓勵她們接受工程方面的職業。這個作法在二十年後發揮了很大的成效，因為大戰再次爆發，工廠又需要女性人力了。

三年後，薇瑞娜・霍姆斯從拉夫堡工程學院（Loughborough Engineering College）畢業且取得工程學位，並於1924年成為機械工程師學會（Institute of Mechanical Engineers）的準會員，而且是第一位受邀加入的女性。她在大學跟另一位畢業生克勞蒂亞・帕森斯（Claudia Parsons）成為畢生好友，而對方後來取得汽車工程學位。當時在大學裡研究工程的女性有三位，她們是其中之二，而同期的男性則有三百人。

在畢業後的一段時間裡，薇瑞娜曾替一家海軍工程公司做事，也在美國當過技術記者。1925年，她憑藉在輪機工程與鐵路機車工程方面的專業，創立了自己的工程諮詢事業。她取得了數項發明的專利，包括治療肺結核病患的人工氣胸裝置、外科醫師頭燈、吸引器、蒸汽機車專用氣閥，以及一種內燃機專用的氣閥。1928年，霍姆斯開始在格拉斯哥（Glasgow）的北英國機車

薇瑞娜・霍姆斯 VERENA HOLMES

下圖：薇瑞娜・霍姆斯擁有許多專利，其中一項是霍姆斯－溫菲德人工氣胸器，用於幫助受肺結核所苦的患者。

廠（North British Locomotive Works）工作，三年後則到研究工程師有限公司（Research Engineers Ltd）待了將近十年。

第二次世界大戰期間，薇瑞娜接下重責大任，為英國海軍研發魚雷的旋轉陀螺閥、增壓器及其他武器技術。她也建議政府的勞工部長厄內斯特・貝文（Ernest Bevin）訓練女性軍火工人。1940年至1944年，勞工部指派薇瑞娜擔任其總部的技術官員，並於1942年設立了女性技術服務註冊中心（Women's Technical Service Register）。

上圖：薇瑞娜‧霍姆斯在第二次世界大戰期間協助設計了魚雷的旋轉陀螺閥，這是英國海軍在大西洋之戰中不可或缺的武器。

右圖：第二次世界大戰結束後，薇瑞娜‧霍姆斯與希拉‧雷瑟設立了公司，為女性提供工程方面的工作，包括位於肯特郡吉林漢姆這座僅僱用女性的工廠。

戰爭結束後，薇瑞娜‧霍姆斯與同事希拉‧雷瑟（Sheila Leather）共同設立了自己的工程公司——霍姆斯與雷瑟（Holmes and Leather）。她們在肯特郡吉林漢姆（Gillingham）的金屬剪切廠僅雇用女性員工。這家公司擁有許多成就，其中一項是設計給學校用於裁切紙張與卡片的安全裁紙機（Safeguard Guillotine）。

身為管理人兼作家的薇瑞娜，在推動女性接受工程訓練這方面總是不遺餘力，最後於1964年2月20日過世。

五年後，她創建的女性工程學會運用她留下來的一千英磅遺產，為兒童舉辦了薇瑞娜‧霍姆斯年度系列講座，希望能夠啟發新一代的工程師。這個講座持續舉辦了四十年。

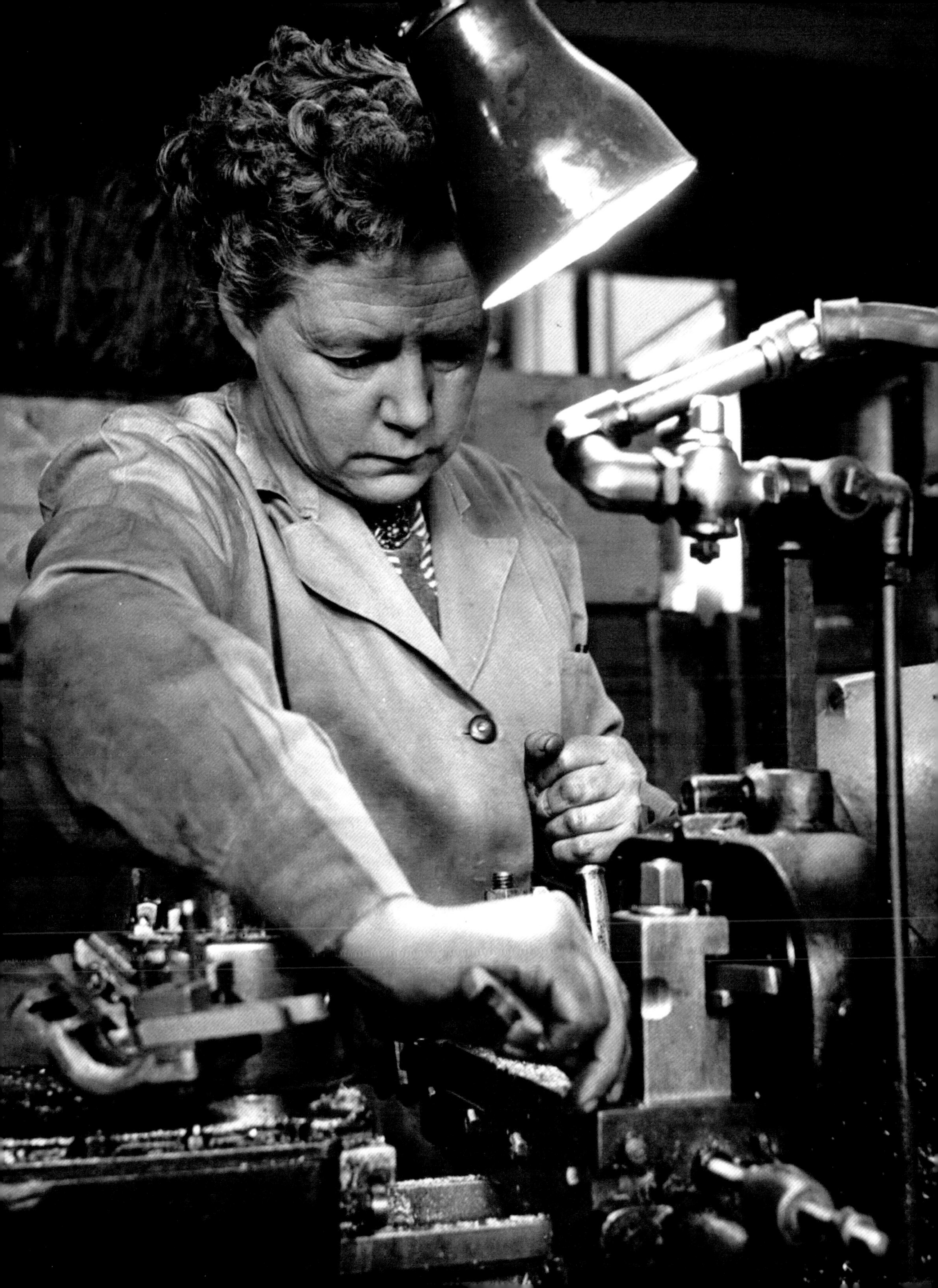

伊戈爾・西科爾斯基
IGOR SIKORSKY

如果你在世界任何一個地方遇到麻煩，飛機可以從你頭頂飛過並撒下花朵，但直升機能夠降落並救你一命。

——伊戈爾・西科爾斯基

偉大成就

S-2 單引擎雙翼飛機
首次飛行，1910年

S-5 單引擎雙翼飛機
取得飛行執照，1911年

宏偉號
第一次成功飛行的四引擎飛機，1913年

S-29-A 雙引擎雙翼飛機
最早的美國設計
1924年

S-42 美國飛剪號
飛行艇，1934年

VOUGHT-SIKORSKY VS-300
繫留直升機飛行成功
1939年

R-4
全世界第一款大量生產的直升機，1942年

上圖：伊戈爾・西科爾斯基

俄裔美籍航空工程師暨試飛員伊戈爾・西科爾斯基的航空器設計，為現代直升機打下了基礎。

伊戈爾・伊萬諾維奇・西科爾斯基（Igor Ivanovich Sikorsky）在1889年5月25日出生於基輔（位於烏克蘭），從小就對航空非常著迷。他的父親是心理學教授，母親則是有執照的醫師，兩人都很支持他的興趣。他的母親也分享了自己對藝術的熱愛，尤其是李奧納多・達文西的繪

下圖：西科爾斯基第一架成功飛行的美國飛機S-29-A，後來由破紀錄的美國飛行員羅斯科・特納（Roscoe Turner）買下，起初用於包機，之後則改造成飛行雪茄專賣店。

伊戈爾・西科爾斯基 IGOR SIKORSKY

下圖：1910年，伊戈爾・西科爾斯基站在他的原型直升機H-2旁。

圖（參閱第44頁）。文藝復興時期的藝術家達文西對工程很有興趣，畫出了複雜的飛行機器平面圖，包括一架早期的直升機。十二歲的西科爾斯基受到啟發，製作了一架以橡皮筋提供動力的小型直升機，而且成功升空。

兩年後，西科爾斯基進入聖彼得堡海軍學院（Saint Petersburg Naval Academy）就讀，不過他決定接受訓練成為工程師，三年後就離開了。1907年，西科爾斯基開始到基輔理工學院（Kiev Polytechnic Institute）的機械學院就讀。在1908年的夏天，他和父親到歐洲旅行，得知了萊特兄弟（參閱第154頁）的飛機與齊柏林（Ferdinand von Zeppelin）的飛船都飛行成功。現在，西科爾斯基也下定決心要飛上天空。

自1909年起，西科爾斯基就開始設計他的第一架直升機，使用了一具輕量的二十五匹馬力引擎，以及水平旋翼。他的嘗試並未成功，而他將此歸咎於缺乏可用的材料與資金。這項計畫還要再等幾年才能發展。目前，西科爾斯基先將注意力轉移到固定翼航空器上，打造了一系列雙翼飛機。1910年6月3日，西科爾斯基的S-2雙翼飛機飛行了幾呎。經過一些調整後，西科爾斯基讓這架飛機飛到18至24公尺（60至80呎）的高度，不過後來它就失速墜入一處深谷。西科爾斯基不畏挫折，繼續改良設計，後來，他的S-5單引擎雙翼飛機在空中飛行了超過一個小時。現在，西科爾斯基也有足夠的經驗取得飛行執照了。

接著，在一次因蚊蟲堵塞住油管而導致S-6型飛機失控墜機之後，西科爾斯基就決定在未來的設計中不能只使用一顆引擎。他的宏偉號（Grand）是一架大型的四引擎雙翼飛機，在駕駛艙後方還有一個乘客機艙。1913年，俄國沙皇尼古拉二世還前來觀看這架飛機的首航。宏偉號不僅是最早採用密閉客艙的飛機，也是第一架成功

飛行的四引擎航空器,並成為商用飛機的範本。第一次世界大戰期間,這款四引擎的宏偉號經過重新設計,被改造成轟炸機。

第一次世界大戰後,俄國發生了內戰與革命,於是西科爾斯基前往西方,在1919年3月30日抵達美國紐約,希望能在航空發展方面有更好的機會。不過,他在幾年後才又回到航空器設計的領域。1923年,在幾位前俄國軍官的支持下,西科爾斯基於紐約的羅斯福鎮設立了西科爾斯基航空工程公司(Sikorsky Aero Engineering Corporation)。一年後,在俄國作曲家拉赫曼尼諾夫(Rachmaninoff)的資助下,他製造出了S-29-A,這是最早在美國飛行的雙引擎航空器之一。S-29-A(A指的是America)能載運十四位

乘客,空速可達每小時185公里(115哩)。

1926年,他試圖設計出一架能夠跨越大西洋的飛機以贏得獎項,結果原型機偏離跑道,被火焰吞噬,以失敗收場。勉強維持著公司營運的西科爾斯基,開始研發水陸兩用飛機,這次他大獲成功,主要的訂單來自泛美航空(Pan American Airways),大多用於飛往中美洲與南美洲的航線。西科爾斯基在康乃狄克州斯特拉特福(Stratford)興建了一座新的製造廠,並且跟聯合飛行器與運輸公司(United Aircraft and Transport Corporation)達成一項協議。

已成為美國公民的西科爾斯基,在1934年

上圖:伊戈爾・西科爾斯基的四引擎飛機「宏偉號」。

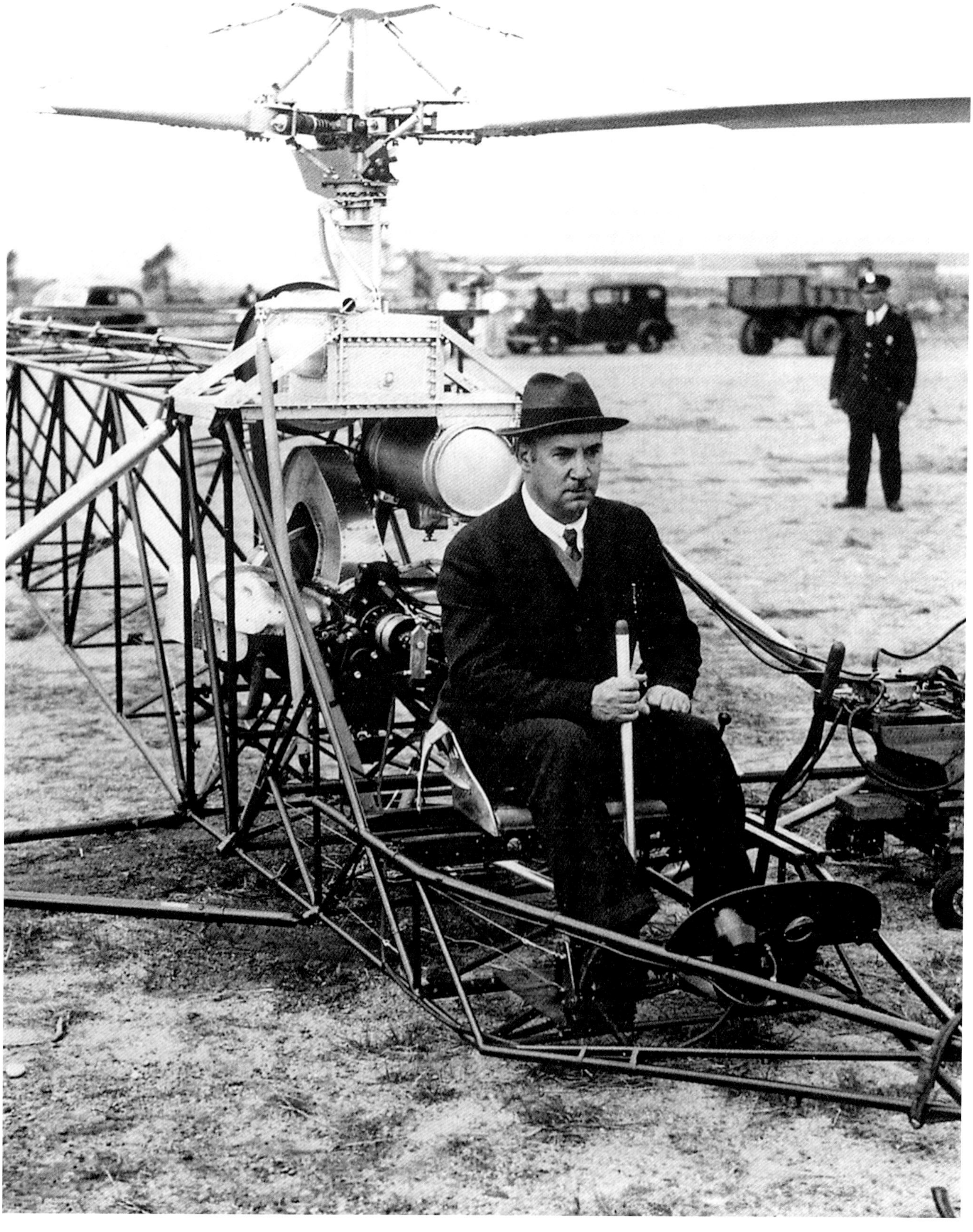

伊戈爾・西科爾斯基 IGOR SIKORSKY

左圖：俄裔美籍航空設計師伊戈爾・西科爾斯基堅持親自駕駛原型機進行試飛。

上圖：R-4是全世界第一款大量生產的直升機。

開發出一種用於橫越大西洋的大型飛行艇「美國飛剪號」（American Clipper），接著就將注意力轉回他所熱愛的直升機。他在1929年到1935年間提出了幾項「直升飛機」（direct lift aircraft）的專利申請，後來於1939年9月14日以Vought-Sikorsky VS-300機型成功執行了一次繫留試飛。VS-300有一組產生升力的主旋翼，還有一組較小型的尾旋翼用於抵銷扭矩（一種轉動的力量），而日後的直升機都採用這種配置。有了VS-300的成功後，西科爾斯基才能在1942年推出R-4，這是全世界第一款大量生產的直升機。

西科爾斯基以工程經理的身分於1957年退休，但還是繼續擔任顧問。1972年10月26日，他在康乃狄克州伊斯頓（Easton）的家中過世，而他在這一生完成了自己的夢想，將李奧納多・達文西的旋翼航空器素描變成了現實。雖然西科爾斯基在雙翼飛機與飛行艇方面有許多成就，不過他的名字已經成為直升機的同義詞。

巴克敏斯特・富勒
R. BUCKMINSTER FULLER

偉大成就

柵欄建築系統
1927年

戴美克森住宅
1930年

戴美克森汽車
1933年

第一座網格穹頂
1949年

蒙特婁生物圈
1967年

上圖：巴克敏斯特・富勒

……所有的建築都是以壓縮為基礎，所有的工程也都是這樣，他們不會將功勞歸於張力。然而，我發現，正是張力讓那些網格穹頂能夠站立……

——巴克敏斯特・富勒，「我所知的一切」（Everything I Know）講座，1975年

美國工程師兼發明家巴克敏斯特・富勒跟早期的博學家一樣，也算是一位哲學家。他最著名的事蹟是打造出網格穹頂，重新創造了古代就有的一種工程結構。然而，富勒也想打造一種更抽象的東西——未來。他從工程之中學到的觀念，影響了他廣泛的哲學觀，也讓他從人文主義視角看待技術以及形塑未來的方式。他留給世人的工程成就，除了網格穹頂，還有他的觀念和理論。

巴克敏斯特・富勒在1895年出生於麻薩諸塞州的米爾頓（Milton），來自一個充滿自由思想且歷史悠久的新英格蘭家族。雖然富勒絕頂聰明，從小就算是個發明家，但是不遵循一般規範的行為導致他被哈佛大學開除。他從事過許多工作，包括到工廠擔任技工，後來也在第一次世界大戰期間進入美國海軍服役。富勒一開始是無線電操作員，後來成為一艘救生艇的指揮，而他展現了發明的天分，設計出一種絞盤用來救起落水的飛行員。

巴克敏斯特・富勒在1917年與安・休利特（Anne Hewlett）結婚，隨後就跟著身為建築師的岳父詹姆斯・休利特（James Hewlett）一起從業。休利特設計了一種建造房屋時使用的全

巴克敏斯特・富勒　R. BUCKMINSTER FULLER

下圖：戴美克森住宅

新模組系統。這種房屋是以壓縮木屑製成的空心木塊組裝而成，並在組裝完成後將混凝土注入空心的部分，使結構固定。富勒以這種柵欄建築系統（Stockade Building System）建造了數百棟房屋，但後來他們的公司在1927年倒閉了。富勒面對財務上的危機，再加上五年前三歲女兒之死的傷痛尚未撫平，使得他陷入人生的低潮，甚至想不開還考慮過自殺。

後來，富勒聲稱有某個東西指引他，要他將生命奉獻給全人類，才讓他重新振作起來。有了這樣的動機後，富勒開始從宏觀的角度思考如何運用技術來改變世界並幫助人們。他一開始就想到了一個新概念：一種一般人負擔得起並由工廠製造的房屋。他設計出一種自給自足的住宅，有自己的儲水裝置、自然通風與衛生設備，並把這種未來式的房屋稱為「戴美克森住宅」（Dymaxion House）。這種住宅以鋁為建材，搭配有如腳踏車輪的內部支柱，因此重量很輕，能夠藉由空運送到指定位置。

戴美克森住宅是一種激進的概念，儘管展示的原型看起來很有發展潛力，卻未受到歡迎。不過，富勒對於獨立住宅的觀念則持續發揮影響，促成了後來的生態住宅設計。富勒對於房屋建築的另一個構想，是一種以波形鋼板製成的組合式圓形小屋，此作法較為成功。這種房屋的設計是為了解決第二次世界大戰期間住房短缺的問題，而美國陸軍就向他訂購了超過一百座的戴美克森部署單位（Dymaxion Deployment Units）。

富勒也在1930年代初期設計了一種未來風格的車輛——超流線型的三輪式戴美克森汽車（Dymaxion Car）。這也是極具開創性的設計，但計畫在原型階段就停止了。由於原型車1933年在芝加哥世界博覽會場外發生了一場致命車禍，讓業界不願意再投資開發富勒的構想。

下圖：戴美克森汽車

上圖：蒙特婁生物圈，這是富勒的其中一座網格穹頂。

1949年，富勒建造了第一座網格穹頂。雖然德國工程師沃爾特・鮑爾斯菲德（Walther Bauersfeld）已經發展這個概念，並於1922年以一座天文台建築取得專利，但富勒才是真正發揮其潛力的人。傳統的穹頂是利用壓縮原理將重量分散到堅固的支撐牆，但這些支撐牆的強度限制了穹頂的大小。網格穹頂則是由三角形網格組成的半球體，這會讓穹頂上的力量均勻分散到整個結構，體積也能大上許多。

跟傳統的穹頂相比，網格穹頂涵蓋的空間更多，所需的材料也少得驚人，確實是「事半功倍」。這變成了富勒的一項基本哲學：使用最少的能量與材料，讓最多的人受惠。他取得了這種設計的美國專利，也建造了一些具有代表性的穹頂，包括1967年於加拿大舉辦的世界博覽會之美國展示館，也就是今日著名的蒙特婁生物圈（Montreal Biosphere）。

雖然富勒也設計了使用網格穹頂的房屋，不過他所幻想的未來城市就跟他的許多概念一樣，都只到規畫或開發階段就中止了。然而，他的網格穹頂和遠大的創意，仍然啟發著許多人。

伊姆加德・弗呂格－洛茲
IRMGARD FLÜGGE-LOTZ

> 我想要過著從不乏味的生活，也就是不斷有新事物出現的生活。
>
> ——伊姆加德・弗呂格－洛茲

偉大成就

洛茲法
機翼升力計算，1931年

不連續自動控制
針對開關控制出版了影響深遠的著作，1953年

工程教授
史丹佛大學第一位獲得此頭銜的女性，1961年

上圖：伊姆加德・弗呂格－洛茲

德裔美籍空氣動力學專家暨工程師伊姆加德・弗呂格－洛茲，是史丹佛大學第一位女性工程教授。她提出了對飛機構造有所助益的計算方式。伊姆加德・洛茲在1903年7月16日出生於德國哈梅恩（Hamelin），從小就展現出對數學的天分。她的父親是記者，母親的家族從事建築業，父母都很鼓勵她追求技術方面的興趣。伊姆加德的父親在第一次世界大戰期間被徵召從軍，年輕的她為了幫忙補貼家用，在漢諾威中學（Hannover Gymnasium）就讀時還一邊擔任數學與拉丁文家教。1923年，她進入漢諾威的萊布尼茲大學（Leibniz University）研究數學與工程，直到1929年獲得博士學位，她通常是班上唯一的女性。

伊姆加德的第一份工作是在哥廷根市（Göttingen）的航空研究公司「空氣動力學研究所」（Aerodynamische Versuchsanstalt, AVA）擔任初級研究工程師，並跟主管路德維希・普朗特（Ludwig Prandtl）與阿爾伯特・貝茲（Albert Betz）密切合作。她很快就證明自己的價值，解決了困擾年長同事們多年的一個數學問題。伊姆加德的計算方式讓工程師更容易算出飛機機翼的升力分布。這種計算正是所謂的「洛茲法」（Lotz method），也讓伊姆加德成為部門的非官方領導人，負責決定未來的研究計畫。

1938年，伊姆加德與土木工程師威廉・弗呂格（Wilhelm Flügge）結婚。當時，希特勒的納粹黨控制了德國，而威廉・弗呂格因為反對納粹，很難在工作上得到晉升的機會。伊姆加德成為理論空氣動力學部門的首長後，職業生涯還是遭遇挫折，因為性別因素而無法獲得研究教授一職。這對夫妻決定離開哥廷根市，搬到德國首都柏林，而伊姆加德在那裡擔任德國航空研究所（Deutsche Versuchsanstalt für Luftfahrt, DVL）的空氣動力學顧問。他們搬家後不久就爆發了戰爭。1944年，同盟國對柏林的空襲轟炸，迫使這對夫妻及其部門遷移到位於德國南部鄉間的紹爾高鎮（Saulgau）。

戰爭結束後，紹爾高鎮受到法國控制，而伊姆加德和丈夫都受邀協助法國的航空研究計畫。他們於1947年移居巴黎，加入了法國國家航太研究室（Office National d'Etudes et de Recherches Aerospatiales, ONERA）。伊姆加德負責帶領一個研究團隊，專攻自動控制理論。一年後，這對夫妻搬到美國，兩人都在史丹佛大學講課。這所大學裡有一項關於夫妻的過時規定，使得伊姆加德無法成為教授，但她的丈夫卻可以。

儘管缺少了正式頭銜，伊姆加德仍然在史丹佛大學帶領研究計畫與辦理研討會，並於空氣動

伊姆加德・弗呂格－洛茲　IRMGARD FLÜGGE-LOTZ

下圖：伊姆加德・弗呂格－洛茲不僅是數學天才與空氣動力學專家，也是史丹佛大學第一位女性工程教授。

力學方面指導學生的論文。1949年，她開始在史丹佛大學授課，也針對流體動力學及空氣動力學為研究生提供相關數學課程。伊姆加德對流體力學、數值方法和自動控制，依然展現了強烈的興趣。她的研究也會使用到電腦。伊姆加德在校園裡也扮演了鼓舞人心的角色，會定期邀請學生到她家參與非正式的學習小組。

1960年，伊姆加德代表美國前往莫斯科參加第一屆國際自動控制聯合會（Congress of the International Federation of Automatic Control），她是代表團中唯一的女性，也是一群教授中唯一的「講師」。

這種差別待遇終於在下個學期改正，讓她成為史丹佛大學的第一位女性工程教授。

伊姆加德在1968年退休，但仍繼續擔任研究員，研究衛星控制系統、熱傳遞，以及高速載具的阻力。1970年，她獲選為美國航空太空學會（American Institute of Aeronautics and Astronautics, AIAA）會士。伊姆加德退休後，關節炎的狀況日益嚴重，而後久病未癒，在1974年5月22日過世於加州的帕羅奧圖（Palo Alto）。她一生中發表了超過五十篇技術論文，並且寫了兩本書。她的堅持不懈以及數學專業，讓空氣動力學領域有很大的進展。史丹佛大學在伊姆加德・弗呂格－洛茲過世四十年時向她致敬，讚揚她是讓科技大幅邁進的三十五位「工程英雄」之一。

法蘭克．惠特爾
FRANK WHITTLE

> 我的結論是，如果你想要行進得又快又遠，就必須去非常高的地方，高到活塞引擎無法運作，而且快到螺旋槳難以達到。
>
> ——法蘭克．惠特爾爵士，1986年

偉大成就

《飛機設計之未來發展》
惠特爾二十一歲時就寫下這篇論文探討噴射引擎背後的理論。1928年

惠特爾的噴射引擎專利
1930年

惠特爾的噴射推進引擎第一次測試 1937年

HEINKEL HE 178
第一架以噴射動力飛行的航空器，使用了馮．奧海恩的渦輪噴射引擎。1939年

GLOUCESTER E.28/39 飛機
由惠特爾的W1渦輪噴射引擎提供動力。1941年

格洛斯特流星噴射機正式服役 1944年

上圖：法蘭克．惠特爾

今天我們能夠有飛越天際的噴射飛機，都是因為兩位航空工程師的偉大創舉：法蘭克．惠特爾爵士和漢斯．馮．奧海恩（Hans von Ohain）。第二次世界大戰期間，處於對立方的這兩位工程師，各自在英國與德國開發出噴射引擎，取得了巨大的突破。

英國工程師法蘭克．惠特爾最早提出讓飛機使用噴射推進燃氣渦輪引擎的構想。他在1930年取得設計專利，並於1937年4月12日在地面上成功測試了一具引擎。惠特爾很有抱負，想要開發出以這種渦輪噴射引擎提供動力的飛機，可惜卻遭到了英國空軍部（British Air Ministry）的阻撓與拖延。因此，馮．奧海恩率先建造了能夠飛行的噴射動力飛機。Heinkel He 178飛機使用了馮．奧海恩的渦輪噴射引擎，在1938年8月27日達成全世界第一次以渦輪噴射為動力的飛行。

惠特爾的成就來自於他的堅持和工程天分。他出生於考文垂（Coventry）的一個勞工階級家庭，自幼就對飛行有熱情，還會製作模型飛機。他的父親摩西（Moses）是一家工具機廠的領班，後來開了一間小型工程公司，而他小時候就從幫忙父親的過程中學到一些工程知識。惠特爾很聰明，卻不喜歡上學和寫功

法蘭克・惠特爾 FRANK WHITTLE

下圖：惠特爾的噴射推進引擎。

課，只有飛行才能激發他的想像。他貪婪地閱讀這個領域的書籍，並且到公共參考圖書館自學渦輪、引擎技術和飛行理論等知識。

惠特爾一從學校畢業，就決定成為飛行員。他申請進入位於克蘭威爾（Cranwell）的英國皇家空軍學院（RAF College），卻被拒絕了，原因是他的身高與體型未符合錄取標準。有位英國皇家空軍體能訓練教官同情他，給了他一些建議，而他也堅持遵守嚴格的飲食與運動計畫，希望能讓自己壯碩一點。後來，惠特爾宣稱他因此長高了三吋。但英國皇家空軍學院還是拒絕他，理由是他們不能接受他第二次申請。惠特爾不氣餒，在稍微改了名字後，申請第三次，這次他終於通過了。

惠特爾在克蘭威爾受訓時，開始思考以燃氣渦輪推動飛機的可能性。1928年，他在《飛機設計的未來發展》（*Future Developments in Aircraft Design*）這篇論文中提出了噴射機的理論基礎。此時他才二十一歲。

左圖：Gloucester E.28/39是第一架英國噴射機，使用惠特爾完全創新的渦輪噴射引擎。

身為飛行員的惠特爾，非常清楚傳統的活塞引擎飛機有什麼限制，而這種飛機的性能也已經到了極限。惠特爾的突破之處是領悟到：在空氣阻力減少的高空，使用渦輪引擎，可以輕易達到螺旋槳難以應付的高速。雖然噴射推進與燃氣渦輪引擎的原理已為人熟知，但惠特爾藉由一種全新的方式將這兩個要素結合起來，解決了新的問題。

惠特爾所設計的渦輪噴射引擎，在前方有一部像是風扇的壓縮機，它會將空氣吸入一個環形的燃燒室，跟燃料一起壓縮並燃燒，所產生的廢氣就能夠製造推力並且驅動渦輪。由於渦輪和壓縮機就裝設在相同的中心軸上，所以也能夠提供動力讓壓縮機吸入空氣。

但令人氣餒的是，惠特爾試圖向空軍部和更廣大的航空產業推動噴射機的構想時，竟然得不到什麼支持。他們認為燃氣渦輪不切實際，而且目前還沒有材料能夠打造出禁得起噴射推進之壓力與溫度的引擎。惠特爾在有限的資金與支持下繼續努力。此時，在德國則有更多單位對漢斯·馮·奧海恩的實驗噴射引擎感興趣。奧海恩與飛機製造商恩斯特·亨克爾（Ernst Heinkel）合作，因此在1939年就以渦輪噴射引擎完成了第一次飛行。

大約兩年後的1941年5月15日，惠特爾才終於以他的W1渦輪噴射引擎推動一架名為Gloucester E.28/39的飛機，在空中試飛了十七分鐘。有別於馮·奧海恩的實驗引擎，惠特爾的W1引擎相當可靠，而且能夠量產。在1944年正式服役的格洛斯特流星（Gloucester Meteor）噴射機，就是使用這種引擎。馮·奧海恩曾經在戰後表示，要是空軍部聽從惠特爾的建議，英國就能以噴射戰鬥機取得空中優勢，而不列顛之戰（Battle of Britain）或許就不會發生了。

1935年，在英國空軍部拒絕了惠特爾的渦輪噴射引擎設計後，惠特爾成立了一家名為動力噴射（Power Jets）的公司，嘗試開發噴射飛機。他看得出它們的發展潛力，也想像未來大家能夠搭乘噴射客機飛越大西洋。此時，他正在劍橋大學研究工程。彷彿覺得工作與壓力還不夠似的，他除了試圖資助動力噴射公司，同時也擔任該公司的總工程師。他與空軍部之間的糾葛持續阻礙了發展，而公司與引擎製造商Rover的協助又發生了延誤和其他問題。有一段時期，惠特爾的原始專利失效了，而他竟然沒有足夠的財產能夠延長專利期限。最後，勞斯萊斯公司（Rolls-Royce）在1943年接手開發惠特爾的引擎，不過惠特爾為了推動製造出英國噴射機的構想，在噴射機收歸國有時大方放棄了自己在公司的股份。雖然皇家委員會發明家獎（Royal Commission on Awards to Inventors）於1948年因為惠特爾的開創性成就而頒發十萬英鎊給他，但他從未因為自己的發明而收取任何專利授權金。

終於，惠特爾想像的噴射時代實現了。他的噴射引擎持續改革飛機製造業，就跟他在身為初級飛官時所預見的一樣。時至今日，在我們的天空以及全球經濟中，仍然可以看到惠特爾的發明所帶來的深遠影響。迅速且價格合理的航空運輸，形塑了我們現在的世界。

華納・馮・布朗
WERNER VON BRAUN

這會使人類擺脫了將之綁在這顆行星上的重力束縛。這將會開啟天堂的大門。

——華納・馮・布朗談火箭

偉大成就

V-2火箭
彈道飛彈，1942年

紅石
美國的第一枚彈道飛彈
1953年

探險者一號
紅石發射了美國第一顆人造衛星，1958年

美國國家航空暨太空總署（NASA）
馮・布朗成為總署主任，1960年

土星五號
發射多節重型運載火箭
1967年

阿波羅十一號
土星五號火箭展開了第一次登月任務，1969年

上圖：華納・馮・布朗

華納・馮・布朗是早期火箭開發最重要的人物之一，他協助美國太空計畫，達成了將人送上月球的目標，卻因為先前在德國做過的事而使名聲蒙上污點。

馮・布朗在1912年3月23日出生於德國維爾西茨（Wirsitz，今日的波蘭維日斯克〔Wyrzysk〕），從小就喜歡仰望星空。搬到柏林後，母親送給馮・布朗一付望遠鏡當作十三歲的生日禮物，而年輕的他就這樣對天文學著迷了。馮・布朗在讀過奧匈帝國工程師赫爾曼・奧伯特（Hermann Oberth）的《飛往星際空間的火箭》（*The Rocket into Planetary Space*）後，便下定決心認真學習物理學與數學，希望能夠成為火箭工程師。

1930年，馮・布朗在柏林工業大學（Berlin Institute of Technology）加入了太空飛行學會（Spaceflight Society），開始跟赫爾曼・奧伯特一起工作，協助進行液體燃料火箭測試。兩年後，馮・布朗取得了機械工程學位，接著繼續到弗里德里希－威廉大學（Friedrich-Wilhelm University）進一步研究物理學與工程。馮・布朗在這裡的業餘火箭團體中，引起了一位陸軍軍械官華

下圖：德裔美籍火箭設計師華納・馮・布朗，在第二次世界大戰結束後協助帶領美國的太空計畫。

下圖：由馮・布朗與克勞斯・里德爾（Klaus Riedel）設計的V-2火箭，在第二次世界大戰期間被當成彈道飛彈使用。自1944年9月至1945月3月，共有數千枚飛彈射向倫敦、安特衛普、列日（Liege），估計殺害了九千人。一萬兩千名被強迫的勞工則在製造飛彈的期間死亡。

特・多恩伯格（Walter Dornberger）注意，對方提供他一筆研究補助，也給他機會在柏林南方的一處軍隊陣地測試。到了1935年，馮・布朗的團隊已經成功使用液體燃料將兩枚測試火箭發射到超過2.4公里（1.5哩）的高度。這項研究就記錄在馮・布朗的學位論文中，但由於涉及了敏感的軍事內容，所以在1960年之前都一直保持機密。

1933年，希特勒在德國上台掌權。為了能夠繼續研究火箭，馮・布朗於1937年加入納粹黨，並且搬到位於波羅的海佩內明德（Peenemünde）的一處祕密軍事設施，那裡由華特・多恩伯格擔任軍事指揮官，馮・布朗則是技術主任。

1939年，第二次世界大戰爆發。馮・布朗的研究目標現在轉為軍事應用了。他的A-4長程彈道飛彈測試成功後，納粹的宣傳部（Propaganda Ministry）便將其改名為Vergeltungswaffe-Zwei，意為「復仇武器二號」（Vengenance Weapon 2，簡稱V-2）。V-2的飛行速度超過每小時5600公里（3500哩），將夠將980公斤（2200磅）的彈頭射向320公里（200哩）遠的目標。為了製造V-2，總共有一萬兩千名來自附近一座集中營的俘虜，死在位於米特爾維克（Mittelwerk）的地下工廠。自1944年起，大約有兩千八百枚V-2火箭彈射向比利時與英國，造成了大規模的破壞，而且估計有九千人喪生。

我們並不清楚馮・布朗對工廠的狀況了解多少，也不知道他對自己製造的飛彈造成傷亡有什麼感受。不過，馮・布朗在火箭科學的成就，一定會因為他曾經幫助過納粹而被看輕。

戰爭進入尾聲時，馮・布朗向美國人投誠，

華納・馮・布朗站在土星五號火箭的 F-1 引擎前。

華納・馮・布朗　WERNER VON BRAUN

接下來十五年都在從事美國陸軍的彈道飛彈計畫，開發出紅石（Redstone）、木星－C（Jupiter-C）、朱諾（Juno）及潘興（Pershing）飛彈。1952年，他開始為《科里爾週刊》（Collier's Weekly）撰寫關於火箭與太空旅行的文章。馮・布朗在內容中描述軌道太空站及月球基地。他也出版過一本書，設想了一項載人火星任務。1955年，馮・布朗成為美國公民，參與了迪士尼的《明日世界》（Tomorrowland）電視影集的製作，將其太空探索構想透過動畫展現出來。

1950與1960年代期間，美國與蘇聯陷入一場「太空競賽」，美方為了在火箭技術方面取得優勢，迫不及待地僱用了馮・布朗。蘇聯在1957年率先將史普尼克一號（Sputnik I）人造衛星送進地球軌道。一年後，馮・布朗的紅石火箭射出了美國第一顆人造衛星探險者一號（Explorer 1）。後來，蘇聯又於1961年將尤里・加加林（Yuri Gagarin）送上太空，比美國還早了三週。下個目標就是月球了。

1969年7月16日，由馮・布朗及其團隊設計的土星五號（Saturn V）火箭，將三位太空人送進太空。四天後，其中兩位——尼爾・阿姆斯壯（Neil Armstrong）和愛德溫・「巴茲」・艾德林（Edwin 'Buzz' Aldrin）——安全登陸了月球表面。馮・布朗實現了小時候想要前往其他世界的夢想。他們又執行了五項將太空人送上月球再安全返回地球的任務後，阿波羅（Apollo）計畫就中止了。失望的馮・布朗於1972年從美國國家航空及太空總署（NASA）退休，到馬里蘭州一家名為費爾柴德工業（Fairchild Industries）的航太公司，接下工程與開發部副總裁一職。

1977年，馮・布朗獲得福特總統頒發的國家工程科學獎（National Medal of Science in Engineering），但他因病無法參加白宮的儀式。華納・馮・布朗在1977年6月16日因胰腺癌過世於維吉尼亞州的亞歷山卓（Alexandria）。雖然他與德國的納粹黨確實有所關聯，但透過他研發的火箭技術，也幫助了人類登上月球。

三節式的土星五號超重型載運火箭，由馮・布朗及其團隊設計，於1967年至1973年間使用，協助載送二十四名太空人至月球。

偉大成就

約翰‧漢考克大樓
芝加哥，1969年

希爾斯大廈
芝加哥，1973年

阿卜杜勒‧阿齊茲國王國際機場朝覲航廈
沙烏地阿拉伯，1981年

法茲勒‧拉曼‧康恩
FAZLUR RAHMAN KHAN

極少工程師能在形塑建築師的概念與建築本身時，扮演如此重要的角色。

——美國建築師學會（American Institute of Architects），追贈獎提名，1983年

法茲勒‧拉曼‧康恩是一位結構工程師，他的創新構想徹底改革了高樓大廈的建造方式。他出生於孟加拉，後來移民至美國，在1960年代發展出建造摩天大樓的全新方式。康恩率先使用了管狀結構，而非傳統的箱型鋼架構造，這種方式能大幅減少鋼鐵結構，也表示他的摩天大樓可以蓋得更高且更節省材料。康恩這項富有遠見的突破開啟了高樓建築的新時代。現今大多數高樓大廈在建造時，仍然會採用他所建立的原則。

康恩於1929年出生在印度的一個區域，也就是今日的孟加拉。他的父親是一位備受敬重的數學教師，在康恩小時候就會將乏味的例行功課轉換成更有趣的挑戰，因此培養了康恩的天分。康恩從小就很擅長數學和物理學，也很喜歡研究各種機械裝置。在父親的鼓勵下，康恩後來選擇專攻土木工程而非物理學。1950年，他以班上最優異的成績畢業。

接下來，康恩教了兩年書，也在公路建設計畫中擔任助理工程師累積實務經驗。1952年，康恩獲得了兩項獎學金，因此得以前往美國，在伊利諾大學（University of Illinois）研

左圖：波士頓的約翰‧漢考克大廈

右圖：希爾斯大廈

法兹勒·拉曼·康恩　FAZLUR RAHMAN KHAN

究了三年。他取得兩個碩士學位：理論與應用力學以及結構工程，也得到了結構工程的博士學位。康恩認真研究工程的理論與實務，打下了穩固的基礎，也讓他能夠從結構工程師的角度，找出有別於傳統的解決方法。

康恩在考慮美國一些最具聲望的工程公司所提供的工作機會時，打算碰運氣前往芝加哥的SOM（Skidmore, Owings and Merrill）建築公司找一位朋友。他聽說過這家公司參與的案子，得知他們整合了建築與結構工程的作法後，就想要

法茲勒・拉曼・康恩　FAZLUR RAHMAN KHAN

左圖：沙烏地阿拉伯的阿卜杜勒・阿齊茲國王機場的朝覲航廈。

了一年半，接著他到巴基斯坦短暫擔任高級工程師，在1960年重新加入SOM公司之後就再也沒離開過。

回到芝加哥的康恩，與建築師布魯斯・葛拉漢（Bruce Graham）開始了一段漫長又充滿創意的合作關係。就是因為這段密切合作，康恩才能獲得突破，改寫了設計高樓大廈的規則。有一次，葛拉漢問康恩如何以最具經濟效益的方式設計摩天大樓，而康恩的回答是建造成管狀。這時，康恩馬上領會到管狀設計的優勢。只要讓摩天大樓有堅固的外牆，那麼內部就不需要太多柱子與鋼鐵構造。管狀摩天大樓需要的材料比較少，這種結構不僅可以騰出內部的樓層空間，而且更禁得起強風吹襲。據說，康恩的靈感有一部分可能來自他小時候在住家附近見過的強韌而高大的圓柱形竹子。不過，這個想法也是以深厚的理論與實務知識為基礎。

康恩所建造的第一座採用鋼鐵管狀設計的摩天大樓，是位於芝加哥的約翰・漢考克中心（John Hancock Building），總共有一百層樓，於1969年完工。隨後則是1973年的芝加哥威利斯大廈（Willis Tower，前身為希爾斯大廈〔Sears Tower〕），採用了一種將九道長方形管結合在一起的模組化設計，而這座大樓擁有「全世界最高建築物」的頭銜長達二十五年。康恩也設計了其他採取管狀構造的變體，並在某些高樓中使用鋼鐵交叉支撐以強化結構。

1982年，年僅五十二歲的康恩就過世了，而他在一生中還打造過其他具有代表性的建築，包括沙烏地阿拉伯著名的阿卜杜勒・阿齊茲國王國際機場（King Abdulaziz International Airport）朝覲航廈（Hajj terminal）。然而，世人最記得的是康恩所打造的摩天大樓，並將其譽為史上最偉大的結構工程師。

加入。他出現在他們的辦公室，表明爭取工作的意願，沒想到他們當場就提供了一項職位。儘管薪水比其他公司還低，康恩還是接受了。而他碰巧就在業務最困難的階段加入，立刻就要負責帶領專案工程。康恩於1955年開始工作，在那裡待

圖片出處

t＝上，b＝下，l＝左，r＝右

AKG Images: 23

Alamy: 14, 17, 26b, 36, 42, 48, 51, 63, 72, 76, 78, 113, 116, 151, 163, 164b, 183, 188

Bridgeman Images: 49, 64

British Library: 57b

Brooklyn Museum: 99

Flickr: 58

Getty Images: 13, 16t, 19, 25t, 25b, 37, 41, 43, 53, 59, 60l, 62, 69, 70, 80, 83t, 84, 86, 93, 94, 102, 108b, 110, 124, 127, 147, 158, 165, 176, 182, 196, 197

Imperial War Museum: 135

Library of Congress: 83b, 85, 95, 97, 111, 118, 120, 123, 125, 134, 144, 154t, 155, 160, 172, 173, 191

Metropolitan Museum of Art, New York: 8

NASA: 166b, 167, 169, 170, 200b, 202, 203

Public Domain: 162, 194

Science and Society Picture Library: 121

Science Photo Library: 201, 190

Smithsonian Institution: 157 (National Air & Space Museum)

Shutterstock: 2t, 2bl, 6, 7, 10, 11bl, 22, 30, 35, 46, 53b, 73, 74, 88, 101, 104, 108t, 109, 132, 177, 179, 181, 195, 204, 205, 206

US Patent Office: 141, 143, 144

Wellcome Collection: 87, 90t, 90b, 128b, 139

Wikimedia Commons: 2br, 9, 11t, 11br, 12, 16b, 18t, 18b, 20r, 21, 24, 26t, 27, 28, 29, 31, 32, 33, 34, 38, 40, 44, 45, 47t, 47b, 50t, 50b, 52t, 52b, 53t, 54, 56, 57t, 60r, 61t, 61b, 65, 66, 67, 68, 71, 77, 81, 82, 91, 92, 98t, 98b, 100, 103, 105, 107, 112, 114, 115, 117, 119, 122, 128t, 129l, 129r, 130, 131, 133, 136t, 136b, 137, 140, 142t, 146, 148, 149, 150, 152, 153, 154b, 156, 159, 161, 164t, 166t, 168, 171, 174, 175, 178, 180, 184t, 184b, 185, 186, 189, 192, 193, 198, 200t, 201